改革开放40年：中国经济发展系列丛书

辉煌交通：
中国交通运输改革与探索40年

HUIHUANG JIAOTONG
ZHONGGUO JIAOTONG YUNSHU GAIGE YU TANSUO 40 NIAN

国家发展改革委宏观经济研究院综合运输研究所◎著

人民出版社

总　序

2018 年正值我国改革开放 40 周年。改革开放是决定当代中国命运的关键抉择，开启了人类历史上最为波澜壮阔的工业化和现代化进程。40 年来，中国经济社会发生了翻天覆地的变化，取得了举世瞩目的成就。党的十八大以来，以习近平同志为核心的党中央带领全国人民迎难而上、开拓进取，取得了改革开放和社会主义现代化建设的历史性变革和决定性进展。

统计显示，从 1978 年到 2017 年，我国国内生产总值按不变价计算增长了 33.5 倍，年均增长 9.5%。人均国内生产总值由 385 元增长到 59660 元，扣除价格因素，增长了 22.8 倍，年均增长 8.5%，实现了由低收入国家向中高收入国家的跨越；农业综合生产能力大幅提高，工业发展突飞猛进，服务业快速增长，建立了全球最完整的产业体系，220 多种工业产品产量位居世界第一，成为世界第一制造大国，产业结构由 27.7∶47.7∶24.6 调整为 7.9∶40.5∶51.6，就业结构由 70.5∶17.3∶12.2 调整为 27.0∶28.1∶44.9，我国用 40 年时间走过了发达国家近 100 年的工业化历程；城镇化率从 17.9% 提高到 58.5%，城镇常住人口从 1.7 亿人增加到 8.1 亿人，城市数量从 193 个增加到 657 个。40 年来，我国新增的城镇人口相当于美国总人口的 2 倍、日本的 5 倍、英国的 10 倍；对外贸易额从不到 100 亿美元增加到 4.11 万亿美元，跃居世界第一贸易大国，累计吸引外国直接投资 1.9 万亿美元。

我国已全方位融合全球经济体系，成为推动世界经济增长的重要引擎；农村贫困人口减少 7.4 亿，占全球减贫人口总数的 70% 以上，农村贫困发生率下降 94.4 个百分点。城乡居民恩格尔系数分别从 57.5% 和 67.7% 下降到 29.3% 和 32.2%。人均预期寿命从 1981 年的 67.8 岁提高到 76.7 岁。人民生活从短缺走向充裕、从贫困走向小康和全面小康。更为可贵的是，改革开放 40 年来，中国共产党在领导推进经济发展过程中，不断深化规律性认识，形成了许多重要的经验和启示。

中国宏观经济研究院（国家发展和改革委员会宏观经济研究院，以下简称宏观院）作为改革开放的亲历者和见证者，多年来始终把为中央宏观决策和国家发展改革委中心工作服务作为立院之本和第一要务，参与了许多改革开放重大课题研究和文件的起草工作。值此改革开放 40 周年之际，宏观院集全院之力，组织撰写了《改革开放 40 年：中国经济发展系列丛书》（以下简称《丛书》）。内容涵盖宏观经济、投资、外经、产业、区域、社会、市场、能源、运输、体制改革等经济社会发展的各个领域，既是对过去 40 年经验成就的回顾和总结，也包含了对新时代中国特色社会主义发展的展望与思考。

在《丛书》写作过程中，王家诚、俞建国、石康、齐援军等同志对书稿进行了审阅把关，人民出版社对《丛书》出版给予了大力支持，在此一并表示感谢！

由于时间和水平所限，《丛书》内容难免有不足之处，敬请读者批评指正。

中国宏观经济研究院

《丛书》编委会

2018 年 10 月

前　言

大胆实践　战略精准　砥砺前行

改革开放 40 年，中国经济发展最瞩目的成就之一是实现了交通运输突飞猛进地发展，取得了巨大的成就。高速公路、高速铁路从无到有，从成网到引领经济社会转型发展，在基础设施规模、服务质量水平、装备自主制造能力等方面达到世界领先水平；港口从小到大到全球前 10 位的亿吨港口中国占据 7 席，集装箱等主要港口大型装卸设备产销量和技术水准稳居世界第一，并支撑起外向经济发展和世界第一制造大国的发展；航空运输从低端到高端到国际化航空服务体系建设，再到大飞机制造取得实质性突破；城市轨道交通发展迅速，正在成为中心城市交通出行的重要方式。

经过改革开放 40 年的发展，我国各种交通运输方式均取得了长足发展，货运更加高效、客运出行更加便利，产业发展竞争力和人民群众对美好交通的获得感均不断增强。回顾我国交通运输行业发生的历史巨变，既得益于 40 年经济体制改革，更来自于交通运输行业及时把握各个阶段出现的不同运输方式突破发展的战略机遇，"要想富，先修路"既是这种发展模式的核心经验，又是时代改革和交通领域改革先行的重要标志。在明确改革发展目标的前提下，通过锐意进取、不断探索，由此形成了我国交通运输在体制机制和建设发展上不断创新突破的发展格局，在建设标准和速度上也形成了具有国际标杆意义的"中国速度"。

在 40 年的改革发展历程中，交通运输发展理论、战略研究发挥了重要的支撑和引领作用。欧美国家现代化进程中，形成了一整套关于交通运输发展的理论和方法，对不断开放的 40 年我国交通运输发展起到了重要借鉴作用。但我国改革开放下的交通运输发展也并非一味简单照搬照抄发达国家的发展经验，而是在改革开放中积极寻求交通运输能力短缺背景下经济发展、产业布局与交通运输伴生发展路径，适时探索具有发展机遇的不同运输方式加快发展机制，如收费还贷公路、收费经营高速公路，是在交通先行发展理论指导下以未来经济产业发展预期收益换取公路基础设施的超前发展，交通能力的提升又释放了经济发展动能，使得公路建设在强大需求增长潜力下获得历史性发展机遇；港口建设则抓住外向型经济发展和产业布局机遇，实现了以产业换港口、以港口促产业、港产城联动的良性发展循环；机场、高速铁路等交通运输基础设施建设，也借鉴了这种释放发展需求的模式，并探索符合自身组织特性的改革路径。

我国交通运输在改革开放 40 年发展中取得的突破，均来自于从中国实际出发的理论创新，走出了一条具有中国特色的边发展、边积累的交通建设发展新路。交通运输改革发展的理论先行与理论创新，在各个不同历史阶段的先导作用来自于对我国改革开放基本形势的判断和交通运输与经济、产业发展关系的战略性判断。在短期发展理论探索的基础上，随着交通运输能力短缺格局的根本性扭转，我国又逐步形成了综合运输体系、中长期交通运输网络、综合交通运输系统建设与发展，以及交通运输发展战略、运输结构等的理论突破，为交通运输适时的转型升级发展提供了理论指导。

交通运输发展理论上的突破，并不意味着自然形成交通基础设施大规模建设发展格局，要在较短的时期内实现交通运输的快速发展，即便是发达国家也没有现成的经验可供借鉴。为此，在交通运输发展一系列创新性理论的指导下，我国在包括交通运输投融资体制机制、建设运行市场化、运输服务市场化等方面进行了系统化的制度变革，为交通运输跨越式发展提供了坚强的体制机制保障。回顾 40 年的交通运输体制机制改革，最为突出的是围绕交通运输基础设施投融资、建设、运行而进行，是整个 40 年我国交通运输发展的主旋律，我国不仅成功解决了改革开放初期经济发展水平低造成的交通建设资金短缺困难，更是创造性破解了交通基础设施大规模建设所需要的投资资金"瓶颈"约束，并在交通基础设施大规模投资拉动经济增长方面积累了经验、发挥了独到作用，为中国特色社会主义投融资体制改革提供了经验，也为"一带一路"建设提供了中国经验。

交通运输发展的最终目的在于满足经济社会发展日益增长的客货运输需求。在改革开放总体上确立坚持市场化改革导向下，40 年来，我国逐步进行了适应各种运输方式发展特征和综合运输发展要求的不同模式、不同阶段的交通运输管理体制改革、运输价格改革和运输市场开放等多项改革，在市场管理上经历了放开搞活、管制整顿、政府监管与市场完善并重等循序渐进的体制机制改革探索，并因组建国家交通运输部、撤销铁道部组建中国铁路总公司，以及十八届三中全会提出"由市场在配置资源中起决定性作用和更好发挥政府作用"，加大破除垄断和"放管服"力度，使交通运输客货运服务向着降本增效提质方向不断转型发展，运输服务市场不断规范，运输技术、业态和模式创新明显加快，对经济社会高质量发展的支撑、引领作用越来越明显。

本书作为综合运输视角的我国交通运输改革开放 40 年回顾式总结，在写作中遵循了综合运输研究已经形成的最新成果，按照理论创新、改革突破、建设奋进和市场提升等四方面的发展脉络进行写作，结合对交通运输发展实践的素描和迈向现代化的未来发展展望，形成了三篇、十三章的架构。第一篇辉煌交通，以交通运输改革 40 年来重大历史事件和政策为主轴，以经济体制改革的各个历史阶段为背景，全面论述各时期交通运输改革开放的发展历程，展现交通运输发展的"中国道路"；凝练改革成就，总结交通运输的"中国理论"和"中国经验"；萃取交通运输改革的突破性创新，展示交通运输发展的"中国模式"。第二篇为践行交通，以专题报告形式对交通运输治理、交通投融资体制与政策等各个层面进行研究。治理研究专题抓住理论、规划、体制机制三个重点内容，在分析改革开放历程的基础上，总结与回顾了交通运输治理方面的模式和经验；投融资体制研究专题对投融资体制方面从制度层面对交通改革开放进行了总结；客运市场、货运物流发展、城市交通、农村交通发展等专题则分领域对改革开放的进程进行了回顾和经验总结。第三篇为强国交通，以三个章节对我国未来 30 年到本世纪中叶交通运输发展进行了愿景式展望。

本书由国家发展和改革委员会综合运输研究所汪鸣所长带领的研究团队完成。执笔人为：第一篇：第一章（理论创新）：王杨堃、贺兴东；第二章（改革突破）：苏斌；第三章（建设奋进）：孙炜；第四章（服务提升）：刘伟。第二篇：第五章（交通运输治理）：

交通运输理论发展与创新：王杨堃、丁金学、马萍萍；体制与机制改革：陈晓博、毛科俊；规划体系发展：樊一江、马艺菲。第六章（交通投融资体制与政策）：马德隆、李玉涛、赵丽珍、邓岩、李堃。第七章（客运市场发展）：李名良。第八章（货运与物流发展）：刘文华、谢雨蓉、陆成云。第九章（城市交通发展与治理）：王淑伟。第十章（农村交通发展回顾与展望）：赵欣苗、向爱兵。第三篇强国交通由宿凤鸣完成。全书统稿由汪鸣带领交通运输咨询中心苏斌、贺兴东、孙炜、刘伟共同完成。

本书在编纂中借鉴了我所改革开放 30 年的研究成果《中国交通运输发展改革之路—改革开放 30 年综合运输体系建设发展回顾》，并得到了该书负责人吴文化副所长的支持和帮助。本书的写作是所有作者在承担大量研究任务之余进行的，作者所在的科研处室领导不仅给予了研究指导，而且还分担了其他研究工作以支持本书写作。对于为此书完成所提供帮助的综合运输研究所同仁在此一并表示感谢。

国家发展和改革委员会综合运输研究所作为我国综合交通运输领域的创始研究机构，改革开放 40 年来从未间断地为我国交通运输政策、规划制定提供研究支撑。本书在写作之前与我所杨洪年、顾迪生、黄德海等老前辈进行了座谈，充分听取和吸取了老专家的意见和建议。作为交通运输改革开放的亲历者和有关政策的研究及制定者，老同志们以切身经历与体会为写作组讲述了我所作为政策研究和决策支持机构参与推动我国综合运输改革开放的历史过程和取得的里程碑式成果。在此，对上述同志和所有为我国综合运输事业发展做出卓越贡献的前辈们给予崇高的致敬。

本书的写作需要在浩如烟海的文献资料中梳理和总结改革开放

第三篇　强国交通

第一篇

辉煌

交通

第一章　理论演进

理论是实践的总结，同时对实践具有重要的指导作用。作为世界上最大和发展最快的发展中国家，改革开放以来，我国的交通运输业同经济社会发展一样，一路"摸着石头过河"，在实践中探索，到实践中检验，伴随着交通运输业的发展实践形成了一套独具中国特色的交通运输发展理论。40年来，交通运输业以经济改革理论为指导，以促进全面市场化为目标，以探寻适应经济发展要求的交通运输产业发展政策为重点，在理论探索上遵循着问题导向原则，与交通运输发展实践相结合，用理论指导产业发展战略和规划的制定。因此，在学术研究上，交通运输发展理论的演进过程是实践提升并指导实践的理论总结与升华过程，是不断完善交通运输市场经济体制的经济与产业理论融合发展的过程。

第一节　交通运输理论探索

从与经济社会发展的适应性角度来看，改革开放40年来，我国交通运输总体上经历了从"瓶颈制约"到"初步缓解"，再到"基本适应"经济社会发展需求的奋斗历程，目前，总体处在"供需结构转型向支撑引领"的阶段转化过程。面对不同阶段实践中的重大问题，交通运输在发展战略、发展任务和方式方法等方面，主要形成了以下几段理论探索历程。

一、需求快速释放及能力瓶颈制约阶段

1978 年至 1985 年，我国实际 GDP 年均增速约为 9.8%（名义 GDP 年均增速达到 13.8%），刺激了交通运输特别是货运需求的爆发式增长。1986 年至 1995 年期间，我国工业化进入快速发展阶段，三次产业结构由前一时期的"二一三"转变为"二三一"，第二产业比重由前一时期的逐年递减转变为总体上升，我国实际 GDP 年均增速约为 10.1%（名义 GDP 年均增速高达 21%）。然而，同期交通运输基础设施能力发展相对滞后于需求增长，"请车难""行路难""港口拥滞"等问题十分突出，比如 1985 年铁路货运满足率仅为 75%，1990 年下降至 68%，1992 年又进一步下降至 60%，诸多运输需求不能转化为实际的运输量。

这一时期，我国交通运输发展所面临的主要问题包括以下几个方面：一是经济活力的释放特别是工业化的加快发展刺激了交通运输需求的爆发式增长，薄弱的交通设施运输能力使得许多企业因运限产，严重影响了经济发展，加快交通运输发展成为事关国民经济全局的战略性和紧迫性任务，大力加强交通领域的中长期规划和建设成为重点。二是国家实施向东部沿海地区倾斜的发展战略，使得交通建设的重点开始从"三线"地区向东部沿海转移，交通运输需要适应新的空间经济开发战略。三是公路和水路运输在市场化进程中得到快速发展，对过度依赖铁路交通的传统运输结构进行了重构，需要合理规划各种交通运输方式的发展结构。四是交通运输行业初

步引入市场机制，行业经营管理问题需要新的解决方案。五是即将开展的大规模交通基础设施建设，需要解决资金保障问题。围绕上述重大现实问题，交通运输行业的理论工作者进行了如下探索。

（一）重视交通运输与经济发展关系

正如孙中山先生所言，"交通为实业之母"，交通运输对于经济发展的重要性显而易见。新中国建立初期，中央政府就将恢复和整备交通设施作为发展经济的重要基础保障工作，但受制于当时的国情国力，交通运输发展的规模、速度以及体系的完备程度仍相对局限。改革开放以后，随着商品经济的大发展，交通运输需求空前高涨，"要想富，先修路"成为那个时期关于交通与经济发展关系的最朴素也最普遍的一种观念认识。将加快交通运输发展作为事关国民经济全局的战略性和紧迫性任务，既是对当时经济实践工作的决策，更是对交通运输与经济发展关系的理论认知和判断。

这一时期，理论界关于交通运输与经济发展关系的探索，主要集中在交通运输与工业化、区域经济等发展需求间的作用机理上，比较有代表性的理论包括"运输化理论""空间运输联系理论"。运输化理论主要研究了经济发展特别是工业化发展与交通运输发展间的相互作用关系，指出伴随着工业化必然发生经济运输化并不断向更高层级演进的规律，认为经济发展可以分为前运输化、运输化、后运输化三个阶段。空间运输联系理论主要研究了自然、社会、经济诸要素综合作用下，区域间通过运输设施进行旅客和货物交流产生的相互作用和联系，提出了运输联系生成、增长、分布和交流的四个基本规律，认为交通运输联系在社会经济系统活动中具有从属和引导双重功能，其中从属功能具有先行性和适应性等特点，交通运输供给对需求的适应上存在超前型、协调型和滞后型三种基本类型。这两个理论对这一时期我国交通运输的发展分别作出了"处于需要迅速扩大运输能力的初级阶段"和"属于滞后型发展模式"的理论判断，为制定正确的运输发展政策提供了必要依据。

（二）重视交通运输布局与规划方法

交通运输布局与规划研究，更多是属于方法论层面和应用研究领域，其直接理论根源一般为生产力布局理论、交通区位论、交通系统论等。其中，生产力布局理论主要研究的是生产力诸要素在空间的配置和组合，该理论主要是由苏联的一些经济和地理学家提出[1]，在我国计划经济时代编制国民经济发展计划及各产业部门经济发展计划过程中，曾发挥较高的指导作用。比如，该理论体系中的"趋优分布理论"认为由于受多种因素的影响，一个国家或地区不同区域的经济往往处于不同的发展水平和发展阶段，各种投资活动及要素的分配应优先投入具有较好发展环境和比较优势的区域，这样不仅能够尽快地取得相应的经济效益，而且也能快速地发挥其对周围区域的辐射和带动作用。又如，该理论体系中的"指向性理论"认为在进行区域经济布局时，某些因素（如资源指向、市场指向、交通指向等）会对生产成本产生一定的影响，在进行一定的成本收益分析后，生产要素和企业会按照成本最低的原则进行分配和选址。遵循这些理论认识，这一时期我国交通基础设施的规划和建设投入更多地集中在东部沿海这一发展重点地区。

---

[1] 其理论思想的根源也可追溯到农业区位论（杜能，J. H. Thünen，1826 年）、工业区位论（韦伯，Alfred Weber，1909 年、1914 年）等理论。

　　这一时期，政府开始注重编制着眼于中长期发展的交通专项规划，交通部于 80 年代末提出了"三主一支持"的战略构想以及"五纵七横"12 条路线（含支线）的国道主干线的规划布局方案[①]，由此大量基于交通规划理论指导的围绕中长期交通发展规划的研究成果及理念不断涌现。比如，更加关注市场需求指向，外向型产业更多地围绕海港、河港等水运条件较好的区位布局；重视发挥各种运输方式的技术经济比较优势，重视运输方式结构对空间经济活动区位选择的影响，这些理论研究为相关规划的科学性提供了有力支撑。

（三）重视交通运输的经济问题研究

　　改革开放后一系列"放权让利"的政策举措，为交通运输行业及企业注入新的活力，大量个体经营者、民营企业进入公路、水运等领域，铁路局等具有经营性质的组织机构获得了更多的经营自主权，民航也逐步开展企业化管理。面对前所未有的市场经营环境，各种运输企业迫切需要转变传统的计划经济管理理念，并逐步构建符合市场化需求的经营管理体制。与此同时，大规模的交通基础设施建设逐渐展开，受制于国力财力的限制，迫切需要解决投融资问题。面对这些运输领域中属于经济学范畴的现实问题，学术界将一般意义上的经济学理论研究与运输行业特性相结合，发展了运输经济学这一学科门类。

　　这一时期，随着经济实践的需要以及西方经济学理论的引入和发展，我国的运输经济学开始从过去围绕能力配置规划、计划、投资、成本和运价等宏观问题的研究转向微观视角，着重分析行业内

[①] "五纵七横"国道主干线规划方案于 1993 年经国务院通过后正式发布。

的运价、成本、计划、统计、财务等经营管理问题，并逐步摆脱计划经济思维的限制，从关注"经济中的运输问题"到更加注重"运输中的经济问题"。"运输业要不要进入市场""如何进入市场""如何培育和完善运输市场""交通基础设施建设的资金保障"等理论和现实问题开始成为运输经济学的研究主题，其中比较有代表性的是"运输价格理论"和"收费公路建设的经济成本补偿理论"。

"运输价格理论"的主要观点有：第一，肯定运输产品的商品属性，认为价值规律在交通运输业的经营管理中，在运输产品的生产和再生产中起着广泛的调节作用，应将运输价格建立在运输价值的基础上，加强运输业的经济核算和促进国民经济运输费用的节约；第二，在社会主义条件下，经济管理体制越是强调部门和企业的独立经营管理权和责权利挂钩的独立经济利益，运输价格在生产和流通中的调节作用就越大；第三，运输价格的制定，除应遵循价格以商品价值（或生产价格）为基础的原则，还应考虑市场供求关系和国家价格政策，低运价政策在国民经济恢复时期具有较强的必要性，但运价与运输价值长期偏离过大则有更多弊病，使运价趋向于运输价值，是运价改革的主要内容；第四，建立由市场形成价格的机制是交通运输业建立现代企业制度的内在要求。这些理论观点肯定了运输产品的商品属性，肯定了运输价格对于运输经济活动的调节作用，肯定了市场供需对价格形成的作用，对于深化交通运输行业及企业的经营管理改革，具有非常重要的理论指导作用。

"收费公路建设的经济成本补偿理论"的主要观点包括：第一，在政府财力受限的情况下，公路建设所耗费的经济成本应当通过对道路使用者征收通行费得以补偿；第二，对经济效益良好，具备还本付息能力的公路实行收费政策，收费所得用于还本付息。这一理论在当时的政策应用上被概括为"贷款修路，收费还贷"，虽然其直接针对的是解决财政资金不足以支撑公路建设的现实问题，但从理论根源上讲，是一种经济成本补偿理论的应用。

二、能力初步缓解到渐趋适应需求阶段

1996 年至 2010 年，我国实际 GDP 年均增速约为 9.9%（名义 GDP 年均增速达到 13.6%），三次产业结构继续保持"二三一"的格局，但第一产业比重由近 20% 下降至 10% 以内，第三产业比重接近第二产业，工业化发展总体处于中期阶段，特别是 2005 年以来，重化工业发展加快，货物运输尤其是大宗物资运输需求旺盛。同期，我国常住人口城市化率由刚刚突破 30% 增长到近 50%，城镇化进程处于快速发展阶段，长三角、珠三角和环渤海地区的城镇群逐渐成型，城乡居民收入也得到显著提升，区际、城际及城市内客货运输需求显著增长。此外，2001 年我国加入世界贸易组织（WTO），更为深入地融入全球经贸体系，对外开放水平进入大幅提升阶段，国际间、地区间客货运输需求也呈现快速增长态势。

这一时期，我国交通运输发展所面临的主要问题包括以下几个方面：一是全球化、工业化和城镇化的快速发展以及应对两次"输入型"危机，交通运输需要在供给和需求两个方面加快对国民经济发展的支撑作用。二是以实施"西部大开发"战略为标志，国家区域协调发展战略进入全面实施阶段，交通运输需要支撑区域协调发展。三是各种交通运输方式由独立快速发展向综合协调发展转变，一体化运输需求快速增长，需要加快构建综合交通运输体系。四是交通运输行业市场化进程加快，需要加强和完善垄断性网络型交通行业的现代企业治理。五是城市社会经济和私人机动化快速发展，

需要加强和完善城市交通运输体系。围绕上述重大现实问题，交通运输行业的理论工作者进行了如下探索。

（一）开始思考交通投资拉动经济增长

这一时期，我国交通基础设施的建设投资规模实现超常规的增长，"十五"期间，全社会累计完成的公路、水路等交通建设投资规模超过了新中国成立以来51年完成的投资总和，高速公路新增里程是"八五"和"九五"建成高速公路总和的1.5倍，"十一五"期间，我国铁路基本建设投资是"十五"投资的6.3倍，铁路营业里程增长了20.7%。这一方面是由于经济社会快速增长带来的客货运输需求旺盛，需要大幅增加交通设施供给，改善交通运输能力长期短缺的窘境；另一方面是1998年和2008年的两次"输入型"经济危机，交通基础设施建设作为扩大内需的重要手段，在投资建设上得到中央政府宏观调控政策的大力支持。

政府运用积极的货币和财政政策，加大基础设施投入，扩大社会总需求规模，刺激经济增长和就业的做法，在理论上可以追溯到"凯恩斯主义"。这一理论认为，在竞争性私人体制中，三大规律（边际消费倾向递减、资本边际效率递减和流动偏好）使有效需求往往低于社会总供给水平，从而导致就业水平总是处于非充分就业的均衡状态。因此，要实现充分就业，政府就必须抛弃自由放任的传统政策，转而运用积极的财政与货币政策，以确保足够水平的有效需求。

然而，随着此后一个时期人们对经济增长方式相对粗放、宏观经济"过热"、部分地区交通基础设施经济效益较差、交通行业债务逐渐加重等若干问题讨论的升温，也使得人们对大规模的交通基础设施投资建设进行了理论反思，其中比较有代表性的是以公共经济学为研究视角的理论分析。其主要观点包括：第一，在控制了经济发展水平、金融深化改革以及其他因素之后，地方政府之间在"招商引资"上的标尺竞争和政府治理的转型是解释中国基础设施投资决定的重要因素；第二，政治环境是解释国家间关键基础设施投资差异的重要决定因素，财政分权和政绩考核的体制机制，使得地方政府有投资交通基础设施的热情甚至是冲动；第三，要把基础设施的提供看作是对消费者需求做出反应的一个服务行业，并按照这样的原则来经营，引入竞争机制，以更好地满足基础设施使用者或消费者的需求。此外，面对交通基础设施建设是否过快、过多这一问题，"适度超前理论"做出了回应，这一理论的主要观点是：第一，遵循基础设施先行规律，满足运输需求是交通运输业发展的出发点，作为国民经济的基础结构和基本支撑，交通运输业要先行发展、超前发展；第二，交通运输发展要根据经济社会发展实际情况，掌握好发展速度和节奏，尽力而为，量力而行。

（二）交通运输网络规划出现若干新理念

交通基础设施规模的快速增长意味着交通基础设施的发展由"骨架构建"时期进入网络化发展时期。这一时期，国务院及相关行业主管部门先后编制和颁布了《中长期铁路网规划》《国家高速公路网规划》《综合交通网中长期发展规划》等一系列着眼于中长期的交通设施网络规划。其中，于 2007 年由国家发展改革委编制发布的《综合交通网中长期发展规划》是新中国成立以来第一个全国性的综合交通规划，在这一规划的研究和编制过程中，围绕中长期综合交通网络规模总量、网络格局、规划方法等基本问题，逐渐形成了"交通基本网""综合运输大通道"等理论概念。

"交通基本网"这一概念的主要内涵包括：第一，不同时期的经济社会发展要有相应的交通设施做支撑，支撑经济社会发展的交通设施的基本量是各种运输方式能力的总和；第二，基本网主要解决两个问题，一是交通基础设施发展与经济社会发展相互关系的曲线不能出现大的波动，要既能支撑相应不同时期经济社会发展，又不能造成浪费，不能过度超前；二是普遍服务的问题，也就是要保证人们的基本生产和生活交通需求，特别是边远地区人民群众的基本交通需求。"综合运输大通道"的概念内涵主要是：第一，在一个地理区域内有共同流向的客货流密集地带；第二，为连接客货流生成地和消费地形成多种交通线路组成的网络总体；第三，综合运输大通道可按照不同空间层次进行划分。

在网络规划的研究和编制过程中，相关交通规划理论也得到新的发展。比较有代表性的是以系统论原理为基础的交通区位论及其规划方法，主要观点包括：第一，交通系统的基本特性可以表述为"在长期稳定的交通主干线组成的格局内，以各种运输方式的更替或补充为表现的综合交通网络结构，承载着技术进步推动的网络质量与效率的快速变化，交通区位线（也即交通线路的区位）是能达到某种目标的交通线路的区位判定位置"；第二，中长期交通规划主要应考虑地域空间经济、政治、安全等相对稳定的需求结构，从而反映长期中路网与空间经济需求之间的必然关系；第三，在分析交通网络时需要符合四个原则，即交通系统与其运行的自然地理环境同构，交通系统与其服务的经济系统同构，网络的结构层次与行政管理权限的结构层次相似，为了降低成本，在布局交通基础设施时必须进行网络的优化，以保证网络的完整性、灵活性和机动性。

此外，这一时期，城市交通规划理论取得了一些新进展。主要有以下代表性的理论观点：第一，大城市应建立以公共交通为骨干和优先发展方式的交通体系；第二，加强城市交通与土地空间开发和利用的衔接协调，主张以交通为导向优化城市空间规划；第三，加强交通需求侧管理，通过经济和行政措施抑制私人机动化的快速增长；第四，城市对外交通枢纽场站设施的布局应充分考虑交通区位优势度，一般遵循"客内货外"的布局原则；第五，都市圈和城市群交通以轨道交通为骨干，衔接中心城市与外围城市。

（三）更加突出交通运输的科学发展观

"九五"以来，转变经济增长和发展模式成为各领域工作的主线，特别是 2003 年，党的十六届三中全会提出了坚持以人为本，树立全面、协调、可持续的发展观，促使交通领域对自身发展理念、发展战略和发展模式等重大问题进行深入研究和探讨。交通运输科学发展观的主要理念观点包括：第一，交通运输发展要以人为本，安全第一，服务至上，升华交通运输发展目的，注重服务国家战略、加强公共服务均等化以及满足个性化服务需求；第二，各种运输方式综合发展、协调配合、优势互补、一体化运作，实现运输资源合理配置，发挥整体优势，提升组合效率；第三，促进交通发展由主要依靠基础设施投资建设拉动向建设、养护、管理和运输服务协调拉动转变，由主要依靠增加物质资源消耗向科技进步、行业创新、从业人员素质提高转变；第四，注重资源环境影响，构建绿色交通、和谐运输，将满足运输需求与节约能源资源、环境保护统一起来，实现交通运输可持续发展。

（四）更加关注交通运输的市场化问题

这一时期，交通运输行业市场化改革进一步推进，面临的主要问题包括：第一，深化投融资体制改革，拓宽投融资渠道，强化大规模的交通基础设施建设的资金保障；第二，加强运输市场的开放和竞争，特别是提升铁路行业整体服务水平和经济效益；第三，"一站式"和"一体化"的运输需求日渐旺盛，需要提高综合运输服务效率，特别是降低旅客换乘时间和货运物流成本。

围绕上述问题，结合交通运输行业自身技术经济特点，理论工作者主要应用西方经济学特别是新制度经济学相关理论（主要包括现代产权理论、委托代理理论、不完全契约理论等）及方法，产生了如下一些具有代表性的理论观点：第一，财产权利结构是经济运行的制度基础，深化投融资体制改革，关键在于建立一套完善的产权保障体制，确保投资人的合法权益得到保护，才能使得交通投资具有吸引力；第二，产权是一束权利，主要包括财产的所有权、占有权、支配权、使用权、收益权和处置权等，能够保证经济高效率的产权应当具备明确性、专有性、可转让性、可操作性等特征，具体到交通运输行业的产权会涉及定价权、调度指挥权等多种表现形式，为确保行业运行有效率，需要清晰界定和有效保护各种形式的产权；第三，铁路行业特别是铁路基础设施网络具有一定的自然垄断属性，要结合行业技术经济特性，主要在运营领域引入竞争，以提高资源配置效率，企业的组织边界主要取决于交易费用与组织费用间的对比；第四，各种运输方式应当围绕整个运输链条乃至是供应链、价值链整体效率的提升来开展运营服务，链条组织者可以通过市场契约、纵向一体化或两者相结合的方式整合运输服务，一体化效率的高低取决于生产组织成本和交易成本的节约程度。

此外，对交通规划的决策和管理体制本身的理论研究也得到重视。比较有代表性的理论观点包括：第一，交通规划本身是一种资源配置的过程，科学的规划体制、规划程序和规划方案是重要保障；第二，交通运输发展的资源有限，为实现各种运输方式的统筹、协调和一体化发展，应当建立和完善综合交通运输规划管理体制，在规划层面发挥政府统筹配置交通运输资源的作用；第三，在财政预算软约束和过分倚重 GDP 指标的政绩考核机制下，参与交通规划编制和实施的各类行政主体，有可能出现偏离现实需求和实施能力的情况；第四，为了更好地识别现实需求和量力而行，有必要提升专家和公众在规划决策过程中的地位和作用。

（五）更加强调综合交通运输体系

这一时期，随着各种交通方式基础设施快速网络化发展以及一体化运输需求的逐渐增加，交通运输发展进入重要的阶段转换时期，从过去注重通道建设向通道和枢纽建设并重转变，从投资建设为主向"投、建、运、管、养"并重转变，从各交通方式分散孤立发展向综合协调发展转变，建设综合交通运输体系成为我国交通运输业发展的总方向。在此背景下，综合交通运输发展理论取得了一系列新进展，主要体现在以下几个方面。

一是对综合运输体系概念的表述更加全面。综合运输体系的概念从过去笼统地讲各种运输方式的统筹规划、协调发展、优势互补、连接贯通，发展到强调运输服务一体化，进而拓展到包括交通基础网络系统、运输生产过程一体化系统以及各种运输方式综合统一管理系统在内的"三维"系统，同时由交通运输系统自身的整体优化延伸到强调交通运输与其他经济社会系统的完美结合。

二是综合运输规划的理念和方法更加科学完善。从过去计划工程思维指导下的注重"有计划、按比例、调结构"的规划思路，发展到强调"优化、衔接、协调"，并进一步完善了包括交通基础设施、技术装备、运输服务等三大层次在内的规划内容，同时在设施空间布局规划方面，引入综合运输通道、综合交通枢纽等概念。在规划方法上，包括运量生成、运量分布、方式选择以及运量分配四个步骤在内的"四阶段法"得到广泛应用和发展，在交通流预测的方法上也更多地应用数学模型进行定量分析，从某一绝对流量的预测发展到情景分析。

三是基于交通运输优化发展理论的综合评价体系基本形成。从过去单纯重视交通系统自身的优化，发展到适应经济、资源、能源、环境等发展变化的优化，相应的成本效益分析、能源资源利用分析以及环境影响评价、社会影响评价等方法体系不断完善。

三、供需结构转化向支撑引领转变阶段

"十二五"以来，我国经济发展出现一系列重要变化，虽然前期在应对 2008 年金融危机的政策刺激下，经济增速较快，但 2011 年后，经济增速开始出现减缓的趋势，铁路货运量也开始出现连续较大幅度的下降。2013 年后，经济发展进入"增长速度换挡期、结构调整阵痛期、前期刺激政策消化期"的"三期叠加"阶段，经济发展的内涵由速度、规模扩张型向优化结构、创新驱动、提质增效转变。同期，三次产业结构由"二三一"向"三二一"转变，第三产业的比重在 2013 年首次超过第二产业，并于 2015 年超过 50%，开始由工业化中期向后期阶段过渡。常住人口城镇化率在 2011 年超过

50%，一批成熟和半成熟的城市群形成，进入以城市群为主体形态的新型城镇化阶段。自 2013 年开始，在国家大力推动以"三去一降一补"为切入点和主要任务的供给侧结构性改革下，国民经济实现稳中有进。2017 年底，党的十九大报告作出"我国经济已由高速增长阶段转向高质量发展阶段，正处在转变发展方式、优化经济结构、转换增长动力的攻关期"的判断，指出"建设现代化经济体系是跨越关口的迫切要求和我国发展的战略目标"。

新时期，我国交通运输发展所面临的主要问题包括以下几个方面：第一，适应客货运输需求结构的变化，提供均等化、多样化、高质量、高效率的运输服务；第二，支撑包括"三大战略"在内的区域发展战略，促进区域和城乡均衡协调发展，特别是内陆地区的全方位高层次的开放开发；第三，全面深化综合交通运输改革，加大创新力度，坚持绿色发展，转变交通运输发展方式，防范和化解交通领域的债务风险；第四，促进交通与经济发展的深度联动和融合，助力经济高质量发展和现代经济体系建设。围绕上述重大现实问题，交通运输行业的理论工作者进行了如下探索。

（一）研究范式向时间空间维度延伸

这一时期，理论工作者在对运输与时空关系的深入研究下，通过深化时空概念及时空关系的分析，建立经济时空分析基础框架，并进而应用于交通运输特别是运输及物流研究领域，形成了运输时空经济理论。经济时空分析基础框架的主要内容包括：第一，跳出传统机械力学的绝对、匀质和静态时间概念，建立包括进化和相对多元、动态经济分析的时间背景；第二，更换传统相互脱离的经济时空观，强调时间与空间的相互转换关系和经济主体时空协调、转换能力的作用；第三，改变只关注宏微观和长短期分析的传统，增加即期、现场等尺度，从静态均衡时点转变到关注时空过程；第四，承认现实经济的时空结构是在一定时空范围内发生着实物、信息、价值交换或相互影响的多层次特定场域；第五，重视"实体—信息"结构的变化以及经济活动对最低限度"在场可能性"的要求；第六，主张经济人假设的本质是趋利避害，即行为出发点是争取于己有利少害的时空平衡，摆脱对完全理性的过度依赖；第七，强调对特定经济时空关系和过程进行有针对性的特殊分析，注重不同社会经济场景及不同时点时段对行为的影响。

这一理论框架对交通物流领域的主要研究观点包括：第一，经济学对交通/物流时间价值的认识，要从过去只能通过简单取平均收入或平均货值计算如何通过节约交通时间获取收益，转变为分析如何避免交通/物流不可靠造成更大的机会损失，从只能分析其影响个人出行行为的程度，转变为更多针对经济组织如何适应时空关系的要求，从只能考虑现有资源配置条件下的经济活动，转变为更多利用各种资源在节约时间和合理利用时空上的配置效率，交通/物流时间价值的经济分析应从交通领域转入更广泛的社会生产和流通过程；第二，新型工业化和科学发展要求关注经济时空结构与时空秩序的合理化，资源在时空配置上的效率从更长远的视角上决定着国家和地区未来的发展方向和水平，这是经济结构调整的重要内容；第三，时空结构改变和时空秩序的建立需要大量资源投入并经历相当长时期，必须避免资源配置扭曲给经济社会带来的低效率和过高代价，强调市场在资源配置上的决定性作用，也就是总体上服从平等自愿契约关系上的权利交易规则，而不是过度依赖强制性资源配置。

（二）研究范围向交通与经济融合拓展

不同于传统的研究交通与经济发展之间的匹配适应关系的理论，这一时期的交通与经济关系研究更加强调交通对于经济运行系统的支撑和引领作用。主要理论观点包括：第一，精准识别和对接经济发展各领域对交通运输的现实需求，从一般的需求分析升级到针对经济运行链条，以及运输服务环节与制造、商贸、金融等其他产业间的作用机理分析；第二，发展枢纽经济和通道经济来重塑和优化经济要素的空间配置，从单纯的低成本要素吸引升级到以运输链、物流链和供应链的组织优化和构造经济生态圈来引导产业布局；第三，强化信息技术革命大背景下的交通运输新业态和新模式的创新，从被动适应的满足派生性需求功能升级到主动支撑和引领经济新动力的催生。

第二节　交通运输主要理论概述

理论研究的不断积累，对不同阶段交通运输发展具有重要指导作用。尤其改革开放以来，综合交通运输理论的形成和发展，既适时释放了具有比较优势的交通运输方式的快速发展，又兼顾了经济发展、产业布局、对外开放对不同运输方式需求基础上的多种运输方式的局部改善，最终形成了由供给、需求双牵引的综合运输体系的建设和完善，使交通运输发展成为经济发展的重要支撑保障和拉动经济的引领领域，极大拓展了传统交通运输理论所不具备的双重功能。

一、运输化理论

运输化理论从全生命周期的角度研究了交通运输与经济社会发展的变化关系和阶段特征，该理论由北京交通大学的荣朝和教授最早提出，并经由其他学者不断完善。运输化理论认为，经济发展的运输化过程有一定的阶段性，在工业革命发生之前，从原始游牧经济、传统农业社会到工厂手工业阶段，各国经济一直处于"前运输化"状态；与"大工业"对应的是运输化时期，而运输化本身的特征又在"初步运输化"和"完善运输化"这两个分阶段中得到充分发展；随着发达国家逐步向后工业经济转变，运输在相对地位上开始让位于信息化，从而呈现出一种"后运输化"的趋势。也就是说，社会经济发展可以分为前运输化、运输化、后运输化三个阶段，其中运输化阶段又可以分为初步运输化和完善运输化两个子阶段。运输化理论对于理解交通运输的发展阶段发挥了重要作用。

二、"点—轴系统"理论

1984 年，以中国科学院地理研究所陆大道研究员为主的研究团队提出了"点—轴系统"理论。该理论以增长极理论和生长轴理论为基础，将二者有机地结合起来，认为点轴系统的"点"即中心城镇，是各级区域的集聚点，也是带动各级区域发展的中心城镇；点轴系统的"轴"是在一定方向上联结若干不同级别中心城镇而形成的相对密集的产业带或人口带，也是由交通、通讯干线和能源、水源通道连接起来的"基础设施束"。由于轴线及其附近地区已经有较强的经济实力和较大的发展潜力，因此又可称为"开发轴线"或"发展轴线"，这种发展轴线一般是重要的线状基础设施（交通干线、能源输送线、水源线及通讯干线等）经过的沿线地带。

"点—轴系统"理论认为：第一，发展轴线由以交通干线为主体的线状基础设施束、发展的主体部分（即直接处于线状基础设施束或其交叉点上的城市、工矿区、港口、郊区农业及其他机械化农业设施等）、发展轴的直接吸引范围等三部分组成；第二，生产力地域组织的开发模式是"点—轴渐进式扩散"，即在一定区域范围内，首先选择具有良好发展条件及前景的以交通干线为主的线状基础设施束区域为主要发展轴线，重点优先开发该轴线及沿线地带内若干高等级优区位点或点域（指城市及城市区域等）及周围地区；随着该发展轴及沿发展轴的经济中心实力不断增强，辐射及吸引范围不断扩展，干线会逐渐扩展自己的支线，支线又形成次级轴线和发展中心进一步扩展，促进次级区域或点域的发展；最终形成由不同等级的发展轴及其发展中心组成的具有一定层次结构的"点—轴系统"，从而带动整个区域发展。这一理论为通过交通基础设施建设支撑和优化产业及城镇空间布局提供了重要依据。

三、综合运输发展理论

我国关于综合交通运输问题的专门研究始于 20 世纪 50 年代，标志事件是 1959 年成立综合运输研究所。综合运输理论初期研究的主要任务是解决综合运输网发展问题，着重于研究各种交通运输方式如何"有计划、按比例"的发展。20 世纪 80 年代以来，伴随我国交通运输的快速发展，对于综合的认知不断的深化和拓展，加之对发达国家在综合运输发展理论、战略、政策等方面的引进、借鉴和吸收，我国综合运输发展理论体系不断地丰富和完善。具有代表性的观点包括，国家发展和改革委员会综合运输研究所杨洪年研究员，于20世纪80年代提出综合运输体系的概念，指出综合运输体系是在社会化的运输范围内和统一的运输过程中，按照各种运输方式的技术经济特点，形成分工协作、有机结合、布局合理、联结贯通的交通运输综合体。国家发展和改革委员会综合运输研究所罗仁坚研究员，对综合运输体系的概念进行进一步丰富、完善和拓展，认为"综合运输体系是实现一体化交通运输的设施、技术、经济和制度系统，核心是运输方式之间的有机衔接和一体化"。此外，王庆云、胡思继、黄民、汪鸣等专家学者也对综合运输体系概念提出了深刻的诠释和认知。概括而言，综合运输发展理论经历了两大变迁，即单一供给侧的运输"综合"理论和广义供给侧与需求侧统筹的运输"综合"理论。

（一）单一供给侧的运输"综合"理论

主要包括综合运输系统理论、综合运输结构理论、综合运输衔接理论等。此理论立足交通运输供给层面的"综合发展"，强调通过不断的提升供给能力来满足运输需求，即通过不同系统以及同一系统不同要素的"综合发展"，有效提高全社会交通运输服务供给的总体能力、服务品质和运行效率，进而以尽可能小的影响和代价，最大程度地满足经济社会发展所带来日益提升、日渐多样的运输需求。就发展过程而言，供给侧综合发展，总体上经历了由交通运输系统自身的综合发展向交通运输与经济、社会、资源、环境等大系统之间综合发展的历史演进。其中，交通运输自身层面的"综合发展"具体包括两个方面：一是某种运输方式内部不同类别之间的综合发展，如公路领域中高速公路与普通公路及农村公路等之间的统筹协调、综合发展；二是不同运输方式间的综合发展，如铁路、公路、水运、民航、管道等之间的统筹协调、综合发展。

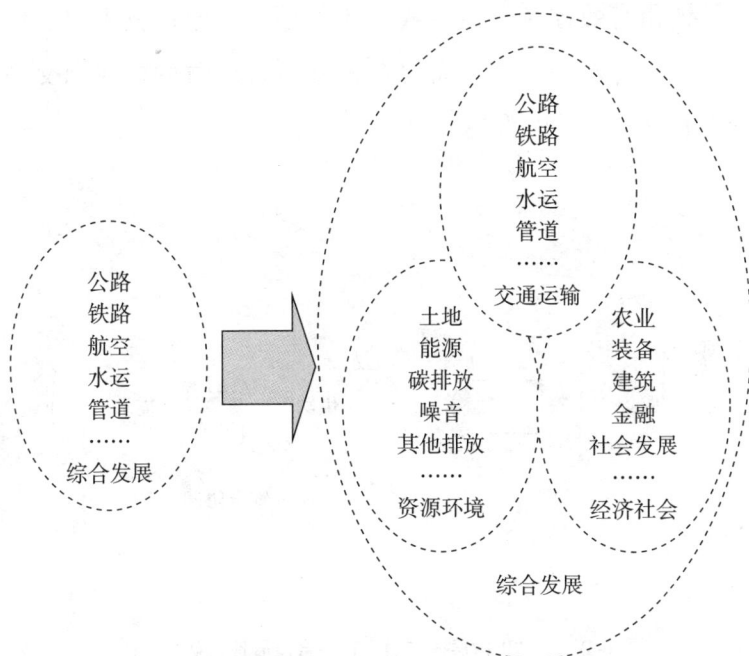

图 1-1 供给层面交通运输综合发展理论认识的演进

（二）广义供给侧与需求侧统筹的运输"综合"理论

从功能角度看，立足于供给侧的综合发展理论，只能在单侧层面解决综合运输发展中的个别问题。随着产业聚集化、分工高度化、人口城镇化、经济全球化等快速推进，人们"无限"的物质需求日益膨胀，"城市病""产业病"等综合性问题日渐频繁，"资源稀缺"所带来的外部约束愈发严格，交通运输发展的外部压力越来越大。单纯依靠供给层面的结构优化、技术创新、体制改革等，已经无法解决"需求无限膨胀"情况下的交通运输有效供给不足问题。在这种情况下，交通运输"综合发展"内涵进一步拓展，延伸至供给和需求两个维度，从广义的范畴下统筹协调交通运输的供给能力与需求水平，在全面推进供给侧"综合发展"的同时，高度重视需求侧的合理引导和有效控制，减少或避免非理性交通运输需求。供需双侧发力的"综合发展"理念需要在未来更长远时期内我国交通运输发展的政策取向中予以重视。

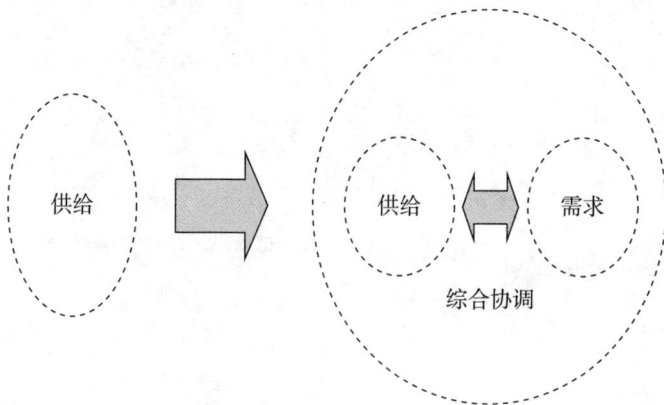

图1-2　广义供需层面交通运输综合发展理论认知变迁

第三节　中国特色交通运输理论的战略实践

改革开放40年，我国交通运输业从无到有、从小到大，发展成为名副其实的交通大国，走出了一条交通运输发展的中国道路，向世界贡献了一种交通运输发展的中国模式，总结其中经验，关键在于我国交通运输业具有理论指导下与时俱进的发展战略为引领。发展战略集中聚焦在两个层面：一是在国民经济社会发展全局中如何发挥交通运输的战略导向作用；二是在交通运输自身发展层面如何更好、更持续的健康发展。

一、"交通先行"与技术经济比较优势战略

改革开放初期，交通运输在经济社会发展层面采取"先行"战略。党的十二大报告（1982 年）指出能源和交通紧张是制约我国经济发展的一个重要因素，提出为实现到 20 世纪末力争使全国工农业年总产值翻两番的经济建设总目标，最重要的是要解决好包括能源、交通问题在内的三大问题，首次明确把交通作为经济发展的战略重点写入党的全会文件，强调要"大力加强交通运输和邮电通讯的建设"。

这一时期，交通运输自身层面采取技术经济比较优势战略。由于各种运输方式都很不完善，在各自领域均面临发展问题，因此，加快各行业的建设发展成为交通运输战略主线，铁路、公路、水运、航空、管道等各种运输方式均以各自成网为发展目标，国家则着力推动交通运输技术的发展，强化依托各种运输方式技术经济特征，实现合理分工。1981 年至 1983 年，国家科委、计委、经委广泛组织行业内科技工作者研究编写，并最终于 1986 年以国务院名义发布的《交通运输技术政策要点》，是这一时期交通运输发展遵循技术经济比较优势战略的最直接体现。

二、"交通先行"与综合交通网络建设战略

20 世纪 80 年代中期至 90 年代中期，交通运输在经济社会发展层面继续采取"先行"战略。经过改革开放 10 年左右的发展，我国经济建设取得了巨大成就，随着改革的深入推进和开放程度不断提高，全社会运输需求快速增长，交通运输继续按照优先发展战略稳步推进，为产业布局和要素流动提供了有效支撑，也为我国抓住国际产业转移的重大机遇，发展外向型经济奠定了坚实基础。

这一时期，各种运输方式经过发展已具备一定基础，在一些领域、一些区域开始出现不同程度的竞争，促使交通运输战略重点由各自成网转向以技术层面合理分工为主导的综合交通网络建设。80年代中期，原国家经委综合运输研究所开展的《2000年中国交通运输发展战略》研究，提出了2000年交通运输发展战略目标和战略布局，描绘了综合运输干线网布局蓝图，阐明了各种运输方式的定位等，成为交通运输战略领域最早的研究成果。党的十三大报告（1987年）明确提出发展以综合运输体系为主轴的交通业，1988年政府工作报告提出把铁路、公路、水运、航空和管道等运输设施有机结合起来，适当分工，合理分流，旨在按照"宜路则路、宜水则水、宜空则空"的要求，合理布局综合交通网，实现五种运输方式有机结合、协调发展。

三、"交通拉动"与综合运输体系构建战略

20世纪90年代中后期至21世纪初，交通运输在经济社会发展层面采取"稳增长"的投资拉动战略。1992年邓小平南方谈话之后，我国在党的十四大上正式确立了社会主义市场经济体制，极大激发了经济活力，实现了连续6年10%左右的高速增长。然而，1997年和2008年，分别爆发了亚洲和全球金融危机，中国经济面临下行压力，交通运输抓住国家实行积极财政政策、扩大内需的历史机遇，实施交通拉动经济增长战略，通过扩大基础设施投资，成为"稳增长"的中坚力量，也实现了自身的大发展。同期，西部大开发、东北振兴、中部崛起、东部率先发展等区域协调发展战略逐步实施，"交通先行"战略得以延续，并在引导国土开发、支撑区域发展方面发挥了重要作用。

与此同时，交通运输的综合发展上升到构建综合运输体系的战

略新高度。1997 年，李鹏总理撰文《建设统一的交通运输体系》，提出"以铁路为骨干，公路为基础，充分发挥水运，包括内河、沿海和远洋航运的作用，积极发展航空运输，适当发展管道运输，建设全国统一的综合运输体系"。此后，我国交通运输发展围绕综合运输体系建设展开，既推进规模扩张，也推进结构优化；既强调技术经济层面的分工协作，也强调运输方式之间的高效衔接；既关注基础设施建设，也开始关注运输服务与运营管理。

四、"适度超前"与"提质增效"战略

21 世纪 10 年代以来，交通运输在经济社会发展层面采取"适度超前"战略。早在 20 世纪 80 年代，在上述《2000 年中国交通运输发展战略》中，就提出了关于交通运输对国民经济适应程度的类型划分，但相关成果仅限于研究层面，并未得到广泛应用。2010 年，《中共中央关于制定国民经济和社会发展第十二个五年规划的建议》中首次提出："按照适度超前原则，统筹各种运输方式发展，构建便捷、安全、高效的综合运输体系"。之后，针对中国科学院向国务院呈送的《关于避免我国交通建设过度超前的建议》的报告，国家发展改革委委托综合运输研究所开展了专项研究，明确提出以更具有前瞻性的思路谋划交通发展，保持"适度超前"，这一理念被纳入《"十二五"综合交通运输体系规划》，成为"十二五"及今后一段时期交通运输发展的重大战略。2015 年 3 月，李克强总理在第十二届全国人民代表大会三次会议上提出"使交通真正成为发展的先行官"，进一步强化了这一战略。

"十一五"末，我国交通运输能力紧张状况已总体缓解，面对全社会日益扩张、不断提升的交通运输需求与资源环境承载力之间

的矛盾，交通运输按照"适度超前"的战略部署，围绕"提质增效"继续推进综合交通运输体系建设。一方面加快高速铁路、高速公路等高等级基础设施建设和提升存量基础设施技术等级，继续完善各种运输方式的网络布局；另一方面加强方式之间的协调与衔接，强化运输组织与服务，推进区际、城际、城市、农村等各领域交通系统构建，在更高水平上，满足经济社会多样化的运输需求。

五、"支撑引领"与"现代化"战略

随着我国经济发展进入新常态，以及国家陆续出台"三大战略"、新型城镇化等重大战略，确定了到 2020 年全面建成小康社会、全面脱贫等战略目标，交通运输为适应新形势、新任务，开始实施支撑引领经济社会发展的总体战略。2015 年 5 月国家发展改革委发布《关于当前更好发挥交通运输支撑引领经济社会发展作用的意见》，2015 年 11 月《京津冀协同发展交通一体化规划（2014—2020 年）》获批，"一带一路"、长江经济带、新型城镇化、扶贫攻坚等相关交通规划或指导意见也陆续出台。上述政策文件从强支撑、重引领、补短板等全方位，加强了交通运输对经济社会发展和国家战略的支撑引领作用，构成了交通运输"支撑引领"的战略体系。

党的十九大报告提出了到 21 世纪中叶，把我国建设成富强民主文明和谐美丽的社会主义现代化强国的战略目标。正如习近平总书记指出的"中国以后要变成一个强国，各方面都要强"，"国家强，经济体系必须强"，打造新时代交通强国，是建设现代化经济体系的题中应有之义。建设现代化交通运输体系，既是建设交通强国的内在要求，也是衡量交通强国的重要标准，同时也是交通强国的核心特征，交通运输现代化成为下一时期交通运输领域的重大战略。

第二章　改革突破

　　我国改革开放 40 年，既是经济跨越发展的 40 年，也是经济体制与机制不断发展、突破、完善的 40 年。交通运输行业作为国民经济基础性行业之一，伴随着经济改革进行了整体性改革。体制改革以破除自然垄断提升市场活力为突破口，通过市场管理体制在市场准入、市场秩序与安全监管等方面制度创新，并完善诚信体系、法律法规体系，不断增强运输市场治理能力，市场管理由行政化管理向简政放权服务型职能转变。投融资机制与模式创新发展是交通基础设施建设规模快速发展的重要保障，在坚持市场配置资源的顶层设计理念下，不断吸收总结地方先行先试经验并形成行业发展政策。通过行政管理与企业现代管理制度等全方位改革，建立起多种所有制并存的政企分开、产权明晰、权责明确的交通运输企业。交通运输体制与机制改革创新经历了全面发力、多点突破、纵深推进的改革历程。

第一节　体制改革发展模式与路径

　　交通运输行业体制改革总体上与国家整体经济体制改革同步进行，但是由于特有的基础性、公益性特点和显著的自然与行业垄断特征，改革的方式和内容与经济体制整体改革存在一定的差异，不同运输方式之间也存在改革路径和时间差异，回顾与总结交通运输改革模式与路径，对未来交通改革的深化具有一定的借鉴意义。

一、体制改革发展模式

交通体制改革在经济体制改革背景下，采取"摸着石头过河"的探索性改革模式，体制改革的突破点从打破交通行业自然和行政垄断开始，管理体制改革通过对管理权限逐级下放，激发了地方积极性，并通过不断总结"先行先试"地方经验，形成政策引导全行业改革的模式。市场运行机制的改革降低了市场准入门槛，形成不同所有制"一起上，一起干"，激发了市场活力。在改革中，通过不断完善与修正市场管理制度，政府与市场的责权利关系不断清晰，"市场主导，政府引导"的交通管理体制成为交通发展的政策保障。

（一）顶层政策设计与基层探索相结合发展模式

交通运输改革是在我国探索和确立社会主义市场经济体制的背景下进行的，初期发展路径与模式和工业企业改革路径大体一致，从扩大企业自主权，激发企业活力方面进行改革并取得了一定的效果，但是总体上这种内部机制的变革没有达到有效缓解交通运输紧张局面、支持经济快速发展的效果。为解决运输紧张问题，交通部提出搞活运输市场政策，采取"有河大家走船、有路大家走车"（1983年）和"多家经营，鼓励竞争，各部门、各行业、各地区一起干，国营、集体、个人和各种运输工具一起上"（1984年）方式解决公路运输紧张问题，初步实现了公路水路市场开放。随后借鉴广东珠海贷款修路方式提出"贷款修路，收费还贷"公路建设模式。

市场激励政策和地方探索性发展模式上升为行业政策极大激发了社会办交通的积极性，激励了地方管理部门不断探索集体筹资、地方融资、利用外资等各类投融资渠道，公路、港口等基础设施建设规模迅速提高。随着政策的执行和体制改革的实践，这些措施最终形成"双重领导，以地方为主"的管理体制和"收费还贷"的投融资体制，改革措施和力度走在工业与流通体制改革前列。

让地方政府成为交通市场和地方公路建设的主导，交通部的行业管理权限下放改革对港口、高速公路等设施建设的快速发展起到较为重要的推动作用，铁路虽然没有完全放开市场，但在激励地方政府合资建设方面也做了一定的努力，以"部省纪要"形式形成的联合建设模式成为铁路网络大发展的主要推动因素。因此，交通大发展成就是在确立市场放开和管理下放的顶层设计指导下，地方政府积极参与所形成的共同发展成果。

（二）管理体制从体制垄断向"放管服"转变

交通运输行业因其网络特性而具有自然垄断特征，而管理与组织制度的垄断性将自然属性特征放大形成"体制垄断"。改革开放中体制机制改革一直是在破除这种体制垄断。公路水路通过管理下放与市场开放较大程度上改变了体制垄断性管理，因此，发展速度要快于铁路和民航。

客货运市场从交通一家独自经营到逐步放开，准入门槛不断降低，监管模式从行政审批向事中事后监管转变，监管对象和内容从线路审批与运力投放、运价制定等运输经营性管理向市场秩序维护、安全保障监察、标准化制定等方面转移，管理制度在简政放权的同时强化了"管的有效性"和"放的主动性"[①]。体制垄断在交通"放管服"改革中逐步破除。

（三）综合运输体系建设从技术层面向制度层面深化

改革开放之初，综合运输体系建设主要是以国家投资计划为导向，发挥各种运输方式技术经济特点，在方式间合理分担运量以缓解运输矛盾。20世纪80年代初期，隶属于国家计委的综合运输研究所，在综合运输研究上率先提出"综合运输"定义，并开展了"散货和集装箱联运"等政策研究，作为我国唯一的综合运输研究机构，从合理运输和网络布局等技术层面进行了综合运输政策探索和联运组织实践。由于条块分割的运输管理制度和运输能力的限制，虽然运输网络系统不断发展，但综合运输管理与营运体系始终没有充分发挥各自运输方式经济特点实现有效的联合运输。"十二五"以来，随着管理体制的改革和运输网络的完善，综合运输首先在规划层面得到落实，从专项规划转变为综合规划，在交通"十二五"规划中提出了"强化基础设施优化衔接、发挥综合运输的整体优势"目标，并从综合枢纽建设、网络布局、发展现代物流等几个方面进行了部署，"十三五"综合交通运输规划是首个在国家层面将各种运输方式统一规划的综合运输规划，提出综合衔接高效一体化建设目标和加快运输服务一体化的实施。

综合运输体系建设在深化交通运输供给侧结构性改革中，围绕"简政、降费、增效"加快发展多式联运。培育发展交通运输新技

---

① 参见国家发展改革委综合运输研究所编著：《中国交通运输发展报告（2017）》，中国市场出版社。

术、新模式、新业态，发展壮大新动能，利用"互联网 +"、物联网、云计算、大数据等新一代信息技术，通过信息平台、智慧交通、跨界融合等新技术和新模式的应用，深化和拓展综合运输体系内涵与外延，在补短板加快交通基础设施规模的基础上，通过新技术和新模式应用实现交通高质量发展。

二、市场与政府职能转变

改革开放 40 年来，建立完善的市场经济体制和管理体制改革是我国经济体制改革中的重要内容和主线，交通运输领域在改革中围绕这一主线，政府和企业通过不断深化调整在市场中的作用关系，以问题为导向，把握阶段发展特征，形成市场主导与政府引导的发展模式。

交通运输市场在改革开放中最为活跃、开放程度最高的是公路与水运市场，铁路、民航市场由于管理体制、运营组织和设施垄断等因素，一直处于政府管制下的有限开放市场。分析公路水运改革脉络可以从中管窥出交通运输管理在不同阶段对市场管理的焦点和政府用"看得见的手"与市场"看不见的手"管理博弈，和从政府主导市场到市场主导政府管理理念与治理能力的转变。

（一）市场放权与市场主体多元化

改革开放前 10 年，交通公路与水运市场处于培育与发展期，在此之前运输主要通过对国有运输企业进行指令性计划下达完成。1983 年开始，交通管理部门通过"各部门、各行业、各地区一起干，国营、集体、个人和各种运输工具一起上"鼓励政策积极培育各种所有制经营者进入运输市场。公路与内河航运由于对进入市场的技术要求较低、运输工具投入资金较低，在政策的鼓励下，以"单车（船）经营方式"进入市场的运力形成较快的发展，这一时期的市场特征是运力增长较快，经营主体多元化，经营者呈现"小、散、弱"的特点。经过初期培育，运输市场进入快速发展期，单一国有企业独立经营的运输状况被工矿企业、集体、个体等各种所有制经营者打破，运力形成过剩，市场竞争激烈。交通管理工作在促搞活市场下向抓行业管理和宏观调控转变，但从实际结果看，交通管理对市场监管是弱化的，市场运行秩序完全由新兴市场自主调控，运输市场一度出现秩序混乱现象。面对市场秩序失控问题，1989 年，交通部开始全面对公路水运市场进行全面整顿，在健全市场行为规则和市场监督体系目标下，对运输经营者资格、经营行为等进行审查整顿，市场准入门槛开始规范和严格。

市场经济建立初期，交通运输市场管理制度与市场规制间权责利界限划分不清，保障市场有序运行的法律制度不健全是这一时期的市场运行出现的主要问题。由于政府监管职责不清晰而弱化，导致市场产生不良竞争并因管理不到位增加交通安全隐患，在意识到问题的严重性下政府利用行政手段对市场进行整顿也是不得之举，坚持市场开放，在加强行政管理下加快法律法规建设也成为政府随后采取的正确举措。

打破所有制界限宽松进入，快速缓解交通运输紧张问题是这一时期解决问题的方向和手段，在市场经济运行规制不健全的阶段特征下，政府行政性主导市场是这一时期政府管理的主要特征。但通过实践，"国家调节市场，市场引导企业"以宏观调控替代直接管理企业的政府职能转变观念已初步形成。

（二）监管制度化与市场经营集约化

随着改革开放的深化，社会主义市场经济体制逐步完善，交通运输市场也逐步走向规范化，建立与健全了市场准入与退出机制，对经营者实行经营资质和以安全为主的营运客车类型划分审核，在制度约束与引导下，道路运输企业通过联合、重组、兼并、改制，企业开始实现规模化、集约化经营，网络型运输服务企业快速发展。经营结构、运力结构和运输组织结构得到优化。在市场建设上，交通主管部门开始进行运输交易市场建设，依托枢纽建设货运交易市场，运营组织开始从区域向全国，从个体、单线向网络化发展。

交通运输管理在强化政策规范管理的基础上，加强了法制化建设，《公路法》《港口法》《行政许可法》《海商法》《道路运输管理条例》等一系列法律法规的出台，法规体系逐渐完善，依法管理体制不断加强。在强化法律法规的同时，逐步建立起运输市场信用体系，对道路运输服务的质量信誉考核、营运驾驶员和运输企业的安全与诚信等进行档案管理和评价信息查询。运输行业逐步走向法制化管理、诚信化经营，市场信息透明化水平不断提高。

市场监管的制度化与法制化使交通管理部门脱离对企业在市场运营中的干预，利用制度与法律的"笼子"规范市场秩序，2016 年《国务院关于在市场体系建设中建立公平竞争审查制度的意见》中提出："建立公平竞争审查制度，防止政府过度和不当干预市场，有利于保障资源配置依据市场规则、市场价格、市场竞争实现效益最大化和效率最优化。"管理策略的变化促进了交通生产要素按照市场要求配置，网络型、专业型公路货运与物流企业开始成为货运市场运营主体，运力结构和经营结构与经济和产业发展结构不断适应和匹配。

本阶段政府管理特点是加强市场准入管理，重点监管客运和危化运输等重点领域的安全，常态化监督超限超载。监督管理重点经过市场实践基本形成，市场管理模式逐步走向正轨。

（三）提高治理能力与市场提质增效

党的十八届三中全会指出，经济体制改革核心问题是处理好政府和市场的关系。2015 年《交通运输部关于全面深化交通运输改革的意见》中提出"遵循市场规律"和"坚持市场决定作用"的改革目标和原则。转变政府职能提高治理能力是十八大以来建设服务型政府的要求。在《"十三五"现代综合交通运输体系发展规划》提出"完善市场监管体系，提高综合治理能力"改革原则。

在进一步"简政放权"改革中，通过下放和取消审批权限降低市场门槛，促进了交通运输创新发展。加强事中与事后监管戒除了"只放不管"的弊端，推进了商事制度改革，对工商登记前置审批项目进行了全面清理，原则上取消工商登记前置审批项目，将前置审批改为事后审批，便利市场准入、鼓励市场主体投资创业。改进监管方式，对从事交通许可的主体资质动态监管、市场行为监管和安全监管，建立权力和责任清单，利用新技术和大数据进行监管风险监测，完善管理引导和行业自律，完善市场主体承诺制度，促进市场主体自我规范、自主管理。

完善市场化资源配置，财政部《交通运输部关于推进交通运输领域政府购买服务的指导意见》（财建〔2016〕34）明确提出在公路水路养护和客运站场运营和信息管理服务等方面推进政府购买服务，将公路水路交通运输领域部分政府公共服务事项从"直接提供"转为"购买服务"，将公益性服务推向市场，实现公共资源配置效率最大化。利用政策引导提升市场活力，以"降费"减轻实体经济企业负担，以"增效"推进企业升级发展，网络型、联盟型、多式联运型等运输组织模式推进企业规模化发展，"互联网＋交通运输"促进了汽车租赁、城市共同配送等运输新兴服务业态产生。

深化改革阶段，交通运输管理总体思路是从管理型向服务型转化，政策实施要点体现为由严格约束下市场管理向有管有放动态监管过渡，"市场主导、政府引导"的治理理念和方式逐步得到落实。

三、交通基础设施快速发展路径

改革开放 40 年，我国交通运输发展历程在一定意义上是交通基础设施建设发展之路。从网络设施短缺阻碍经济发展到综合运输网络全面发展基本适应经济与社会，经过不断的投入和不懈的努力，交通基础设施建设探索和总结出适合中国国情的发展经验。

在发展中，投资体制改革逐步厘清政府投资责任，促进财政性投资资金发挥主导性和杠杆性作用。逐步完善投融资机制，拓展多元化融资渠道推动交通基础设施快速发展。

（一）政府投资主导性作用成为快速发展的根本保障

交通运输基础设施快速发展与政府财政性主导投资密不可分。在以财政性资金作为交通基础设施建设投资的时期，财政资金使用历经从"拨改贷"初步建立财政投资有偿使用制度到建立预算内交通基本建设资金和财政预算外专项资金等[①]，形成固定财政投资制度并明确了有偿性使用财政性资金和重点支持国家重大项目的投资方向。

---

① 财政预算内及预算外交通建设基金和相关建设税费建立情况详见本书投融资专题章节。

随着社会主义市场经济体制初步确立（1993年），公路水路全面开始社会化融资建设模式，社会性资金成为交通基础设施建设重要来源。中央和地方政府财政性资金在公路港口等交通投资项目上所占投资比例下降，银行及金融机构贷款、经营权转让、债券、合资合作资金等非政府投资资金所占份额逐渐提高。虽然中央政府直接财政性投资比例减少，但主要由地方政府负责的地方交通建设投资在政府信用和担保，以及各类政府征收的交通基金和规费支持下，交通投资中贷款比例持续增加，形成政府间接投资。政府投资依然保持着主导性作用。

1998年亚洲经济危机和2008年全球性金融危机，政府投资较大部分进入到交通基础设施领域，这些投资加快了交通基础设施建设。因此，中国交通基础设施网络快速发展的重要因素是基于政府投资在建设中的主导性和在政策上的倾斜性支持。

（二）市场化投融资机制是加速发展的关键因素

经济体制改革的核心是构建市场配置资源的新体制。交通基础设施建设发展最快的公路港口领域得益于较早和较全面的开展市场化投融资，形成以国家政策性投资为基础，以市场型投资为主导，多层次、多渠道、多形式的投融资管理体制[1]。多元化的投融资渠道不仅直接提高了建设投融资规模，更通过优质资源整合、抵押实现市场性资本运作，从资本市场筹集建设资金。这些多种渠道的交通投融资弥补了政府投资缺口，加快了交通基础设施网络建设。当然，在市场投融资机制形成与发展阶段，由于交通建设超前发展，投融

---

[1] 李华：《我国公路发展的相关问题的研究》，中国知网。

资结构出现债务融资比例高，投资主体债务负担沉重，地方政府利用投资公司进行交通建设项目贷款与担保的方法融资形成显性与隐形债务风险等问题，但是，市场化投融资机制加速了交通基础设施发展是客观现实。

（三）规范与完善交通投融资体制机制

党的十八大以来，为增加交通基础设施有效供给，防范政府性债务风险，建立和完善"政府主导、分级负责、多元筹资、规范高效"的投融资管理体制，建立支持交通运输基础设施建管养运的投融资政策机制，促进交通运输行业可持续发展，推进社会资本进入交通基础设施建设领域，在进一步规范地方政府举债融资行为（财政部 50 号文）和加强地方政府性债务管理（国务院 43 号文）的基础上，国家发展改革委出台了《关于进一步鼓励和扩大社会资本投资建设铁路的实施意见》，全面开放铁路投资与运营市场，并提出利用规划遴选优质项目向社会资本推介、利用政府资金引导社会资本进行政策鼓励性和公益性项目投资。交通运输部在《关于深化交通运输基础设施投融资改革的指导意见》中提出"加强政府和社会资本合作制度建设"，综合利用政府资源，结合地方情况，开展特许经营、财政补贴等政府和社会资本合作模式。

通过进一步规范社会资本参与交通基础设施建设管理体制与政策机制，交通建设投资所产生的地方债务风险得到控制，交通基础设施建设资金融资渠道和融资结构进一步完善。投资规模不断增长，综合运输网络不断完善，涉及民生的中西部地区和贫困地区交通基础设施建设得到增强。

按照供给侧结构性改革要求，交通投融资体制与机制改革将通过规范政府行政审批制度、加强事中事后监管，营造平等互利的社会资本投资环境。加强政府财政主导与规划引导和控制政府性债务风险预警及应急处置等保障与风险防控机制，建立和完善"政府主导、分级负责、多元筹资、规范高效"的投融资管理体制。

第二节　交通运输改革历程

交通运输行业的改革进程是在我国经济体制改革的大背景下进行的一种"问题导向式"的改革。改革的源动力既有经济制度整体改革下的推动力，也有交通运输产能落后经济发展、制约经济发展所产生的倒逼发展机制形成的内部改革动力。

在经济体制改革不同发展阶段，不同的交通运输方式和建设模式出现差异化发展路径选择。改革初期，公路作为最先"触水"进入市场配置资源的行业在建设与运营方面获得快速发展。在经济改革全面推进与完善阶段，通过对交通管理在中央与地方的合理事权分担，统筹兼顾各种运输方式的发展，形成中央政府主导重大项目，地方政府主导区域发展的改革模式。在全面深化改革阶段，通过行政体制改革、供应侧"放管服"机制改革，综合运输管理体制进一步理顺，交通运输体制与机制改革形成以战略顶层设计引领综合运输体系全面发展的协调发展模式。

一、改革从解决交通运输全面紧张开始

改革开放之初是我国经济全面恢复阶段，针对国民经济比例严重失调的情况，中央决定从 1979 年起，用 3 年时间对国民经济按照

"调整、改革、整顿、提高"方针进行经济结构调整。这一阶段，能源紧张、交通落后这两个问题尤为突出，运输瓶颈制约经济发展的问题严重，铁路承担着 70% 左右的货运量，公路、水运和民航设施与能力不足，交通运输不仅面临运力整体不足的问题，也面临着内部各运输方式结构不合理问题。发挥各种运输方式作用缓解交通运输紧张局面和激发运输企业积极性成为交通运输改革的初始动力。

（一）联合运输开启综合运输改革历程

针对国内运输紧张、新增建设项目难于在短期内发挥效益等问题，1979 年 4 月 26 日，《人民日报》刊发评论员文章《联合运输势在必行》，提出客运积极实施联程运输采取全程一次购票方式方便旅客运输，货运要开展铁水、公铁、铁公水、江河直达联运，江海直达联运等联运方式提高运输效率，并根据实施难点问题提出利用"经济合同"划分"经济责任"，用当时经济改革的主流模式"经济责任制"确定联运企业间、企业与员工间的责任。

1980 年 5 月 30 日，《人民日报》社论《把交通运输放在先行地位》再次提出要解决运输紧张问题。文章提出"现代交通运输应该处于国民经济的先行地位"的观点，表明了要优先解决交通"同国民经济的发展很不适应，成为一个突出的薄弱环节"问题，和利用联合运输"合理利用各种运输工具……宜水则水，宜陆则陆……调整好交通运输内部的比例关系"解决策略。

国民经济的恢复使我国能源与粮食等大宗货物调运需求增强，以煤炭运输为主的大宗货物运输使铁路主要干线运输能力全面紧张。短时间内，铁路新线建设还不能即刻解决运输紧张问题，而通过各种运输方式发挥各自的技术经济效应缓解铁路运输紧张问题成为一种选择。而这种选择也开启了中国综合运输发展之路。1981 年国家科委计划制定涉及 13 个领域的 13 个技术政策，其中《中国技术政策研究》（交通运输）政策研究则从政策上对五种运输方式的综合发展提出了政策建议。

联合运输作为运输结构调整的重要手段在随后的海铁集装箱联运等方面进行了研究和探索。但从推进综合运输整体发展、缓解交通运输紧张局面上，由于公路、内河水运等设施的不足，联合运输没有达到缓解运输紧张的预期目标。虽然目标没有达到显著效果，但各种运输方式协调发展的改革与发展方向得到确认，利用经济合同合理划分"权、责、利"的手段为后来的改革推进奠定了基础。

（二）增强企业与市场活力提高运输能力

1984 年 10 月 20 日，指导我国经济体制全面改革的纲领性文件《中共中央关于经济体制改革的决定》提出增强企业活力"实行政企职责分开"和"建立多种形式的经济责任制"改革措施。在两项措施的运用上，交通行业从管理与效率方面采取了不同的改革模式。

铁道部采取全路大承包模式，从内部自身机制改进，"希望通过改革来解决财政上对国家的过度依赖，进而获得更多自主权，激发创新和积极性"[①]。首先在不改变铁路行业"统一路网，集中指挥"特殊性管理方式下对经营性职能进行了放权让利改革，从 1981 年铁道部对上海铁路局等 11 个部属企业进行扩大企业自主权试点开始，将计划、财务 、劳资、物资、人事等企业生产经营职能权力下

---

① 《铁道部 30 年前的改革：将铁路"承包"出去》，2013 年 1 月 25 日，财经网 http://economy.caijing.com.cn/2013−01−25/112463167.html。

放到下属路局，又进行了企业基金制、全额利润留成制、税后利润递增包干等制度性安排和调整[1]，直至1986年，国务院批转国家计委等五个部门关于《铁道部实行经济承包责任制方案的通知》（国发〔1986〕40号）在全路推行承包制，铁路实现了第一次管理体制重大突破。多年后，对铁路大包干改革的得与失，在管理和学术研究层面均有不同的看法。马刚（2003）《提高我国铁路行业竞争力路径分析》里认为，"大包干以契约形式界定上级和企业在一定时期的责权利关系，大大减少了日常干预，使企业行为和政府行为在既定范围内得到规范，为下一步深化改革奠定了基础。"[2] 但也有学者认为铁路大包干由于没有实际理顺政企关系，没有厘清铁路社会效益与企业经济利益关系，是以行政机制代替市场机制处理国家与企业在投资与运营上的关系，因而铁路大包干改革实际是不成功的。

但对于这次突破性的铁路改革正如外电评价"中国最庞大的企业，迈出了关键的一步"。此次改革最为重要的是通过企业基金和利润留成等改革设计，调动了铁路职工的积极性，运输效率显著提高，平均日装车量突破 7 万辆，比上年增长 1.6%；铁路货运机车平均日产量 82.1 万吨公里，比上年增长 1.9%；铁路运输收入和实现利润，比上年分别增长 8.7% 和 2.6%；铁路运输人员劳动生产率提高 5.3%。当然，"大包干"在运营改革上创新地赋予了地方路局更多自主权，但却未涉及运输定价机制和投融资机制改革，因而也产生一些问题，例如运输安全问题，扩大再生产激励问题等。"七五"后期，经济出

---

[1] 周荷芳：《铁路体制改革若干问题的研究》，西南交通大学博士研究生学位论文，2002 年，中国知网。

[2] 马钢：《提高我国铁路行业竞争力路径分析》，对外经济贸易大学硕士学位论文，2003 年，中国知网。

现下滑以及设备老化维修经费紧张等，包干指标考核并没有根据经济形势进行大的调整，在拼设备、降成本、保指标中，重大事故接连发生，"大包干"不得不终止，已下放权限也因安全因素被重新上收回铁道部[①]。

交通部所管辖下的公路与水运等行业，在改革开放方面，是从放开市场适应经济发展角度进行的管理制度改革，如果说铁路改革是进行了企业内部机制调整，那么，公路与水运则是从外部增强市场活力方面进行了较为深刻的改革。在 1978 年至 1981 年初步完成企业"扩权让利"，实行"利润留成和盈亏包干"办法搞活国有运输企业的基础上，1982 年至 1984 年，交通部在全国交通工作会议上，分别提出了"要努力把交通搞通、搞活、搞上去"（1982 年）、"有河大家走船、有路大家走车"（1983 年）和"多家经营，鼓励竞争，各部门、各行业、各地区一起干，国营、集体、个人和各种运输工具一起上"（1984 年）。通过开放运输市场和提出一系列激励政策，打破了营业性运输长期由交通部门独家经营的局面，解放了交通运输生产力，交通运输管理体制的改革开始展开，初步实现了国家、集体、个人共同参与运输的多头"办交通"的局面。根据统计，1979 年公路货运周转量为 745 亿吨公里，到 1984 年，包括私营运输完成的货运量，全国货运周转量达到 1536 亿吨公里，年均增速达15%。1979 年客运周转量为 603 亿人公里，到 1984 年达到 1336.9亿人公里，年均增速达 17%。

综合这一时期铁道部和交通部两大交通运输职能部门改革历程，

---

① 《铁道部 30 年前的改革：将铁路"承包"出去》，2013 年 1 月 25 日，财经网 http://economy.caijing.com.cn/2013-01-25/112463167.html。

总体上运用了经济责任制作为运输体制改革的一项内容推动了交通运输改革，一定程度上缓解了交通运输紧张状况。经济责任制作为主流改革模式在交通领域全面展开，由经济责任制考核而形成的管理部门和企业的承包合同，到企业间经营而签署的企业经济合同和企业与员工间签署的劳动合同，经济合同初步涵盖了交通运输管理与经营各个层面，以经济合同形式固化经济责任制中"责、权、利"代替指令性或者计划性经营管理不仅成为交通试水改革的第一块石头，而且建立各级经济合同的机制培育了市场经济所需要的"契约"精神和市场理念，为市场经济制度下中国运输市场化改革奠定了基础。

（三）管理体制改革初步突破

港口双重管理体制调动了中央和地方两个方面的积极性，对缓解水运紧张起到了积极作用。实行改革开放政策后，伴随我国经济的发展，能源、大宗原材料运输急剧增加，水运生产能力严重不足，港口形成"压船、压港、压货"等现象。为缓解这一问题，在加快港口建设的同时，中央和交通部对港口管理体制改革进行了改革，1981 年大连港首先实行由交通部和大连市双重领导、交通部为主的管理体制改革试点，1984 年在天津港实施了"双重领导，以地方为主"的改革试点。此后，沿海港口分批下放给地方政府，形成了港口"属地管理，交通部行业管理"的管理体制。改革基本缓解了港口压力，实现了调动地方积极性的目的。

放开外贸运输管制，加快外贸航运运输发展。交通部领导下的驻港企业招商局率先在深圳创立了对外开放的窗口——蛇口工业区，按照国际惯例引入外商和外资，最先突破了经济体制，实施了对外开放下的新的经济管理体制。交通领域中最先进行开放搞活的是航运业，20世纪80年代初期，交通部提出开辟国内国外两个市场，远洋运输要大力发展对外业务，为国家争取更多外汇收入。但此时，外贸运输主要还是依靠中国远洋运输总公司等国有企业完成，但随着对外贸易发展加快，进出口货物运输呈现急速增长趋势，1983年全国交通工作会议上，从放宽搞活角度，提出了"支持各省市建立外贸运输船队"，但地方船队主要承运本地区的外贸物资，并且要求"与中远公司要配合好，一致对外"。直至1988年国务院口岸领导小组颁布了《关于改革我国国际海洋运输管理工作的补充通知》，取消了外贸运输"货载保留"和"货载分配"政策，不再用行政手段规定国内船舶的承运份额，也不再规定承运外贸进出口货物中方派船比例[1]。在对外经营业务管理上，1983年交通部批准重庆、武汉等长江中上游港口开展外贸业务，以及南京、张家港等长江下游港口对外开放，1984年又进一步放开天津、上海等14个沿海港口城市，同时积极引入国外政府贷款和世界银行等外资进行港口建设。

港口管理改革和航运业率先对外开放，不仅缓解水运业交通紧张状况，探明了未来改革方向，同时也为进一步在交通行业实现简政放权，建立省、地、市三级管理体制进行了初步实践，并且通过"放宽搞活"，实现了"多家经营"的局面。

民航走上了企业化发展道路，航空运输市场开始形成。1980年2月14日，邓小平同志指出："民航一定要企业化。"同年3月5日，国务院、中央军委下达解决民航领导体制的60号文件，把中国民航局从隶属于空军改为国务院直属机构，实行企业化管理。同年

---

[1]《中国交通运输改革开放30年水运卷》（综合卷、水运卷），人民交通出版社，第175页。

8月4日《人民日报》发表《民航要走企业化的道路》的社论，指出"民航要打开新的局面，必须走企业化的道路"。这期间中国民航局是政企合一，既是主管民航事务的政府部门，又是以"中国民航（CAAC）"名义直接经营航空运输、通用航空业务的全国性企业。[①]

1987 年全国民航工作会议上提出以民航成都管理局为改革试点单位进行企业化改革，1988 年组建中国民航西南管理局、中国西南航空公司和成都双流机场。民航西南管理局为政府职能部门，负责空中交通管制，管理通信导航、气象等部门及其设施、设备，对西南地区的民航事业实施行政管理和行业管理。西南航空公司属国家大型骨干企业，为相对独立的经济实体，实行自主经营、独立核算、自负盈亏和总经理负责制。成都双流机场为国家直属的全民所有制企业，实行独立核算、财务包干的经理负责制，向所有航空企业开放，为其飞行活动提供保障和服务。这预示着全民航管理体制改革的序幕已经拉开。民航成都管理局进行管理体制改革试点，率先走上了政企分开的道路[②]。

民航体制改革是交通运输行业比较全面的一次改革，它不同于其他运输方式分阶段性的进行改革，民航改革首先从根本上进行了政企分开的管理体制性改革，厘清管理部门和企业的事权划分，在企业经营上实现了经营自主、市场自主等一系列企业管理制度改革，实现了在管理体制与运营机制上的整体突破。

---

① 参考《浅析中国民航体制改革》，百度文库 https://wenku.baidu.com/view/68abfe7a272 84b73f242508c.html。

② 参考《民航管理体制改革的历史性突破——记民航成都管理局体制改革试点工作》，中国民用航空局网站《随共和国腾飞，新中国民航 60 年》专题。

二、改革资源配置方式提高投资效率

交通行业的经济责任制改革激发了运输企业经营积极性，但体制内部改革所激发的运输能力并无法完全缓解运输紧张状况，经济责任制虽然提高了运输企业经营效率，但制约运输紧张状况的交通基础设施建设不足、交通运输设施设备老化更新不快等资源有效配置的问题没有得到根本解决。交通基础设施建设市场化改革是解决交通运输瓶颈问题的根本路径。

交通运输基础设施建设资金的筹措模式的变革，既是我国交通基础设施投融资体制改革历程，更是进行市场化改革的进程。改革开放以来，各种运输方式都经历了国家主导投资、国内贷款、利用外资、地方筹资等不同渠道资金筹措阶段，但不同运输方式应用市场化方式解决投资短缺的路径和时间上存在着一定的差异，这种差异也导致不同运输方式基础设施建设发展速度不一。

（一）以经济手段提高政府资源配置效率

改革开放初期（1979 年至 1992 年），交通基础设施建设方式随经济改革做了多次调整。但财政投资依然是交通建设的主要资金来源，"拨改贷"、建养大包干等政策出台，政策要点是通过对国家预算内投资方式改变，提高国家投资效益，保障重点项目建设。

1979 年国务院批转国家计委、国家建委、财政部《关于基本建设投资试行贷款办法报告》及《基本建设贷款试行条例》和 1984 年国务院《关于改革建筑业和基本建设管理体制若干问题的暂行规定》等政策，这些政策对于交通基础设施投资而言主要影响是收缩了基础设施战线，保障了重点项目建设，铁路以增强运煤能力为重点、港口加强了沿海大型煤运矿石等大宗原材料码头建设等，并通过实行建设项目投资包干责任制、招投标等制度运用经济手段控制投资和减少投资浪费。改革的突破是通过建设资金的有偿使用增强了在计划经济时代的商品经济意识，一定程度上解决了计划经济体制下的"大锅饭"制度对建设资金不合理使用，用经济手段提高了政府资金使用效率。

伴随国家预算内资金投资方式改革，在提高投资效益方面还先后实施了"利改税"和承包经营责任制，如铁路 1986 年采取"大包干"制度，通过减免铁路营业税，把税收留存给铁路作为铁路主要建设资金。公路实行"以路养路"建养大包干制度、港口实施"以港养港"财务包干等。这些政策增加了交通自我积累与发展能力，但总体而言，无论是"拨"，还是"税后留存"，基础设施建设资金还是由国家投资，改革实施对基础设施投资的目标依然是提高效率，对扩大投资规模的影响并不显现，因而交通基础设施薄弱的问题依然存在。

对交通基础设施投资有较大影响的政策改革源自于 1984 年出台了提高养路费征收标准、开征车辆购置附加费以及允许贷款或集资修建高等级公路和大型桥梁隧道收取车辆通行费（即"贷款修路、收费还贷"）等扶持公路发展的三项政策和 1985 年国务院制定和发布《港口建设费征收办法》，以及 1991 年开始实施的征收铁路基金政策等，虽然各类征收的费用与基金仍然是政府财政性资金，投资的主体依然是国家，但这些政策举措突破了计划经济体制下交通基础设施作为纯公益性产品的理念，肯定了交通基础设施是具有经济属性的商品，可以利用经济手段，以"使用者付费"方式获取稳定的建设资金来源。

（二）简政放权调动各方建设积极性

"要想富、先修路"，四川眉山县一位县长朴素的语言和实干的做法，反映了80年代通过修路实现地区经济发展的建设历程。改革开放以来，最先实现运输市场放宽搞活的是公路与水运，"有路大家走车，有水大家行船"的政策激发了各方活力，使公路、港口码头等交通基础设施得到发展，建设政策一方面体现为中央对交通的倾斜性政策支持，包括"民办公助、民工建勤"资助政策，另一方面体现为建设市场政策性放宽，"谁建、谁用、谁受益"允许通过集资入股获取建设资金，用收费制偿还投资本息等激励政策激发了地方政府和地方民众建设的积极性。

在以计划经济为主商品经济为辅的改革最初的10多年，打破体制障碍是在中央坚定不移搞改革的大方向下，通过地方不断探索和经验总结形成了一条改革路径。1992年朱镕基副总理在全国交通工作会议上的讲话中提到"交通运输要靠地方的积极性，不靠地方搞不起来"。自改革开放以来，交通系统先后经过政企分离、企业下放地方、部属管理权限下放等多轮管理体制改革。管理体制改革的主线是政企分开和简政放权，通过下放基建工程审批权到地方的改革将建设由中央计划安排建设向中央安排重大项目计划，地方政府筹措资金加速建设方向转变。基本形成"国家投资、地方筹资、社会融资、利用外资"的投资体制。

在"贷款修路，收费还贷"政策的鼓励下，以地方政府为主导的二级汽车专用路等高等级收费公路建设形成交通基础设施建设热潮。根据相关资料统计，"七五"期间新建公路8万多公里，提前两年完成"七五"计划，同时，道路建设质量发生较大变化，新增二级以上公路 2.4 万公里，相当于前 35 年建设的总和，"八五"期间，新建公路里程更达到 11.2 万公路，完成了"八五"计划的 124%。高速公路和一、二级汽车专用路达到 9000 公里左右。因高速公路和高等级公路的发展，"八五"末期，全国公路客运量已占到总运量的 88%，公路除对铁路继续保持在中、短途客运上的分流优势外，公路客运在中、长途客运市场上逐步获得了市场竞争优势。

1992 年，国务院同意国家计委、铁道部《关于发展中央和地方合资建设铁路的意见》，合资铁路也得到迅速发展，"八五"期间，铁路总投资为 1213.11 亿元，其中建设基金 615.44 亿元，财政预算内资金为 71.54 亿元，地方政府及合资公司投资占到铁路总投资的 10%，达 126.06 亿元[①]，超出国家财政投资 76%，铁路投资主体也由单一向多元化转变，打破了单一国家投资的传统投资模式。

（三）投融资市场化运作模式得到确认

1996 年交通部颁布了《公路经营权有偿转让管理办法》，由此以"贷款修路，收费还贷"和公路经营权转让等为基础，交通基础设施建设资金开启市场化运作模式，1988 年广东省成立广深珠高速公路公司，以 30 年经营期为约，通过港资和银行贷款为广深珠高速公路项目融资约 30 亿人民币。经过探索和实践，1995 年我国首例以 BOT（建设—经营—转让）方式试点的京通高速公路项目竣工，融资 19 亿元，特许经营期 20 年，此后高速公路建设项目大部分都采取 BOT 模式，组建省政府授权并直接领导的国有独资或控股性质

---

① 数据引用王书会：《中国铁路投融资体制改革研究》，西南交通大学博士论文，中国知网。

的高速公路总公司或高速公路融资实体，融资渠道由项目直接融资扩展到以项目经营收费为依托，通过上市融资、发行债券等方式进行资本运营，融资实体平台建设实现了投融资渠道多元化，完善了直接与间接投融资渠道。

作为交通运输领域最重要的铁路行业，由于"政企合一""网运合一"的管理与经营特性，在市场化改革方面则采取"资产经营责任制"和建立现代企业制度的方式。改革的出发点是保证国有资产保值增值，巩固和发展企业改革成果，进一步提高经济效益。在铁路建设上铁道部作为投资主体，依靠铁路建设基金进行贷款并"统贷统还"。随着铁路建设规模逐步扩大，2004年铁路局与上海市签署《关于加快上海铁路建设工作的会议纪要》，2005年与海南省签署《关于海南铁路建设有关问题的会谈纪要》，由此形成部省合作投资铁路的模式，后续铁道部与大部分省市自治区均签署了相应的合作协议。在形式上这种合作看上去依然是政府间的合作，但是，由于地方政府通过各种市场化融资去承担本地区的铁路建设项目省级资本金筹措和相关债务融资、负责相关铁路项目公司组建、自主进行相关项目建设、铁路沿线土地等资源综合开发、铁路建设发展基金设立和管理运作等职能，因此，对铁路建设而言也是一种市场化的融资，并且通过这种融资至少解决了一半以上的建设投资。这种地方政府主导的市场化融资不仅没有破坏铁路整体运营制度，解决了建设资金不足问题，也突破了铁路建设一直采取财政投资＋银行贷款的模式，间接实现了市场化投融资模式突破。

同样，公路、水路与铁路的改革模式在机场建设和航空企业飞机采购与租赁上得到融合应用，机场与航空运营的分离式管理与经营，机场建设主要采取地方政府投资国家补助方式，飞机采购与租赁则完全是市场化模式利用融资租赁的信贷方式使航空公司得以迅速扩大机队和航线。

改革开放前 20 年，交通投融资体制改革一直处于摸索前行，不断完善财政投资的效率和扩大市场对资源配置的作用和份额阶段。通过这些改革促进了基础设施建设的加快，交通运输紧张状况不断得到缓解。当然也经历和出现过盲目竞争、投资过热等问题，但总体上，运输市场化程度越高的领域，其投融资市场化程度也越高，运输满足公众出行的便利性也就越强。

三、改革向全面深化发展

1998 年亚洲金融危机，国家大力扶持以公路为主的交通基础设施建设，以投资拉动内需，2008 年全球性的经济危机，国家又以投资"铁公机"为主摆脱经济危机下的消费需求不足。对交通基础设施倾斜性投资支持和经过多年多元化投资建设，各种运输方式、运输能力基本实现了与经济发展的总体适应格局。在基础设施逐步满足经济与社会发展的基础上，交通领域的管理体制与机制改革也逐步深化，按照建立社会主义市场经济体制的总要求，体制改革以完善综合交通运输管理体制机制为目标，通过进一步激发市场活力和社会创造力，推进交通运输治理体系建设和实现治理能力现代化。

（一）以规划为指引的建设调控机制形成

2004 年 7 月，国务院发布《国务院关于投资体制改革的决定》，对项目审批制度进一步放开，同时为强化投资的有效性提出利用中长期规划指导投资，列入国家规划的项目将由地方审批，并采取"灵活运用投资补助、贴息、价格、利率、税收等多种手段，引导社会投资"。交通运输领域投资在经历"谁建、谁用、谁受益"等短缺经济下鼓励投资政策向规划指引合理建设方式转变，盲目投资、低质同质建设、过度竞争的投资秩序得到改变。

（二）深化管理体制建设综合运输体系

党的十七大把加快发展综合运输体系列为推动产业结构优化升级的重点任务之一，构建便捷、通畅、高效、安全的综合运输体系既是经济发展的要求也是交通实现"又好又快"发展的要求。2008年国务院机构改革方案，在原交通部的基础上组建交通运输部将国家民用航空局、国家邮政局等部门划归交通运输部管理。行政管理体制的改革为建设综合运输体系提供了运行机制保障，虽然此次机构调整铁道部没有并入交通运输部，但是"大交通"概念已经形成。通过"大部制"的行政管理体制改革不仅实现了管理由多头向专业集中管理发展，而且有利于综合利用政策与市场手段规范交通投资与运输市场，综合交通规划引领交通发展的理念更加利于贯彻、政策引导手段更加完善。

改革开放 40 年来，综合运输结构由铁路为主公路为辅到铁路瓶颈问题突出公路负担大部分交通客货运量，直至铁路、公路等多种方式协调发展形成综合运输体系。综合运输体系在循序渐进的发展过程中，走过了从独立发展到约束下联合发展直至内涵集约发展的曲折路程。管理体制改革的突破实现了通过综合布局规划和产业政策引导促进客运枢纽衔接一体化、供应链物流衔接无缝化、运输服务多元化等综合运输体系发展。

在资本与市场改革方面，依靠政策引力和市场导向，引导和鼓励运输企业以资产为纽带，通过联合、重组、收购、引进外资等形式，组建跨地区、跨行业大型运输集团，实现集约化、规模化、专业化经营。

（三）转型升级以创新驱动交通发展

党的十八大以来，交通运输业发展路径发生了较为重大改变，随着交通基础设施规模的不断扩大，运输能力的不断提高，交通与经济的适应性更加吻合。按照《中共中央关于全面深化改革若干重大问题的决定》中提出的以新发展理念为指导、以供给侧结构性改革为主线的改革框架，交通运输发展目标在满足与适应经济发展需求的基础上，开始从科技进步与创新、质量效益提升与运输效率提高、绿色交通与资源环境相协调等方面实施转型发展，发展路径由基础设施规模扩张向提升服务质量与效益转变，管理模式由外延粗放向内涵集约管理转变。

管理体制更加完善。2013 年 3 月，根据国务院机构改革和职能转变方案，铁路实行政企分开，将铁道部拟定铁路发展规划和政策的行政职责划入交通运输部；组建国家铁路局，由交通运输部管理，承担铁道部的其他行政职责；组建中国铁路总公司，承担铁道部的企业职责；不再保留铁道部。改革后，中国铁路总公司统一调度指挥铁路运输，实行全路集中统一管理[①]。铁道部并入交通运输部真正实现了交通管理"大部制"，同时也打破了铁路从新中国成立以来政企合一的管理模式。

在促转型发展机制上，按照问题导向，通过重点发展、融合发

---

① 参考《高铁网铁路改革介绍》，http://www.gaotie.cn。

展和绿色发展加快引领性机制保障措施建设。2013 年交通运输部《关于科技创新推动交通运输转型升级的指导意见》（交科技发 [2013] 540 号）提出"促进新兴关联产业发展""以新兴业态的发展促进交通运输产业的繁荣"，围绕交通发展促进了高铁经济、临港临空经济、枢纽经济圈、互联网 + 交通运输等一系列以交通引领为主的交通与产业和城市融合发展模式，交通发展模式在契合社会经济发展趋势下实现融合与引领式发展。在保障政策上，国务院、国家发改委、交通运输部等部门先后发布《国务院关于积极推进"互联网 +"行动的指导意见》（2015 年）提出"加快建设跨行业、跨区域的物流信息服务平台，提高物流供需信息对接和使用效率"。国务院办公厅在《关于积极推进供应链创新与应用的指导意见》（2017 年）中，明确交通运输与物流作为供应链联接生产与流通重要环节，提出创新市场准入和监管机制，通过标准化与平台建设促进供应链发展。

创新是提高交通运输发展质量的重要动力。高速铁路作为我国改革开放 40 年来中国交通运输领域最大的成就，从引进、消化吸收到自主创新直至成为中国品牌走向世界，走出了一条创新发展之路。科技创新也强化了铁路、公路、水运、民航、邮政的资源整合和大数据平台建设，基本实现交通运输出行信息、多式联运信息、旅客运输联网售票等网络化服务。智慧物流作为互联网、物联网技术应用和与生产制造、流通和金融融合的重要环节，商务部办公厅在《关于智慧物流配送体系建设实施方案的通知》（2015 年）中提出加快实现交通运输基础设施和运载工具数字化、网络化及运营运行智能化发展要求并给予财税和投资支持政策。

创新倒逼新机制发展。共享经济是新时代、新经济下融合创新的发展产物。网约车、共享单车、共享汽车、共享停车等以移动互联技术为支撑的共享交通新模式在城市交通创新中蓬勃发展，新的交通模式的出现对既有交通管理模式提出了挑战，引发了交通市场的管理变革，监管机制如何动态调整适应新经济下新模式的发展成为管理机制改革的难点，经过多轮探索，交通运输部等十部门在《关于鼓励和规范互联网租赁自行车发展的指导意见》中提出实施"包容审慎监管"的原则，对新发展模式在建立公平竞争市场秩序基础上提出充分发挥行业协会、产业联盟等社会组织作用，加强行业服务、自律管理和鼓励公众共同参与治理，形成企业主体、政府监管、多方参与的社会治理体系与监管模式，"包容审慎监管"理念和思路为创新发展模式提供了较好的政策与营商环境，管理体制也从"管理"向"治理"转变。这一转变一方面在内涵上突破了传统管理部门一元管理模式，形成了社会参与、相互互动的行政管理机制，另一方面在外延上从单一部门管理向多部门协调管理，推动了政府各部门联合管理适应跨界融合发展的趋势。管理机制与治理理念的转变为未来新经济模式的创新提供了良好的发展环境。

第三节　体制改革成就

改革开放 40 年，我国交通运输从客货运全面紧张到初步缓解实现"走得了"发展成基本满足需求实现"走得又快又好"，所取得的成就一方面来自于交通基础设施规模扩张，更得益于体制改革所形成的运输与投资管理机制市场化。改革促进了运输市场全面开放，实现运输供给结构多元化，政府管理职能向"放管服"转变使运输生产要素市场化配置环境更加宽松和规范，市场管理机制与运营法律约束边界更加清晰。

一、确立与完善了交通运输市场化机制

社会主义市场化建设形成了由有限领域和范围开放转向倡导全方位、多层次、宽领域开放的转变，由强调政策性开放转向强调体制性开放的转变。交通运输行业市场化改革通过实践，逐步从市场准入激励到规范市场运营管理机制，利用政策与法律完善市场经营环境。通过持续推进价格和管理体制改革，建立市场秩序，提供市场公共服务，维护市场发展环境，充分发挥政府在培育市场、引导市场和管理市场等方面的作用。

（一）完善了运输市场准入与退出机制

在改革开放初期，在"有路大家走车，有水大家行船"的政策鼓励下，公路、水路市场向各种所有制经济成分放开，初步繁荣了运输市场经济。同时也因运输工具与经营人员准入条件宽松导致并产生了价格竞争、市场秩序混乱、运输工具安全性、标准性和经济性差等一系列问题，为保障运输安全及维护正常的经营秩序，行政强制干预式管理一直是维持市场秩序的主导手段。2004年出台了《行政许可法》和《道路运输管理条例》，采用法律约束与行政手段对公路市场管理和准入进行法制化规范式管理。从运营企业资质、从业人员标准、站场设施等依法进行规范化管理，较大程度上解决了公路、水路运输市场过度竞争问题，在不同程度上解决了经营主体数量过多、规模较小、竞争力不强等运输服务质量不高等问题。运输市场许可经营与监督制度通过对运输工具、运输经营设施和从业人员等运输各环节的监督检查对保障运输安全起到较大作用。十八大

以来，为落实中央全面深化改革和"四个全面"战略布局的重要任务，进一步简政放权，把有效减少行政审批，加强事中事后监管作为管理的重要方法和手段。2015 年交通运输部印发《关于加强交通运输行业信用体系建设的若干意见》，使用"绿色通道"等激励措施和"黑名单"制度、市场退出机制等措施依法依规利用信用体系完善市场秩序，政府法制化监管体系得到完善。

（二）深化了运输市场竞争机制与环境

社会主义市场经济的发展培育与完善了交通运输有效市场竞争环境和机制，运输经营企业在不断规范管理的市场环境下向集团化、专业化发展，运输企业管理体制向建立现代企业制度方向转化。

各种运输方式市场化价格机制进一步放开。2015 年国务院下发《关于推进价格机制改革的若干意见》，提出要"正确处理政府和市场关系，凡是能由市场形成价格的都交给市场，政府不进行不当干预。推进水、石油、天然气、电力、交通运输等领域价格改革，放开竞争性环节价格，充分发挥市场决定价格作用"。2017 年国家发展改革委发布《关于深化铁路货运价格市场化改革等有关问题的通知》，至此，交通运输市场中，公路、水运、民航以及铁路客货运输价格机制基本放开。

以服务质量提升市场竞争能力。随着各种运输方式价格机制的改革，以及综合运输体系初步建立，运输市场竞争从价格竞争逐步过渡为各种运输方式间服务品质与速度竞争，竞争层次的转变使运输管理在维护运输市场秩序的基础上，重点任务转变为"促进运输服务提质增效"（交通运输部《交通运输行业质量提升行动实施方案》交科技发〔2017〕199 号），方案提出通过推进多式联运发展，进一步完善运输服务设施，以组织模式创新、服务规则制定提升服务质量。以物流标准化建设实现物流"降本增效"。

以税费改革转变运输市场结构。燃油税改革建立规范的税费体制，进一步理顺了税费关系，减少了因体制管理所形成的企业营运成本，但也对运输工具节能与运力结构要求普遍提高，例如，公路运输车辆中节能、环保、高效、舒适的车辆因具有节能降耗的成本优势而被保留，中低级车辆对燃油税适应性差而逐渐被淘汰，运输市场的车型结构得到优化，运力结构在客运方面向高级客车发展，货运方面向集装箱车和大型车发展，运输市场长期存在的"小、散、差"的车型结构问题得到缓解。交通运输业的"营改增"从长远看有利于促进产业和企业专业化发展，实现结构性减税和实现企业做大做强。

2017 年《国务院关于在市场体系建设中建立公平竞争审查制度的意见》对加快建立统一开放、竞争有序的交通运输市场体系，确保政府行为符合公平竞争和相关法律法规提出了具体要求和审查制度、保障机制安排。通过公平竞争审查，进一步完善和优化了市场准入、产业发展、招商引资、招标投标、政府采购、经营行为规范、资质标准等涉及市场主体经济活动制度和环境。

（三）实现了市场配置资源与政府作用相结合

经过改革开放 40 年的努力，政府管理职能和市场配置资源的关系不断清晰，政府管理通过简政放权、降税清费、清单管理等一系列政策坚持充分发挥市场在资源配置中的决定性作用，如在公路水运货运与货代等方面，基本实现开放的货运市场体系。在农村客货运等市场机制不能充分发挥作用的领域，精准调控，综合运用规划和鼓励支持政策进行调节。

二、开拓与推进了多元化交通投融资渠道

资金投入一直是交通基础设施建设最为关键的问题，适应社会主义市场规律的投融资体制改革是促进交通基础设施建设快速发展的保障。

（一）鼓励社会资本进入的模式不断丰富

从"贷款修改，收费还贷"到 PPP（即政府和社会资本合作）融资模式，以多元化投融资为目标的投资体制改革在发展中不断丰富着内涵，投资决策由中央政府进行项目决策的单一层次，发展为中央政府、地方政府、企业部门、企业等多层次项目决策。投资方式由政府拨贷款建设发展为合资、合作、股份合作、项目融资、BOT（即私营企业参与基础设施建设）、TOT（即政府部门或国有企业将建设好的项目的一定期限的产权或经营权，有偿转让给投资人由其经营管理）等多种方式。投资来源渠道形成财政拨款、专项基金、国内银行贷款、投资主体自有资金、发行债券、国外贷款、外商直接投资等多种多样的资金来源渠道。

（二）政府投资资金引导性作用不断增强

从政府直接投资到引导性投资，政府在交通基础设施建设方面的投资理念在不断深化。在交通规划和相关鼓励政策联合作用下，政府各类交通专项基金和税收投资在强基补短板方面发挥了基础性和引导性作用。

三、推动与深化了综合运输管理体制

建立综合交通运输协调机制是交通运输体制改革的重点，是提升综合运输效率的保证，围绕供应侧结构性改革，逐步建立起适应新经济时代综合运输发展特点的管理体制。

（一）理顺了综合运输行政管理体制

"大部制"改革在管理层面进一步理顺了各种运输方式协调发展关系，各种运输方式分部门独立管理和发展管理模式彻底改变，为综合运输协调发展与顶层设计奠定了基础。伴随我国经济规模稳定与持续增长，产业结构不断调整和升级，人民生活水平不断提高，经济与产业发展对交通运输的需求与要求也不断增长与提升。改革开放之初，强化综合运输建设是为缓解单一运输方式造成的运输紧张问题，新经济时代，发展综合交通运输体系，是为充分发挥各种运输方式的组合效率和整体优势，有效降低运输成本，满足经济社会发展带来的巨大运输需求和日益增长的多层次、高品质、高效率的运输需要。综合运输管理体制顶层设计机制的完善进一步使资源合理配置、运输效率提升等方面得到全方位发展。通过综合交通运输规划统筹编制和管理机制的落实，综合运输管理体制不仅在管理职能与效率上得到优化，有利于调整优化运输结构，促进各种运输方式协调发展，提高运输服务质量，同时综合运输体系建设与发展促进与推动了综合运输一体化运营组织管理水平提高，利用新技术和信息化手段，实现了以尽量少的资源消耗和环境代价提供更加优质的运输服务，促进交通运输全面、协调、可持续发展。

（二）逐步完善适应新业态的管理机制

新时期，按照十九大精神，综合运输管理体制将不断深化，按照产权明晰，制度完善的要求，稳步推进在自然垄断行业如铁路为代表的交通运输国有企业混合所有制改革，在推动国有企业积极引入民营资本、外资等非公有资本，实现产权主体多元化上，不仅要实现资本"形混"更要形成与制度"神混"统一，将混合所有制改革企业中非公有资本作为"催化剂"，产生体制机制融合互促的"化学反应"[1]。

面对新时代跨界融合经济与产业新模式的发展，为激发市场活力和社会创造力，综合运输管理体制推进"放管服"体制改革，通过对网约车、共享单车等互联网与共享经济融合的交通运输运营与组织方式的包容式市场准入与秩序管理，采取新旧业态相融合的监管新方式，交通运输治理体系和治理能力不断提升。

---

[1]《混合所有制改革试点示范覆盖七大重要领域 国有企业改革向纵深推进》，人民网，2018 年 4 月 13 日。

第三章 建设奋进

　　改革开放 40 年，我国交通运输业特别是交通基础设施建设在党中央、国务院的大力支持下，在交通行业全体员工的共同努力奋斗下，成绩斐然，是我国经济发展奇迹的推动力之一。以不断刷新的"中国速度"惊艳世界：高速铁路、高速公路、城市轨道交通和港口深水泊位数均居世界第一；开放式、立体化的综合客运枢纽和具备多式联运、干支衔接等功能的货运枢纽基本建成。实现了对经济社会发展从"瓶颈制约"到"初步缓解"，再到"基本适应"以及"支撑引领"的奋斗历程，已经成为交通大国，正在向交通强国迈进。

　　目前我国大中城市基本拥有了综合交通运输设施体系。高速运行的飞机、高铁和高速公路能够将旅客送到全国最远的省份，长途巴士可以提供与城市周边市区的便捷往来，城市轨道线路则让旅客在城市内快捷穿梭。四通八达的铁路网络和纵横交错的公路网络可以把货物运送到全国每一个角落。沿海港口通过与后方铁路和公路的顺畅连接，已经覆盖了全国所有地区，并通过 140 多条国际航线把货物运送到世界各地。高效、快捷、能耗更低的交通基础设施让不同的交通系统协调发展，将整个国家变成了一个庞大的一日经济圈。交通基础设施所带来的便利触及到我们生活和工作的各个层面。

第一节　交通建设历史进程

改革开放 40 年，我国交通基础设施跨越式发展，不断为实现各阶段经济社会发展目标服务，各种交通方式也跟随国家改革进程形成了符合自身技术经济特征的发展路径和模式，发展历程大致分为四个阶段。

一、市场经济体制目标启动时期的改革创新、政策支持（1978—1991 年）

改革开放初期，党中央提出将工作重点转移到经济建设中来，促进经济发展的主要举措是开放市场和简政放权。市场开始活跃，生产要素和人员自由流动加快，商品经济显现，交通运输对经济社会发展制约严重。面对突如其来的"爆炸式"市场需求和建设资金严重短缺的矛盾，国家层面以行业管理体制改革和"给筹资政策"来引导各种交通方式解放思想、集思广益，探索交通基础设施投融资模式，加快交通基础设施建设步伐。

（一）政策引领的公路建设

改革开放初期，在发展市场经济的带动下，城乡客货交流频繁，主要干线公路交通拥堵严重，普通公路缺乏，人们对公路交通运输的期望值猛增。交通部门在提出"有路大家走车"开放运输市场的同时，加快了公路建设步伐。

针对公路建设资金短缺的问题，国务院出台了提高养路费征收标准、开征车辆购置附加费以及"贷款修路、收费还贷"等对公路发展具有历史意义的三项重大决定；同时动用库存的粮棉布和中低档工业品，取代以往的以工代赈方式，帮助农村特别是贫困地区修建公路，有效地缓解了我国公路建设资本金严重不足的问题。特别是"贷款修路、收费还贷"政策，极大地提高了行业和地方政府建设公路的积极性，很快形成了"国家投资、地方筹资、社会融资、利用外资"的多元化筹资渠道。同时前瞻性和系统性地进行交通基础设施战略、规划研究，划定国家干线公路网，确定高速公路建设发展方向，为我国公路实现跨越式发展奠定了科学基础，开启了我国大规模建设公路的篇章。

这些政策的实施，为公路建设筹集了大量资金。到 1991 年，公路建设总投资达到了 121.41 亿元，是 1978 年的 21 倍；公路总规模达到 104.11 万公里，比 1978 年增加了 15 万公里。

（二）简政放权的港口建设

改革开放初期，国家高度重视对外贸易的发展，确立了以发展加工贸易为重点、扩大劳动密集型产品出口的沿海发展战略，并且采取了建立经济特区、开放沿海城市、设立开发区等特殊经济区域政策；改革外贸管理体制，在进出口管理与经营、外汇等方面试点实行更灵活、更优惠的特殊政策，对外贸易迅速发展。进出口总额由 1978 年的 206.4 亿美元增长到 1991 年的 1356.3 亿美元。对外贸易的快速发展，带来了对港口特别是沿海港口的急剧需求。

面对港口特别是沿海港口需求的快速增长，交通部门首先进行港口管理体制改革。通过下放管理权、政企分开等管理体制改革措施，扩大企业自主权。其次通过征收港口建设费，实行"以港养港，以收抵支"，调动企业和地方政府建设港口的积极性。第三实行"谁建、谁用、谁受益"政策，鼓励各工矿企业、物资部门和航运企业投资建设码头，为港口建设开辟新的集资渠道，开启了港口建设新模式，能源、矿石、粮食等专业化泊位建设很快进入到快速发展阶段。第四引进外资建设港口。1985 年国务院制定和发布了《关于中外合资建设港口码头优惠待遇的暂行规定》，开启了我国利用外资建设港口的序幕，集装箱等专业化泊位建设迅速提高，沿海港口能力不足的局面得到很大改善。到 1991 年，全国水运建设投资达到 40.45 亿元，是 1978 年的 8 倍。沿海规模以上港口泊位数达到 968 个，比 1978 年增加了 657 个，其中万吨级以上泊位数 296 个，比 1978 年增加了 163 个。

（三）能力挖潜的铁路建设

改革开放初期，我国经济迎来了高速发展时期，GDP 增长幅度居世界首位。这一时期，我国经济发展的重点是加工工业，东部地区成为承载经济快速发展的区域，也成为人员交流的主要目的地。而我国幅员辽阔、资源分布很不平衡，东部快速发展地区需要大量的能源和原材料等生产资料，经济欠发达的西部地区蕴藏大量资源。各种大宗原材料长途运输的压力很大，运输能力同运输需求增长很不适应，铁路运输成为制约国民经济发展的一个重要原因。

面对铁路运输紧张和资金短缺的状况，铁路部门根据行业特征积极进行体制改革，实施"大包干"，同时进行投融资体制改革，允许多渠道集资修建铁路，并有合资铁路建设成效。但鉴于铁路建设投资、网络运营等特殊性，成效并不显著。这时铁路部门提出把基本建设的重点放在加强既有铁路的技术改造上，并适当安排一些必要的新线建设，提出"北战大秦，南攻衡广，中取华东"的战略，取得了较好的效果。

但受到管理体制和铁路技术经济特征影响，铁路建设发展速度明显低于其他交通方式。到 1991 年底，铁路营业里程达到 5.78 万公里，仅比 1978 年增加 0.61 万公里。

（四）开放搞活的机场建设

改革开放实施对外开放、对内搞活，国内、国际交往日益增多。机场既是改革开放的"窗口"和"名片"，又是经济发展的"发动机"和"助推器"，是经济发展招商引资的窗口，全国各地对机场建设的要求接踵而来。

为适应形势变化需要，民航迅速实施了以"政企分开""机场与航空公司分设"的管理体制改革。在加快民航机场建设上，一是出台征收机场建设费等政策，为民用机场建设筹集稳定的资金；二是放开投资市场，先后允许地方政府、国内企业和公民投资民航企业和机场，并允许利用国外银行的优惠贷款进行机场建设，开启了政府投资、银行贷款和企业自筹资金等机场建设的市场化模式。

这些政策的出台，拓宽了民航机场建设资金渠道，大量外资与国内银行贷款一起涌入，民用机场建设加快。至 1991 年，航空投资达到 43 亿元，是 1978 年的 22 倍；民航机场达到 106 个，比 1978 年增加 28 个。

（五）创新发展的输油气管线建设

十一届三中全会以后，改革浪潮席卷全国，石油工业也进入蓬勃发展阶段。作为我国国民经济的支柱产业和出口创汇的重要来源，稳产一亿吨原油成为石油工业发展的紧迫任务。但当时正值改革开放初期，百废待兴，国家能够给予石油工业部的投资非常有限，管线建设资金缺口大。此时石油工业部向中央提出了一亿吨原油产量包干的改革建议并得到了批准，此后天然气开发也实施了包干政策，并实施储量有偿使用政策以及设立石油勘探开发专用基金，超产原油出口创汇留用，完善油田维护费的提取和使用办法，超产原油奖励基金实行免征奖金税等一系列改革措施。这些政策的落实推进，极大地调动了石油企业的生产积极性，缓解了发展资金短缺的矛盾，迅速摆脱了勘探建设开发资金不足的困境，使石油工业走上了自我积累、自我发展、自我壮大的轨道。东中部的胜利油田、辽河油田、华北油田、中原油田相继进入快速开发期，先后建成了秦京线、鲁宁线、东临线、东黄线、东黄复线、任沧线、任京线、沧临线、濮临线、中开线、中沧线、马惠线等 12 条油气管道，总长度 3400 余公里，形成了我国东部油气管网。西部的塔里木盆地、陕甘宁盆地、四川盆地、柴达木盆地和沿海地区石油勘探取得重大突破，进一步加快了建设油气管道的步伐。至 1991 年底先后建成了 50 多条管道，长度达到近 4 万公里，形成了连接我国西部和东部地区的油气管网大动脉。

在此期间，顺应国家体制改革大势，国务院撤销石油工业部，以其所辖主要资源和资产为依托，成立中国石油天然气总公司。中国石油天然气总公司作为我国大型国有企业，主要从事石油、天然气上游领域的生产业务，兼有部分政府管理调控职能，并承担起油气管网的建设任务。

二、市场经济体制初步建立时期的深化改革、开放发展（1992—2002 年）

这个阶段是我国社会主义市场经济体制初步建立时期，是经济发展开始出现较大经济区域差距时期。东部地区借助地理区位优势和原有的经济基础，迅速打开市场，工业、商贸、外经等迅速发展。大宗生产资料的东向西、北向南运输紧张状况加剧。客运商务、异地求学以及农业人口向非农产业转移速度加快，运输需求更加强劲，对交通基础设施需求愈加迫切。在前期探索管理体制改革、投融资体制机制模式基础上，各种交通方式管理体制改革以及投融资模式逐渐成熟，交通基础设施建设全面加速。期间发生的1998年亚洲经济危机，中央政府采取以加大基础设施投资为主要措施的扩大内需政策给交通建设超速发展提供了良好机会，使公路建设实现了跨越式发展，极大地缓解了交通运输制约经济发展状况。

（一）规划指导的公路建设

随着我国经济的快速发展，人口流动和货物交流日益频繁，公路运输特别是干线和通道需求旺盛。这时期公路建设在前期成功筹融资政策和行业发展规划的支持下，开始全面实施"三主一支持"规划，并确定了"五纵七横"国道主干线中首先建设"两纵两横和三个重要路段"的方针，开启了我国公路大规模建设热潮。特别是1998年，为应对亚洲经济危机，我国政府实施积极的财政政策，把加快基础设施建设作为扩大内需的重点，公路被国家确定为优先发展建设投资领域，为改变我国公路交通滞后局面带来了极好机遇。在建设资金筹措上，国务院出台了一系列加快公路投资政策：一是征收客货运附加费，作为公路建设基金；二是将效益好的并由中央投资的收费公路进行资产重组，发行股票上市；三是以收费公路和养路费等成立的公路建设基金作为贷款和发行债券的担保；四是公路建设项目法人可以以收费公路收费权质押方式向国内银行申请抵押贷款。这些政策的实施，特别是把银行贷款纳入公路建设，启动了以BOT为主的新型投资建设模式，开启了以银行贷款为公路建设的主要资金来源，大大提升了公路建设投资力度，迅速掀起了公路建设高潮，一批重要的国道主干线和升级干线公路项目以及农村公路得以加快实施，2001年底我国高速公路里程已经跃升至世界第二位。到2002年，全国公路建设投资规模达到3211.73亿元，是1992年的26倍。公路基础设施建设进入飞速发展的轨道，2002年底公路总里程（不含农村公路）达到176万公里，比1991年增加72万公里。

（二）管放结合的港口建设

20世纪90年代以后，我国对外开放的步伐逐步由沿海向沿江及内陆和沿边城市延伸，基本形成了由南到北、由东到西层层推进的宽领域、多层次、有重点、点线面结合的全方位对外开放新格局，从沿海到内地，掀起了对外合作的热潮。这一阶段国家对外贸的重视程度空前提高，伴随着外贸管理体制的改革和更为灵活的贸易形式，外贸经营权的逐步放开，对外贸易迅速发展。这一时期我国经济发展一直保持高速增长，对外贸易总额年均增长20%，经济和外贸的高速增长带动了我国港口吞吐量的同步增长。

交通主管部门在前期港口管理体制改革试点成功的启动下，全面进行港口管理体制改革，进一步加大政企分开力度，扩大企业经营自主权，引导企业以资产为纽带实行兼并重组，组建了一批企业集团，建立了现代企业制度，一批股份制企业上市成功，为港口建设资金来源开辟了新的途径。同时扩大港口建设费征收范围和标准并开征港口建设基金，为港口建设提供了稳定的资金来源。

在以上政策和措施的支持下，沿海港口发展迅速，并形成了集装箱、煤炭、客货滚装等三大运输系统的码头设施，基本形成了以大连、秦皇岛、天津、青岛、上海、深圳等主枢纽港为骨干，以区域性重要港口为辅助，地方中小港口为补充的层次分明的沿海港口布局。其中大宗煤炭、粮食、集装箱码头接近世界先进水平。至2002年底沿海规模以上码头泊位数达到1473个，比1991年增加505个；其中万吨级以上泊位数547个，比1991年增加251个。

（三）提速增效的铁路建设

随着改革开放的推进，市场经济初步形成，物资、人员流动越来越活跃，铁路运输压力更大。铁道部确定了"快速、有序、优质、高效"的建设方针，以贯通我国南北的京九线，以及因经济发展迫切需要改善交通状况而修建的兰新复线等重点线路、能源干线为重点，突出干线通道建设，展开铁路建设大会战，路网规模和质量显著提升。这期间，国家除在建设资金上给予较大倾斜外，还建立了铁路建设基金，使铁路建设有了比较稳定的资金来源，一批复线和电气化铁路在这一时期建成。至2002年底全国铁路营运里程达到7.2万公里，比1991年增加1.41万公里。横贯东西、沟通南北、干支结合的具有相当规模的铁路运输网络初步形成。铁路对国民经济和社会发展的"瓶颈"制约进一步缓解，为拉动国民经济增长作出了积极贡献。

但新线建设速度远远跟不上经济快速发展带来的对铁路客货运输需求步伐。于是在1997年，铁路实施以京广、京沪、京哈三大干线为重点的第一次大面积提速，取得了良好效果。到2007年4月1日，共进行了6次大提速，一批时速超过200公里的旅客列车投入运营，货运列车时速也超过了 120 公里。铁路提速，增加了运输能力，提高了运输效率，为后期的高速铁路发展积累了丰富经验。

（四）放宽准入的机场建设

随着改革开放的深入，对外合作和吸引投资成为各地政府的重要工作，作为对外投资窗口的"机场"建设成为各地的诉求。机场建设的迫切性和紧迫性随之而来。

这期间，民航管理部门仍以筹集资金和放宽市场为手段，加快机场建设步伐。一是拓宽融资渠道。1993 年国家同意征收民航基础设施建设基金和机场建设费，对促进民用机场建设发挥了重要作用。二是放宽建设市场准入。1994 年民航颁布了外商投资民航业的相关规定，允许外资投资除空中交通管理以外的民航业所有领域。民营资本、外商资本大量涌入民航业，国内机场建设加快。三是建立市场融资资本运作平台。厦门机场 1996 年 5 月成功在 A 股上市，利用股票市场进行融资，使得国内机场进入世界经济发展之中。随后几大枢纽机场都拥有上市公司，建立了资本运作平台。多元化的融资手段，使得国内机场建设步伐加快，机场建设取得丰硕成果，民航干线运输基本适应需要。到 2002 年底全国民用机场达到 141 个，比 1991 年增加 35 个。

（五）企业运作的输油气管线建设

20 世纪 90 年代初，随着国内经济持续快速发展，石油需求不断增长，石油工业内外环境和条件已经发生了重大变化，国内油气田开发得到了很大的发展。油气管网建设加速，十年平均每年建设油气管线 1000 多公里。特别是在 1993 年成为油气进口国，伴随着这一发展格局的出现及进程，我国油气管网建设开始涌现出一些新情况和新特点，突出表现在连通境内外的管网建设开始取得进展，管网建设开始由国内走向国外。

这一时期我国石油行业改革基本完成，形成了中国石油天然气集团公司、中国石油化工集团公司和中国海洋石油总公司三大国家石油公司共同主导我国石油工业的基本格局，三大石油公司成为油气管道建设事业的主要承担者。管线建设除延续以往的管道网络建设外，最大的建设工程是于2002年开始建设的"西气东输"工程，这是堪比长江三峡工程的又一重大投资项目，是我国天然气管线建设的重大创举。到2002年底，我国输油气管线里程达到了2.98万公里，比1991年增加1.36万公里。

三、市场经济体制基本完善时期的科学发展、跨越突破（2003—2012年）

这一时期是我国社会主义市场经济体制初步完善阶段，全面放宽了非公有制经济的市场准入，允许非公有资本进入法律法规未禁入的行业和领域，工业化、信息化、城镇化、国际化全面加速，经济高速发展，主要经济总量指标已位居世界前列。各种交通方式的改革基本到位，投融资模式基本形成良性循环，交通基础设施建设实现跨越发展，基本适应了经济社会发展需求。

（一）跨越突破的公路建设

在基本解决公路建设资金和建设模式的状况下，公路建设进入良性循环，投资大幅上升，多年来加快公路基础设施建设的成果在这一阶段集中显现。期间重点实施《国家高速公路网规划》，基本建成了国家高速公路网骨架；长江三角洲、珠江三角洲和京津冀地区形成了较完善的城际高速公路网；中部地区基本建成了比较完善的干线公路网，承东启西、连南接北的高速公路通道基本贯通；西部地区公路建设取得突破性进展；农村公路建设取得重大成就，里程突破 300 万公里，技术等级不断提高，村道中等级公路在农村总里程中比例达到了 40%，通达深度不断提升。

到 2012 年底，公路总里程达到 423.8 万公里，比 2002 年增加 247 万公里，其中高速公路 11.3 万公里，比 2002 年增加 10.7 万公里。公路建设的快速发展，显著改善了我国公路整体技术水平，对提高经济运行效率、增强发展活力、提升国民生活质量、保障国家安全作出了突出贡献。

（二）全面开放的港口建设

随着外贸经营权的逐步下放，对外贸易规模剧增。特别是 21 世纪初期，我国加入 WTO，快速融入世界经济。为了抵消加入 WTO 后贸易壁垒降低对国内市场造成的冲击，我们利用加入 WTO 的保护期，在加入世界贸易组织后不久出台了一系列继续鼓励扩大出口的政策，对外贸易快速增长。2003 年至 2011 年间，我国货物进出口贸易年均增长 21.7%，到 2011 年底我国货物贸易进出口总额跃居世界第二位。

外贸进出口的迅速增长，为港口带来新的发展机遇。为了深入解决体制瓶颈给我国港口发展带来的矛盾与困难，国务院决定进一步深化改革港口管理体制，核心是实行港口属地化管理、政企分开和开放投资市场。一是建立"一港一政"统一管理的行政体制，形成符合市场经济体系要求的港口管理体制。二是港口下放，按照现代企业制度，自主经营、走向市场，进一步增强地方政府的积极性，港口企业有了较快的发展。三是 2011 年我国加入世贸组织后，取消了港口业中中方控股的规定，对外商投资中国港口业全线开放。国际大型班轮公司及大型港务公司成为我国港口投资的主力，投资大幅上升，专业化、大泊位、大吨位码头进入快速发展期。

这些政策和措施的实施，彻底扭转了沿海港口建设长期徘徊不前、港口能力严重不足的被动局面，港口建设步伐明显加快，有力地支撑了外向型经济的快速发展。到 2012 年底，沿海规模以上港口码头泊位数达到 5623 个，比 2002 年增加 4150 个，其中万吨级码头达到 1517 个，比 2002 年增加 970 个。

（三）创新模式的铁路建设

进入 21 世纪，我国公路、水运港口、民航机场等交通基础设施建设经过 20 多年的行业改革和投融资模式探索，基本走上了良性发展道路。针对铁路运输仍然不能适应经济社会日益增长的运输需求状况，党中央、国务院作出了"加快发展铁路"的重要部署。2004 年初，国务院批准了《中长期铁路网规划》，提出"铁路跨越式发展"战略，建设发达的铁路网。以此为标志，铁路建设全面启动。铁路部门紧紧抓住铁路发展的黄金机遇期，以建设客运专线、区际大能力通道、西部开发性新线为重点，展开了大规模铁路建设。期间除国家加大投资外，铁路投融资体制改革取得重大突破。按照"政府主导、多元化投资、市场化运作"的思路，加大合资建路力度，铁道部与各省市自治区广泛开展合资建路战略合作，仅 2003 年至 2008 年间，全路就已新组建合资铁路公司 76 家，并与 31 个省市自治区签订了铁路建设战略合作协议，吸引了地方政府、战略投资者的大量资金，改变了铁路建设仅靠中央政府投资的模式，形成了集全社会之力建设铁路的局面。并按照"存量换增量"股权融资模式，积极推进铁路股改试点，大秦铁路公司成功上市，广深铁路公司首发 A 股成功。不仅搭建了铁路市场融资的平台，而且探索和积累了铁路运输企业建立现代企业制度的宝贵经验。

特别是 2008 年在应对国际金融危机中，中央把铁路建设作为扩内需、保增长的重点，进一步加大投资力度，扩大建设规模，掀起了铁路建设新高潮，开启了我国历史上政府对铁路投资最多、建成规模最大、建设水平最高、创新成果最明显的时期，高速铁路从无到有。到 2012 年底铁路营业里程达到 9.8 万公里，比 2002 年增加 2.6 万公里。铁路电气化率、复线率均达到 50% 以上，跃居世界第二，高速铁路运营里程高居世界第一，建设规模与速度均走在世界前列。铁路主要通道实现客货分线运输，发达完善的铁路网初具规模，铁路运输的"瓶颈"制约基本缓解，铁路在经济社会发展中的作用更为突出。

（四）放宽管制的机场建设

随着我国经济快速发展，人民生活水平不断提高，旅游外贸加速发展，促进了航空运输需求的快速增长。面对巨大的需求，国家在民航发展上仍以深化管理体制改革为重点。2002 年国家开启了以"政资分开""机场属地化"为主要内容的改革措施。机场实行属地化管理，成为独立的市场经济主体，融资渠道得到进一步放宽，充分调动了机场所在地人民政府的积极性，修建机场的积极性大大提升。同时从政策上给予支持。相继出台《外资投资民用航工业规定》和《国内投资民用航空业规定》，放宽民用航空领域限制，允许外资和民营资本进入，新的投融资体制形成，更加促进机场建设的井喷发展，投资大幅上升。到 2012 年底，全国民航机场达到 183 个，比 2002 年增加 42 个。

（五）企业联合的油气管线建设

始于 2002 年的西气东输是我国油气管道建设的标志性工程，该工程的顺利建成标志着我国在油气管道设计、施工、管理等方面已经整体上达到了 20 世纪末的世界先进水平。以西气东输工程为契机，三大国家石油公司又开始了西气东输二线、川气东送、中俄石油管道、中亚天然气管道以及中缅油气管道等工程项目建设。到 2012 年，中国油气管网长度已达到 6.5 万公里，比 2002 年增加 3.52 万公里。

四、市场经济体制深化改革时期的提升质量、协调发展（2013 年至今）

党的十八大以来，我国经济进入到新常态化发展阶段，经济发展面临着全新的环境和挑战，世界经济严重衰退，贸易保护主义抬头，世界经济格局面临新的洗牌。我国经济经历着保持一定水平的增速和调结构的两难困境，国内土地、劳动力等要素价格越来越高，资源、环境约束越来越紧，传统经济发展模式和结构需要进行深刻地调整和改革。在这种经济新常态背景下，中央及时作出了供给侧结构性改革的决定和布局，开启了一场经济发展方式向更高形态发展的结构之变。交通基础设施建设在供给侧结构性改革上，以"补短板、加快综合交通运输基础设施成网建设，提质量、推进多种运输方式有效衔接"为重点，全面完善我国综合运输体系中基础设施网络，并且在推进长江经济带发展、京津冀协同发展以及"一带一路"等国家重大战略上发挥了支撑引领作用。

（一）协调完善的公路建设

以补"断头"填"空白"畅"动脉"为重点，完善公路基础设施网络。这一时期，积极实施国家公路网规划中的高速公路及干线公路的断头和空白，国家高速公路网基本建成。国省干线公路连接了全国县级及以上行政区，公路交通运输能力紧张状况得到极大缓解；同时强化顶层设计，加强组织保障，加大资金投入，全力推进农村公路发展，农村公路基本通达所有建制村。截至 2016 年底，全国公路通车里程达到 469.63 万公里，其中高速公路达到 13.1 万公里。农村公路总里程达到 396 万公里，99.99% 的乡镇和 99.94% 的建制村通了公路，99.02% 的乡镇和 95.37% 的建制村通了客车。

（二）调整转型的港口建设

受到 2008 年国际金融危机影响的延续，世界经济呈现出"总量需求增长缓慢、经济结构深度调整"的特征，外部需求出现常态性萎缩，港口需求增速放缓，我国经济进入新常态，给港口特别是沿海港口发展带来了除规模扩张上的加快转型调整机会。从"十二五"开始，我国港口以供给侧结构性改革为主线，加快港口码头转型升级，向大型化、智能化、绿色化发展，构建了互联互通的重要支点网络来促进港口资源整合、港航互动联合、港城深度融合，形成完善布局合理、资源集约、保障有力、平安绿色的现代化港口体系。到 2016 年底，沿海港口码头泊位达到 5887 个，比2012 年增加 264 个；其中万吨级以上泊位达到 1894 个，比 2012年增加 377 个。

（三）创新支撑的铁路建设

我国经济发展进入新常态后，经济发展从高速向中高速转换，经济规模从注重数量到质量的转变，对铁路需求有所缓解。铁路也抓住了经济转型带来的缓冲期，加快实施《中长期铁路网规划》，铁路建设特别是高铁建设高歌猛进，取得了跨越式大发展。五年新增通车里程近2万公里，基本相当于改革开放前20年新增里程。到2017年底全国铁路营业里程达到12.7万公里，路网密度132.2公里/万平方公里，其中，复线里程7.2万公里，复线率56.5%，电气化里程8.7万公里，电气化率68.2%。铁路客运专线、区际干线及西部铁路的大规模建设，彻底扭转了铁路运输的被动局面。

（四）全面协调的机场建设

改革开放40年，人民生活水平发生了根本性变化。居民生活水平的不断提高使国内消费结构进入快速升级阶段，越来越多的普通公众有了度假休闲、长距离旅游、出国旅游的愿望，旅游者对出行的质量要求也不断提高。航空客运需求呈现大众化，国内国外旅游、探亲访友等乘坐民航出行成为常态化选择。此外，高科技产品、时尚消费品、生鲜产品的需求越来越多，民航成为高端货物运输的首选。民航机场成为城市基础性交通设施。机场建设在继续国家财政资金投资的同时，2016年国务院又出台了《民航局关于鼓励社会资本投资建设运营民用机场的意见》，发挥地方政府积极性，鼓励国内、境外等社会资本投资机场，借助债务融资、贷款、资本市场融资等多种融资方式，加快机场建设特别是中西部机场建设，实现了枢纽机场、干支机场全面推进。到2016年底，全国民用机场达到了

218 个，比 2012 年增加 35 个。

（五）行业开放的输油气管线建设

党的十八大以来，我国油气勘探开发加速推进，油气供应能力不断增强，油气消费保持稳定增长，油气市场活力不断增强。在油气管线建设上，管道投资市场化改革取得阶段性进展，管道建设投资逐步向第三方放开。2013 年，中石油引入泰康资产、国联基金 600 亿元资本成立了"中石油管道联合公司"。2014 年《油气管网设施公平开放监管办法（试行）》和《天然气基础设施建设与运行管理办法》发布，对天然气管网等基础设施第三方公平开放实施细则做出了明确规定，加速了社会资本参与输油气管线建设的步伐。

我国油气管网持续完善，形成了油气供应保障体系，基本满足了国内油气资源调配需求。截至 2016 年底，全国石油管道总里程达到 5.17 万公里，其中原油管道 2.62 万公里，成品油管道 2.55 万公里。天然气管道网络化布局进一步完善，国内长输干线建设继续以输送进口天然气为主，引领国内管道建设增长。截至 2016 年底，我国天然气长输管道总里程 7.43 万公里，年输气能力超过 2800 亿立方米，天然气主干管网已覆盖除西藏外全部省份。

第二节　交通建设辉煌成就

改革开放 40 年，我国交通基础设施建设实现了跨越发展，多节点、全覆盖的综合交通运输网络初步形成，"五纵五横"综合运输大通道基本贯通。截至 2016 年底，综合运输网络总规模已经达到

494.73 万公里，居世界第一位。公路总里程 469.63 万公里、铁路营业里程 12.4 万公里、港口万吨级及以上泊位 2317 个、内河航道总里程 12.71 万公里、颁证民航运输机场 218 个、输油气管道 12.6 万公里、城市轨道交通营运里程 3767 公里。这些交通基础设施每天为亿万人次和亿万吨货物提供在国内的自由流动；为百万人次和千万吨货物提供与世界各地的贸易交流。

一、纵横交错的公路网已经建成

改革开放 40 年，我国公路基础设施在行业管理体制、投融资体制机制、建设市场开放等一系列改革的促动下，投资规模之大、开工项目之多举世瞩目，已经形成了纵横交错，承东启西、连南接北，内引外联、通江达海的公路网络。到 2016 年末，公路总里程达到 469.63 万公里，公路密度 48.92 公里／百平方公里，四级及以上等级公路里程 422.65 万公里，占公路总里程 90.0%，二级及以上等级公路里程 60.12 万公里，占公路总里程 12.8%，国省干线公路连接了全国县级及以上行政区。其中高速公路里程 13.10 万公里，居世界第一。"首都连接省会、省会彼此相通，连接主要地市、覆盖重要县市"的国家高速公路网络已经建成。农村公路总里程达到 396 万公里，99.99% 的乡镇和 99.94% 的建制村通了公路，乡镇通沥青（水泥）路率达到 92.7%。全覆盖的公路网络不仅便捷人民出行，还联动区域经济加速崛起，为人民打开了更加富足、幸福的大门。

二、发达完善的铁路网初具规模

改革开放 40 年，伴随着国家对铁路建设投入力度的持续加大，铁路也在 40 年的发展历程中逐步壮大，触角日益延伸进我们生活的每一片土地。基本建成了以高速铁路为骨架、快速铁路为补充、普速铁路为辅助的横跨东西、纵贯南北的多层次铁路网络，基本适应了经济社会发展需要。截至 2016 年底，铁路营业里程达到 12.4 万公里，位居全球第二。路网密度 129.2 公里 / 万平方公里，复线里程 6.8 万公里，覆盖全国 90% 以上人口。其中高速铁路总里程 2.2 万公里，位居世界第一。"四纵四横"主骨架已经形成，长三角、珠三角、环渤海等城市群高铁已连片成网，东部、中部、西部和东北四大板块实现高铁互联互通，网络覆盖了 80% 以上的大城市。高速铁路与其他铁路共同构成的快速客运网已达 4 万公里以上，基本覆盖省会及 50 万人口以上城市。基本实现了北京至大部分省会城市之间 8 小时以内通达，相邻大中城市 4 小时以内快速联系，主要城市群内 2 小时以内便捷通勤。铁路主要通道实现客货分线运输，发达完善的铁路网初具规模，"人便其行、货畅其流"的目标成为现实。

此外在国际互联互通方面，修建了 10 条铁路通道与周边邻国联接，从中国坐火车可以直达欧洲各国。中欧班列为世界经济作出了巨大贡献。

三、布局合理的港口体系趋于完善

随着 40 年来我国对外开放的不断深入，我国港口建设规模空前，已基本形成布局合理、层次分明、功能齐全、河海兼顾、内外开放的港口体系：基本建立主要港口、地区性重要港口和其他一般港口三个港口层次；在长三角、珠三角、环渤海湾、东南沿海、西南沿海五大区域形成规模庞大并相对集中的沿海港口群；在长江、珠江、黑龙江、淮河水系和京杭运河形成绵延的沿岸港口带。建成了煤炭、石油、铁矿石、集装箱、粮食、商品汽车、陆岛滚装和旅客运输等 8 大专业化港口运输系统。港口大型化、专业化、智慧化水平明显提速，设施设备无论在专业化、机械化程度，还是管理水平都已达到国际先进水平，已经走在了世界前列，具备了相当高的国际竞争力。

截至 2016 年底，我国沿海港口码头泊位数达到 5887 个，其中万吨级以上泊位 1894 个，占 32.17%。吞吐量超亿吨的沿海港口达 24 个。在全球港口货物吞吐量和集装箱吞吐量排名前 10 名的港口中，我国港口均占有 7 席。宁波舟山港、上海港连续多年分别位居货物吞吐量、集装箱吞吐量全球第一，多年来我国一直保持世界港口大国的地位。目前，我国港口已与世界 200 多个国家、600 多个主要港口建立了航线联系，成为与世界经济往来的重要纽带，服务网络基本覆盖世界主要国家和地区。

四、干支结合的机场网络基本成型

改革开放 40 年，我国民航事业走过了一条从小到大、逐步成长为世界民航大国的光辉发展历程。机场作为民航业的重要支撑，伴随着民航体制改革和不断开放，建设步伐不断加快，服务范围持续扩大，布局进一步优化，功能逐步完善。截至 2017 年底，我国境内民用航空（颁证）机场共有 229 个（不含香港、澳门和台湾地区），其中定期航班通航机场 228 个，定期航班通航城市 224 个。初步形成了以北京为主的北方（华北、东北）机场群，以上海为主的华东机场群，以广州为主的中南机场群，以成都、重庆和昆明为主的西南机场群，以西安、乌鲁木齐为主的西北机场群共五大区域机场群。密度已经达到每 10 万平方公里 2.3 个，所有省会城市、直辖市、沿海开放城市及主要旅游城市都拥有了较为现代化的民用机场，一些边疆地区、少数民族地区以及地面交通不便地区也建设了相应规模的民用机场。若以地面交通 100 公里或 1.5 小时车程为机场服务半径指标，既有机场可为全国 88.5% 的地市、76.5% 的县级行政区域提供航空服务。

这些机场为我们提供民航定期航线航班 3794 条，其中国内航线（包括港澳航线）3055 条，国际航线 739 条，形成了一个国内四通八达、干线与支线相结合以及联结世界主要国家和地区的航空运输网络。

五、覆盖广阔的输油气管网基本建成

改革开放 40 年，伴随着我国油气田的开发建设、油气消费以及行业管理体制的变革，我国油气管网设施，已成为继公路、铁路、水运和航空之后第五大交通运输方式，成为推动经济发展和造福民生的能源动脉。截至 2016 年底，油气长输管道总里程累计约为 12.6 万公里，与铁路网络相当。其中天然气管道约 7.43 万公里（已扣减退役封存管道），原油管道约 2.62 万公里，成品油管道约 2.55 万公里，基本形成连通海外、覆盖全国、横跨东西、纵贯南北、区域管网紧密跟进、储备设施不断完备、网络调度日趋灵活的油气骨干管网布局。这个"地下长城"覆盖了我国 31 个省区市和特别行政区，全国 100% 天然气、90% 以上的石油通过长输管道源源不断地输向炼油厂、化工厂、海运码头和千家万户，使近 10 亿人口受益，为人民的美好生活带来福祉。长距离、大口径、高钢级油气管道建设实现了从追赶到领跑世界的历史跨越，创造了许多新业绩、新纪录，开创了世界管道建设史上的奇迹，在我国管道建设史上写下壮丽篇章。

第三节　交通建设发展经验

40年交通基础设施建设的巨大成就，主要来源于党中央、国务院对发展交通的高度重视；来源于深化改革、创新发展，多渠道、多形式的筹集建设资金；来源于科学规划和阶段性目标的有机结合；来源于正确决策、政策支持，使得我国交通运输特别是基础设施建设走出了一条中国特色的发展之路，为社会主义现代化建设提供了有力支持。

一、国家高度重视是交通基础设施建设的发展基础

改革开放之初，党中央、国务院就对交通运输发展非常重视，把能源和交通作为国民经济发展的重点。特别是党和国家领导人多次强调发展交通的重要性，更是引起了国家和地方相关部门的高度重视。很快就形成了"经济发展，交通先行"的政府发展理念和"要想富，先修路"的民间发展理念。在国民经济和社会发展"八五"到"十三五"规划中，提出了一系列发展交通运输业的指导思想和方针政策，不断加大对交通基础设施建设投资力度，保障了基础设施建设规模。特别是在1998年及2008年国家经济发展遭受外部不利环境影响的情况下，交通基础设施更是被作为应对危机拉动经济增长的重要抓手，给予更为重点的资金照顾和政策倾斜。正是改革开放40年来党和国家对交通运输发展的高度重视，对交通基础设施建设起到了关键性的作用，使交通运输业实现了跨越式发展。

二、管理体制改革是交通基础设施建设的有力支持

改革开放以来，交通运输领域紧跟国家整体改革步伐，不断解放思想、转变观念，通过管理体制改革、理顺政企关系、转换企业经营机制、优化组织结构、培育建设市场、转换政府职能等措施，实现了政企分离、政事分离和政资分离，理顺了交通建设中国家与地方、各种交通方式之间、政府与企业之间的职责权限，既确保了中央政府在交通发展上的宏观调控功能，又充分调动了地方政府在交通建设上的积极性，形成了"统筹规划、条块结合、分层负责、联合建网"的基本方针，有力支持了交通基础设施建设步伐。

三、投融资体制机制创新是交通基础设施建设的根本保障

我国交通领域投融资体制机制的实践和模式，可以说是我国投融资体制改革的成功典范，为我国交通基础设施建设获取了广泛的投资渠道和有力的资金支持。改革开放以来，交通部门始终坚持深化改革、扩大开放，培育统一、开放、竞争、有序的运输市场和建设市场，通过设立各类交通建设基金、开征各种交通基础设施管理税费、利用国内外银行贷款、从国内外资本市场直接融资以及其他方式，多渠道、多形式地筹集交通建设资金，形成了"国家投资、地方筹资、社会融资、引进外资"的建设资金来源模式。彻底打破了改革之前国家作为基础设施建设资金单一来源和唯一投资主体的局面，保障了交通基础设施快速发展。

四、科学规划是交通基础设施建设的重要指导

改革开放 40 年来，交通部门始终将交通运输引领和服务于经济

社会发展为己任，根据不同时期国民经济和社会发展总体需求，加强交通基础设施战略、政策和规划研究，通过交通运输发展规划特别是交通基础设施专项发展规划，合理调控交通基础设施空间布局，有效安排建设时序，并在规划项目储备的保障下，抓住战略机遇，实现交通基础设施跨越发展。

五、科技发展是交通基础设施建设的大力推动

交通基础设施的快速发展，充分发挥了科技是第一生产力的作用。改革开放以来，我国交通科技工作者紧密结合基础设施建设中的关键问题，通过软科学研究、重大装备开发、行业联合科技攻关、引进先进技术、科学成果推广应用等多种形式，实现了交通科技创新和应用的重大突破，基础设施建设技术整体水平达到世界领先。高速铁路、高寒铁路、高原铁路、重载铁路建造技术世界先进；沙漠、软地基、冻土等特殊地质条件的公路建设技术克服了世界级难题，特大跨径和特长大隧道建设技术领先世界；离岸深水港建设关键技术、巨型河口航道整治技术、长河段航道系统治理技术以及大型机场工程建设技术，高原、沙漠地带输油气管线建设技术已经达到世界先进水平。正是在这些先进交通基础设施建设科学技术的支持下，才实现了我们交通基础设施建设"遇河架桥、遇山开洞"，把线路网络铺向全国各个角落的骄人成绩。

六、科学决策是交通基础设施建设的重要支撑

我国目前形成的交通发展成就，离不开交通发展的正确决策。改革开放之初，随着经济工作的全面恢复，交通制约经济发展的情况十分突出。特别是路面交通拥堵日益严重，交通管理部门积极收

集和研究世界各国交通发展资料，派团考察发达国家吸取经验，提出了发展高速公路的建议，并研究提出"贷款修路，收费还贷"的公路建设模式，极大地推进了我国交通基础设施的发展进程。进入21世纪，鉴于我国国情，政府充分认识到要彻底解决交通问题，铁路建设必须跟上，铁路建设受到空前重视。通过"引进、消化、吸收、再创造"，建立起我国高速铁路自主知识产权系统，并且确定了发展方向，加快建设速度，彻底扭转了我国交通运输长期制约经济社会发展的被动局面，为全面适应和引领经济社会发展发挥了巨大作用。

第四章　服务提升

　　运输服务是交通运输的重要组成部分，改革开放40年来我国在运输服务领域历经了不断改革创新和实践探索，走出了一条有中国特色的运输服务发展道路，即通过交通基础设施的快速成网、交通运输装备的现代化和运输服务信息化发展，实现了运输市场规模扩张，并成为全球最大的运输服务市场。运输服务从制约我国经济社会发展，到今天对国民经济和社会发展的支撑引领作用不断增强，运输服务正成为我国实体经济降本增效和经济高质量发展的重要手段，为我国全面建成小康社会和社会主义现代化强国建设作出了突出贡献。

第一节　运输服务发展历程

一、改革开放激发市场活力（1978—1991 年）

　　改革开放初期，运输服务领域的计划经济色彩浓厚，交通运输服务供给不充分，交通与经济发展不相适应，运输服务供给严重滞后问题在一定程度上阻碍了经济社会发展，成为这一时期经济社会发展的突出瓶颈。此阶段也是我国推进运输服务市场化改革的探索阶段。

（一）客运服务

早期的客运主要满足基本的工作通勤和探亲出行需求，中短途以公路客运、长途以铁路客运为主，航空客运处于起步发展阶段。在恢复高考后的异地求学、农民工外出就业等需求叠加下，"春运"问题开始成为我国客运服务市场的重要难题，由于运输市场尚未充分放开，瓶颈制约十分突出。

改革开放初期公路运输市场率先开放，公路客运市场发展一枝独秀。从客运量变化看，铁路和水运变化量较小，公路和航空变化量较快。改革开放初期 12 年间铁路客运仅增长了 1.42 亿人次，而公路运输则暴增了近 50 亿人次，这期间主要由于公路客运率先市场化改革、公路基础设施大规模建设和客运车辆保有量高速增长。而铁路和水运由于基础设施建设缓慢，总体依然处于严重供不应求状态，增长较为缓慢。航空客运实现了高速增长，但总体规模依然较小，占客运市场份额不大。

在运输结构上，改革开放初期铁路占比较高，占全社会客运量比重达到了 32.08%，但是由于公路客运市场的高速发展，公路客运量在客运市场占比从 1978 年的 58.75% 增长到 1990 年的 83.87%。

公路客运量的绝对数和增速在各种运输方式中优势明显，得益于公路行业的改革步伐快、市场开放程度高。1980 年，交通部在湖南长沙召开了"全国公路汽车客运工作经验交流会"，会上讨论了公路汽车客运面临的新形势和新任务，讨论并修改了《公路汽车旅客运输规则》，研究了公路客运企业如何发挥优势、开展竞争、促进联合等问题。会议提出要采取措施改善经营管理，改革客运体制，由此拉开了公路客运改革的序幕，促进了公路客运的跨越式发展。

表 4-1　1978 年与 1990 年不同运输方式客运量比较表

年份	总量 亿人次	分方式客运量（亿人次）							
		铁路	占比（%）	公路	占比（%）	水运	占比（%）	民航	占比（%）
1978	25.40	8.15	32.08%	14.92	58.75%	2.30	9.07%	0.02	0.09%
1990	77.27	9.57	12.39%	64.81	83.87%	2.72	3.52%	0.17	0.21%
年均增速	9.71%	1.35%		13.02%		1.40%		17.86%	

（二）货运服务

改革开放初期，货运市场发展与客运市场相似，中长距离货物运输以铁路为主，在短途货运市场公路运输增长较快，水运在国际贸易和南北跨区域大宗物资运输需求驱动下也实现了较快发展，民航由于机场基础设施和飞机数量制约总体处于起步发展阶段，货运量和货运周转量占我国货运市场规模极小。此阶段铁路干线和沿海港口吞吐能力不足制约了行业发展，运输服务成为国民经济发展中突出的薄弱环节。

表 4-2　1978 年与 1990 年不同运输方式货运量比较表

年份	分方式货运量（亿吨）								合计 亿吨
	铁路	占比（%）	公路	占比（%）	水运	占比（%）	管道	占比（%）	民航 万吨	
1978	11.01	34.48	15.16	47.46	4.74	14.83	1.03	3.24	6.4	31.94
1990	15.07	15.52	72.40	74.60	8.01	8.25	1.58	1.62	37	97.06
年均增速	2.65%		13.92%		4.48%		3.56%		15.74%	9.7%

从表 4–2 可以看出，20 世纪 80 年代初，铁路运输在我国货运市场占有较高份额，占全社会货运量的比重高达 34.48%，但受制于铁路路网规模、运能限制，铁路货运量增速较低，年均仅有 2.65%，铁路货运供给不充分问题十分突出。而公路货运在 1986 年道路运输市场的开放后短期实现了爆发式增长，短短 12 年间，公路货运量增长了近 5 倍，占全社会的货运量比重也有 1978 年的 47.46% 增长到 74.6%。水运在改革开放带动下也实现了较快增长，但总体仍低于国民经济增速，此阶段港口装备、船舶技术发展水平制约了行业发展。管道主要输送原油，由于管网投资缓慢，总体增速较低。此阶段民航货运量也保持了较高增速，但总量依然较小，1990 年航空货运总量仅有 37 万吨。

铁路运输在这十多年并未取得实质性发展，铁路货运量增速低于 3%，1986 年铁道部实施"大包干"政策，中央财政不再给铁路建设款，使原本紧张的铁路货运市场雪上加霜，加之铁路运价由政府确定，综合运价较低、盈利能力差，导致铁路建设缓慢，"一车难求"状况日益显现，严重影响了大宗商品和资源要素跨区域流动，制约了我国经济社会发展。

（三）信息服务

伴随我国改革开放发展步伐，中国交通运输信息化和信息服务实现了从无到有、从单一功能到信息化体系建设、从适应交通运输发展需求到引领行业现代化。改革开放初期是中国交通运输信息化艰难起步发展的几年，总体在不断探索中前行，这期间既有信息技术自身发展水平不高制约，也有交通运输行业市场化程度低、资金缺乏等因素影响。

早在 20 世纪 70 年代，信息技术已在交通运输领域开始应用，最初信息技术主要用于铁路运输技术计划编制、运输工作日常统计、工程计算方面，交通运输其他领域的信息技术发展较为缓慢。党的十一届三中全会制定改革开放国策，打破了封锁、禁运，国外先进计算机设备、技术不断引进，积极推动了我国计算机及技术应用事业的发展，开启了我国交通运输信息化发展的新篇章。

交通运输方面，交通部门先后购置了大、中型计算机，着手将计算机应用于科学计算、工程设计和自动控制方面，之后又逐步在交通运输管理方面应用。1984 年交通部门成立了电子计算机应用领导小组，1986 年编制了交通部门第一个信息系统发展方案《交通运输管理信息系统计算机系统结构方案》。1989 年 10 月，交通部成立了中国交通信息中心，部直属企事业单位和各省厅也相继成立了信息中心或类似职能部门，负责本地区部门的信息系统建设工作，开始全面推动交通运输行业信息化建设。

铁路方面，铁路部门先后引进美国 DEC 公司的 PDP-Ⅱ型计算机、意大利 Olivetti 公司的计算机，并在参考借鉴加拿大国家铁路运营管理系统的基础上，开始着手"京沪圈铁路运营管理系统"的规划建设，正式迈出了铁路信息化建设步伐。

航空方面，1985 年 8 月中国民航计算机服务公司成立，1987 年更名为中国民用航空计算机中心。20 世纪 80 年代后期，中国民航通过考察、学习国外民航业计算机系统，引进并实施当时在航空领域世界领先的硬、软件解决方案，陆续开始了民航订座、离港、货运三大主营业务系统建设。虽然民航信息化起步较晚，但通过直接引进，起点较高，并紧紧追踪着世界民航业信息化发展的先进水平。

此阶段我国交通运输信息化的主要特点是"重硬轻软"。伴随着我国改革开放的步伐加快，以及国内计算机技术和大规模集成电路技术的快速发展，微型计算机的普及应用，交通运输行业信息化迈上了快速发展征程。

（四）交通运输技术装备

改革开放初期，我国交通运输技术装备总体规模不断扩大，但不同运输方式发展变化并不均衡。从表4-3可以看出，不同运输方式所拥有的技术装备数量变化差异较大，其中增速较快的是民用汽车和船舶，与此阶段不同运输方式货运量增速基本一致，与此阶段我国汽车和船舶制造技术进步和市场开放密切相关。

表 4-3　1978 年与 1990 年不同运输方式技术装备比较表

年份	铁路机车（万台）	铁路客货运车辆（万辆）	民用汽车（万辆）	运输飞机（架）[①]	机动船（万艘）
1978	1.0	26	135	143[①]	2.8
1990	1.4	39	551	204	32.6
年均增速	2.84%	3.44%	12.43%	3.62%	22.70%

改革开放初期，我国铁路机车、铁路客货运车辆拥有量变化较小，主要进行了部分存量机车车辆设备更新，总体增量较小，铁路运输装备落后、规模较小在一定程度上也制约了我国铁路运输市场发展。

民用汽车在国内汽车厂商技术更新换代和市场开放的双轮驱动下实现了持续快速增长。比较有代表性的是"东风"牌汽车，东风汽车利用其产品质量和改革开放优势，从 1980 年开始实现产品出

---

① 说明：1978 年运输飞机保有量为 1980 年数据。

口，1986年二汽建成了年产10万辆汽车的生产能力，成为当时国内最大的汽车生产厂商，其中东风牌EQ140-1载重车成为国内销量最大的单一货车车型。"解放"牌汽车在此阶段也快速发展，长春第一汽车制造厂在1986年对车辆进行了技术升级换代，成功研制了"141"新型车，带动了货运行业车辆更新换代。同时，跃进货车（前南京汽车制造厂生产）、金杯汽车在1985年通过引进日本三菱公司驾驶室和底盘技术，生产134C型载货汽车，其他汽车制造厂商也实现了快速发展，带动了汽车行业的技术进步、车辆的升级换代和公路运输市场的繁荣。

改革开放以来，我国船舶制造行业也发展较快，大连造船厂、江南造船厂等国内龙头造船厂快速成长，其中大连红旗造船厂早在1976年就建造了我国第一艘5万吨级远洋货轮，短短12年间，我国机动船拥有了增长了超过10倍，达到了1990年的32.6万艘，年均增长高达22.70%。船舶装备数量的增加也带动了水运货运量的快速增长，促进了我国航运市场走向繁荣。

民航飞机保有量增长缓慢，制约了航空运输发展。改革开放初期的十多年，民航飞机的数量保有量基本不变，航空运输供给不足问题十分突出。

总体上，改革开放初期的十多年，我国运输装备规模快速扩大，但技术装备水平不高、运载能力弱等问题也同时存在，制约了运输服务发展。

二、放开市场提升服务能力与效率（1992—2001年）

伴随着运输市场开放步伐加快，我国运输供给能力显著改善，道路运输高速发展，成为运输服务市场的亮点，供需严重失衡状态明显好转，运输服务对国民经济的支撑作用显著增强。

（一）客运服务

随着交通基础设施的大规模建设，客运供给能力显著改善，以及公路客运市场的放开，客运市场快速发展，在中短途、城际、区域客运市场，公路客运呈爆发式增长，公路中长距离客运与铁路客运形成良好互补。此阶段航空客运和水路客运也取得了长足发展。

以邓小平南方谈话为时代特征的改革开放第二个十年也是中国交通运输服务快速发展的十年。1992 年，交通部发布《关于深化改革、扩大开放、加快交通发展的若干意见》，1995 年，交通部制定实施了《关于加快培育和发展道路运输市场的若干意见》，健全运输法规，规范市场行为，鼓励经营者自主经营、平等竞争、协调发展，加快建立全国统一、开放、竞争、有序的道路运输市场体系。一批标志性的文件出台加快了运输市场繁荣。与改革开放初期十年相比，客运服务能力和水平显著提升，主要表现在公路和民航客运量的快速增长，而传统的铁路运输依然增长缓慢，原本规模较小的水路客运在公路客运竞争挤压下运量进一步下降。

表 4-4 1990 年与 2001 年不同运输方式客运量比较表

年份	总量亿人次	分方式客运量（亿人次）							
		铁路	占比（％）	公路	占比（％）	水运	占比（％）	民航	占比（％）
1990	77.27	9.57	12.39%	64.81	83.87%	2.72	3.52%	0.17	0.21%
2001	153.41	10.52	6.85%	140.28	91.44%	1.86	1.22%	0.75	0.49%
年均增速	5.88%	0.79%		6.65%		−3.11%		13.42%	

公路客运依然延续了改革开放初期的增长态势。公路客运量的年均增速达到了 6.65%，到 2001 年公路客运量达到 140 亿人次，占比也从 83.87% 增长到 91.44%。这期间恰逢邓小平南方谈话春风，数以万计的外出务工人员进出广东和沿海各省，跨省（区）和超长距离客运班车的开通，夜班车和卧铺车的开行，增强了公路客运服务能力，为旅客出行提供便利，也在一定程度上缓解了铁路在中长途旅客运输服务供给严重不足问题。这些超长跨省客运班线，以广东、广西、湖南、四川、贵州、福建、浙江、湖北、河南、北京等省（区、市）发展最快。如北京市长途客运班线中有 320 条外省（市）线路，其中 500 公里以上的 122 条，800 公里以上的 48 条，占比超过 50%。在短途运输市场，公路客运快捷、方便优势充分发挥，叠加我国公路网的快速建设、客运车辆的快速更新换代，吸引了大量铁路、水运客流的转移。

铁路开始提速，在中远距离旅客运输市场优势明显。此阶段铁路基础设施规模增速依然较为缓慢，但铁路运输服务质量显著提升，重点以铁路客运快速化为主要特征。铁路运输提速始于 1998 年，至 2001 年的短短四年时间进行了 3 次大提速，提升了客运服务质量。随着我国改革开放的不断深入，广东、浙江、江苏、上海、深圳等沿海地区的率先开放，吸引了大量外地务工人员，春节期间叠加学生流，"春运"问题受到社会的广泛关注，"一票难求"问题成为我国客运市场的"世纪难题"，时至今日"春运"依然是铁路客运服务的热点问题。

（二）货运服务

伴随着道路运输市场的市场化改革，交通基础设施的加快建设，货运市场开始繁荣，道路货物运输取得突飞猛进的发展，公路货运市场份额快速超过铁路并扩大差距。物流开始登上历史舞台，但总体还处于低水平发展阶段，对物流的认识尚处于起步探索阶段。

从货运结构看，占我国货运市场比重最高的公路货运量占比进一步提高，到 2001 年占社会货运量的比重上升到 75.35%。水运在国际贸易的驱动下实现了较快增长，远洋货运从 1990 年的 0.94 亿吨增长到 2001 年的 2.76 亿吨，年均增速达到 10.27%，与同期的外向型经济发展相适应。传统的铁路货运占比进一步下降，年均增速进一步放缓。航空货运由于总量基数较低，在机场建设、航线开辟、飞机保有量等持续发展带动下航空货运年均增长接近 15%，在各种运输方式中增速最快。

表 4-5 1990 年与 2001 年不同运输方式货运量比较表

| 年份 | 分方式货运量（亿吨） | | | | | | | | | 合计亿吨 |
	铁路	占比（%）	公路	占比（%）	水运	占比（%）	管道	占比（%）	民航万吨	
1990	15.07	15.52%	72.40	74.60%	8.01	8.25%	1.58	1.62%	37	97.06
2001	19.32	13.78%	105.63	75.35%	13.27	9.46%	1.94	1.39%	171	140.18
年均增速	2.28%		3.49%		4.70%		1.93%		14.93%	3.4%

道路货运方面，为适应社会主义市场经济体制的需要，1995 年交通部制定实施了《关于加快培育和发展道路运输市场的若干意见》，通过健全运输法规，鼓励经营者自主经营、平等竞争，加快建立全国统一、开放、竞争、有序的道路运输市场体系。2001 年 6 月，交通部发布《道路运输业结构调整的若干意见》，进一步规范道路运输市场行为，调整道路运输业结构，引导行业协调发展。

改革开放的第二个十年是集装箱海运跨越发展的十年。随着我国产业升级和扩大对外开放，国际集装箱运输地位日益提升，集装箱在国际贸易发展中扮演越来越重要的角色。1992 年以中国远洋运输总公司和中国长江轮船总公司为班底，分别组建中国远洋运输集团、中国长江航运集团，1997 年适时将部属企业合并重组了中国海运集团、中国港湾建设集团①。在"抓大"的同时，认真做好"放小"，加快放开搞活国有中小型水路交通企业。这一时期我国水运企业实现了蓬勃发展。

（三）信息服务

随着信息技术的普及和互联网的广泛应用。铁路领域从 TMIS（铁路运输管理系统）开始，不断完善铁路信息系统，包括购票系统、调度指挥平台等，促进了铁路运输效率提升。交通运输行业也开始搭建中国交通运输信息网络，从路况信息等交通运输行业信息发布平台，到公路售票、高速公路收费系统、海运订舱、集装箱运输 EDI、民航空管系统、民航售票订座服务等，大幅提高了交通运输行业的运行效率。

进入 20 世纪 90 年代，党和国家高度重视信息化建设，提出了我国信息化建设的战略任务，启动了金卡、金桥、金关等重大信息化工程，掀起了我国国民经济信息化建设高潮。在此背景下，铁路部门开始进行大规模、全面的 IT 系统建设。1994 年 7 月，铁路部门发文决定投资 26 亿元建设铁路运输管理系统（TMIS），建立铁道部、铁路局（原铁路分局）和主要站段的信息处理系统。TMIS 作为

---

① 李盛霖等：《中国交通运输 60 年》，人民交通出版社 2009 年版，第 77 页。

"八五"重点科技攻关项目，是国家确立的 12 个重点建设系统之一，同年完成总体设计，并正式立项实施，标志着铁路信息化建设进入大规模信息系统建设阶段。1996 年开始建设铁路客票发售及预订系统（TRS），同年开启铁路运输调度指挥管理信息系统统（DMIS）的建设。

"八五"期间，交通部门以部级信息系统的建设和开发为主，重点强化部机关对交通行业的宏观调控管理和信息引导服务职能。1991 年交通部门批准并组织实施"交通部（机关）信息系统工程的初步设计"，1994 年 5 月正式开工建设。1997 年下半年，启动了以中国交通运输信息网络（China Transportation Information Network，缩写为 CTInet）建设为主体的"金交"工程。"九五"期间公路、水路交通运输信息化快速发展，基于信息网络平台的信息系统迅速覆盖了规划、建设、运输、管理等几乎所有的应用领域，并且逐步向交通智能化控制、管理方向渐进发展，为交通运输现代化发展奠定了良好基础。

民航信息化在积极引进国际先进的软硬件平台和应用系统基础上，1991 年成立了中国航空结算中心，致力于中国民航收入管理计算机化的研究和应用，先后着手自主研制开发中国民航收入管理计算机系统、中国民航联机收入分析系统、中国民航 SPA 自动分摊系统。1993 年 8 月中国航空结算中心正式加入国际航协清算所，并于次年正式并入国际清算网络，实现与国际接轨。"九五"期间，我国民航信息化力度和深度不断加大，民航订座系统、代理人分销系统、货运系统、收入管理系统、结算系统不断实现用户扩充和系统升级，信息技术已经成为支撑航空运输业不可或缺的重要工具。

总之，在"八五""九五"期间随着信息技术和互联网的起步发展，为交通运输信息化创造了良好条件，这期间我国交通运输信息化取得了长足发展，并在铁路、公路、民航等领域广泛利用国外先进技术，但由于管理体制障碍，交通运输各细分领域依然独立发展，自成体系，信息互联互通进展缓慢，"信息孤岛"问题依然突出。

（四）交通运输技术装备

"八五""九五"期间的交通运输技术装备发展的主要变化是技术进步加快，装备现代化、大型化、单纯从数量看，民用汽车增速较快，而铁路车辆、民航飞机增速较为缓慢，船舶拥有数量甚至出现了较大幅度下滑，但总净载重量显著提升。

表4-6　1990年与2001年不同运输方式技术装备比较表

年份	铁路机车（万台）	铁路客货运车辆（万辆）	民用汽车（万辆）	运输飞机（架）	机动船（万艘）
1990	1.4	39	551	421	32.6
2001	1.5	49	1802	566	16.7
年均增速	0.69%	2.31%	12.58%	3.00%	−6.47%

道路运输车辆方面，客运车辆初步形成了大、中、小型相配套，高、中、低档相结合的格局，20世纪80年代以前普通大型客车单一结构的面貌已得到改善。大吨位、低油耗重型货车和轻型货车逐年增加，集装箱车、零担车、油罐车、冷藏车、大型平板车和散装货物车等专用汽车有了较大发展，货运车辆结构缺"重"少"轻"的局面得到了明显改善。总体来说，此阶段我国汽车装备制造行业取得了明显技术进步，带动了道路运输车辆结构优化、规模扩张，促进了我国道路运输市场蓬勃发展。

民用船舶方面，造船技术进步、船舶多样化、大型化趋势明显。在大连造船厂、江南造船厂等龙头造船厂的带动下一批大中型造船厂快速成长，从 1990 年到 2001 年的十年间，我国机动船舶从 32.6 万艘下降到 2001 年的 16.7 万艘，年均下降 6.47%，与此同时船舶的总净载重量从 2909 万吨增长到 4552 万吨，年均增长 4.58%，平均载重量增长了 3 倍，说明船舶的大型化趋势明显。

飞机装备方面，在经历了改革开放初期十年发展低谷之后，随着改革开放的深入、外汇储备的快速增长，我国外汇储备从 1990 年开始高速增长，1989 年我国外汇储备仅 55.5 亿美元，到 2001 年增长到 2121 亿美元，短短 12 年增长了 38 倍，为我国飞机升级和机队数量增加提供了强有力支撑。

在铁路运输装备方面，铁路机车更新换代明显，这一时期实现了蒸汽机到内燃机和电力机车的升级换代，蒸汽机车的数量从 1990 年的 6279 辆降到 2001 年的 381 辆，宣告我国蒸汽机车退出历史舞台，电力机车和内燃机车实现了成倍增长，为铁路 6 次大提速、铁路运输现代化提供了重要保障。

三、运输服务质量和效率全面提升（2002—2012 年）

从 2002 年开始的十年，在加入 WTO 带动下，我国经济迈入了外向型经济引领的新增长周期，进出口成为拉动我国经济社会发展的核心动力，市场开放步伐进一步加快，公路、水运、民航基本形成完全市场竞争格局，客货运市场也发生了重大变化，运输服务效率明显提升。装备现代化、运输服务信息化水平显著提高。此阶段我国运输服务与经济社会发展基本相适应。

（一）客运服务

自从 1999 年开始的扩大高等教育招生人数的教育改革政策实施和居民收入水平的持续增长，我国客运市场发生了重大变化，外出务工、外出求学、外出旅游、商务出行等多流叠加，带动了我国客运市场的繁荣，2002 年之后的 10 年我国客运量年均增速达到了 7.44%，高于加入 WTO 之前的 10 年，说明我国客运市场需求结构发生了重大变化。

2003 年人均 GDP 超过 1000 美元，标志着我国经济发展和人民生活水平提上新台阶，客运需求结构也在发生重大变化，一是出行目的发生变化，旅游、商（公）务、探亲成为客运市场的主体；二是出行方式和要求发生变化，对出行的时效、舒适、便捷等都提出了更高要求；三是出行的地域结构上发生变化，西部地区及农村客运需求提上日程。高速公路网的形成，铁路客运的六次大提速，京津城际开通，标志着我国客运服务从传统的数量增长向速度和质量提升方向转变。

表 4-7　2002 年与 2012 年不同运输方式客运量比较表

年份	总量 亿人次	分方式客运量（亿人次）							
		铁路	占比 （%）	公路	占比 （%）	水运	占比 （%）	民航	占比 （%）
2002	160.82	10.56	6.57%	147.53	91.73%	1.87	1.16%	0.86	0.53%
2012	380.40	18.93	4.98%	355.70	93.51%	2.58	0.68%	3.19	0.84%
年均增速	8.99%	6.01%		9.20%		3.26%		14.03%	

铁路客运方面，在经历改革开放后的 20 年持续缓慢增长之后，铁路客运量重回快速增长态势，从 1978 年至 2001 年的 23 年间铁

路客运量仅增长了 2 亿人次左右，而从 2002 年至 2012 年的十年间铁路客运量增长了 8 亿多人次。这期间铁路客运分别在 1998 年、2000 年、2001 年、2004 年和 2007 年进行了 6 次大提速，并开行时速 200 公里以上的动车组，一批客运专线郑西、石太、胶济、京秦、京广等陆续开工建设，2003 年我国第一条客专秦沈建成通车，通过提速和客运快速化实现了铁路运能提升。此外，铁路通车里程在基础设施投资拉动下快速增长也有效扩大了铁路运能，使铁路客运在此阶段实现了快速增长。

公路客运方面，依然延续改革开放以来的高增长态势，增速比"八五""九五"期间略有回升。进入 21 世纪，随着经济社会发展形势的变化，2005 年又出台了《国家高速公路网规划》，在"五纵七横"的基础上提出了总规模 8.5 万公里的"7918"高速公路网，高速公路网的建设带动了城际客运发展。城镇化建设步伐加快、全面推进农村小康建设等政策的实施带动了城乡、农村客运市场繁荣，为公路客运带来巨大增量客源。

航空客运方面，随着居民收入增加，境外游、国内游市场繁荣，带动了航空客运需求的快速增长。加入 WTO 后我国经济开放程度进一步提高，商（公）务出行也显著增长。此外，航空机队规模也实现了倍增，航空客运能力有效支撑了航空客运的快速发展，到 2012 年我国航空客运量达到了 3.19 亿人次，实现了量变到质变转变，成为我国客运市场不可或缺的重要组成部分。

水路客运方面，由于水运的直达性、时效性、便捷性较差，公路、铁路对水路客运的替代性较强，水路客运增长缓慢，但水路客运在部分区域跨江、跨河、跨海拥有不可替代的作用，是促进江河海两岸经济和社会繁荣发展方面的重要保障。居民收入的快速增加也带动了游轮的快速兴起，成为水路客运市场新的增长点。

（二）货运服务

货运市场在经历了加入 WTO 前十年低速增长期后重回快速增长轨道，从 2002 年至 2012 的十年间，我国货运量年增速接近 10%。不同运输方式均实现了 1—3 倍的增长，各种运输方式均衡快速增长在我国货运市场发展历史绝无仅有。国际贸易的快速增长、产业的扩张发展、城镇化的加快推进均为此阶段我国货运市场繁荣创造了条件。市场经济改革不断深化、路网规模扩大和条件改善、运输技术设备日新月异均为货运市场快速增长提供了有力支撑。

传统的运输服务开始向物流服务转型发展，铁路货运区域性供给过剩、道路运输局部供大于求客观要求传统的运输业向现代物流转型发展。第三方物流开始兴起，为户主企业开始提供全程物流服务，业务也由原来单一的运输开始向仓储、配送、流通加工等物流服务环节延伸。公路零担快运、快递等业态快速发展，成为货运物流行业的新亮点。

表 4-8 2002 年与 2012 年不同运输方式货运量比较表

年份	分方式货运量（亿吨）									合计亿吨
	铁路	占比（%）	公路	占比（%）	水运	占比（%）	管道	占比（%）	民航万吨	
2002	20.50	13.82	111.63	75.25	14.18	9.56	2.01	1.36	202	148.3
2012	39.04	9.52	318.85	77.78	45.87	11.19	6.12	1.49	545	409.9
年均增速	6.66%		11.07%		12.45%		11.77%		10.43%	10.7%

铁路货运方面，以煤炭为代表的大宗物资铁路货运量持续快速

增长，与同期工业发展、社会用电量上升对煤炭需求大幅增长密切相关。代表性的事件是从 2004 年起，铁道部对大秦铁路实施持续扩能技术改造，大量开行一万吨和两万吨重载组合列车，2008 年运量突破 3.4 亿吨，成为世界上年运量最大的铁路线。内蒙古、山西、新疆等资源输出局铁路运能紧张和东部地区铁路货运局部供给过剩成为这一时期铁路货运市场主要特征。

公路货运方面，随着我国高速、国道、省道和农村公路网的形成，公路运输装备的更新换代，以及公路货运市场的完全放开，公路货运以门到门、快捷高效、综合成本较低的综合优势在中短途运输市场占据绝对优势，支撑公路运输服务升级的零担快运、专线运输等业态快速发展，在中远距离、高附加值货物运输方面也形成较强竞争力，成为公路货运的重要增长点。

水运方面，中国加入 WTO 后沿海外向型经济高速发展，特别是钢铁、石化等临港产业的发展带动了航运市场繁荣，大量铁矿石、商品的进出口，北煤南运带动了航运的快速发展，水运也以 11.45% 的增速成为货运量增长最快的运输方式。

管道输送方面，在经历了数十年低迷之后，在石化产业和国内油气需求拉动下，一大批油气管线重点工程先后建成，其中全长约 4000 公里西气东输管道工程于 2004 年 12 月 30 日实现全线商业运营，贯穿我国 10 个省份。中俄第一条石油管道于 2010 年底开通，为中国输入原油资源。管道在我国内陆油气输送方面扮演十分重要的角色。

航空货运方面，依然延续了前十年的高增长态势，但增速略有放缓，航空货运量达到了 2012 年的 545 万吨，有效支撑了高附加值的临空产业和电商快递行业的发展。

（三）信息服务

进入新世纪，伴随着信息技术的日臻成熟，交通运输行业信息化显著提升，客运市场的各类售票系统日益完善，货运市场的物流信息平台开始发挥资源整合作用，运输物流企业信息化水平显著提升，运输市场效率提升、成本下降较为明显。

铁路方面，铁路部门制定了新的铁路信息化战略规划。"十五"期间，合理整合 TMIS 和 DMS 系统的调度模块，以"调度集中（CTC）"为标志，加快实现铁路运输生产调度指挥智能化；整合铁路车号自动识别（ATS）、确报、货运和货票系统。"12306 网站"于2010 年 1 月 30 日（2010 年"春运"首日）开通并进行了试运行，用户在该网站可查询列车时刻、票价、余票、代售点、正晚点等信息。2011 年短短一年时间先后实现了京津城际铁路、所有动车组列车、所有车次的网络购票，成为我国铁路客运史上的标志性事件，为铁路旅客出行带来极大便利。

交通部门也采取了一系列政策措施，从宏观环境上保证信息化建设的顺利进行。不仅成立了"交通部信息化工作领导小组"，还出台了《交通信息化"十五"发展规划》《公路、水路交通信息化工作指导意见》《公路、水路交通信息化"十一五"发展规划》《公路水路信息资源目录体系总体框架》等文件。这一系列指导性文件，为交通信息化的健康、有序发展创造了良好的政策环境与保障。

民航运输业作为我国信息化建设与世界接轨最快的行业之一，在新世纪迎来民航信息化建设飞速发展新阶段，组织实施了全球分销系统统（GDS）、电子客票、离港系统、电子政务、网络基础设施、空管信息系统、航空公司和机场信息系统、中航油 ERP 等信息化八大工程。2006 年民航电子客票的普及应用成为民航信息化最大亮点，同时颁布实施电子客票的行业标准。以携程网为代表的一批在线票务服务平台和各大航空公司的门户网站实现了在线订票，给航空旅客出行提供便利。民航信息化发展水平基本上实现了与国际接轨。

总体上，进入新世纪的十年是我国交通运输行业信息化快速发展的十年，交通运输行业的各领域信息化均取得显著成绩，特别是基于互联网的铁路、民航在线客票预定平台的建立大幅提升了客运服务品质。

（四）交通运输技术装备

交通运输技术装备现代化进程加快，在大型船舶、铁路机车、高铁等领域取得的重大技术突破和重要成就，为我国交通运输取得举世瞩目的辉煌成就提供了有力支撑。

表 4-9　2002 年与 2012 年不同运输方式技术装备比较表

年份	铁路机车 （万台）	铁路客货运车辆 （万辆）	民用汽车 （万辆）	运输飞机 （架）	机动船 （万艘）
2002	1.6	50	2053	602	16.5
2012	2.1	73	10933	1764	15.8
年均增速	2.76%	3.86%	18.20%	11.35%	−0.43%

2001 年中国正式加入 WTO 以来，吸引了大量外资汽车制造企业以合资身份进入中国市场，促进了汽车制造技术进步和汽车生产成本降低，在居民收入水平持续提高等因素作用下，我国民用汽车保有量实现了高速增长。与此同时，我国外汇储备进一步飞速增长，

为机队规模扩张提供了重要资金保障。

而铁路机车和铁路客货运量依然保持较低增速，年均增速均小于 4%，低于铁路客运量和货运量的年均增速。船舶的保有量在"八五""九五"期间快速下降后在此阶段依然有一定下滑，但总体降速明显放缓，船舶大型化、多样化趋势明显，杂货船、散货船、集装箱船、滚装船、油船、液化气体船等大吨位、专业化船舶大规模生产，传统驳船数量和吨位数明显下降。船舶装备的大型化、规模化、专业化较好适应了我国外向型经济的高速发展，船舶工业在这一时期综合实力和竞争力也显著增强。

四、创新发展构建高质量综合运输服务体系（2013 年至今）

党的十八大以来，运输服务在降本增效、满足人民美好生活方面取得了重大成就。高铁开始成网，旅客出行选择更加多样，客运服务品质明显增强。在互联网＋交通、互联网＋物流发展驱动下，运输服务互联网化、信息化水平显著提高，运输服务成为经济社会发展的重要润滑剂，促进了国民经济的高效运转。

（一）客运服务

客运服务全面进入满足人民美好生活时期，在高铁的快速成网、民航的跨越发展，互联网＋交通（共享交通）的发展驱动下，客运供给结构显著变化，除大型节假日外，客运供给基本能够满足居民不同层次的出行需求，未来将进一步朝着满足人民对美好生活的向往方向发展。

表 4-10　2013 年与 2017 年不同运输方式客运量比较表

年份	总量 亿人次	分方式客运量（亿人次）							
		铁路	占比 （%）	公路	占比 （%）	水运	占比 （%）	民航	占比 （%）
2013	212.30	21.06	9.92%	185.35	87.30%	2.35	1.11%	3.54	1.67%
2017	184.86	30.84	16.68%	145.68	78.81%	2.38	1.29%	5.52	2.99%
年均增速	-3.40%	10.01%		-5.84%		0.28%		11.75%	

铁路客运方面，随着高铁大规模建成并成网运营，高铁也由 2012 年的 1.3 万公里左右增长到 2017 年的 2.5 万公里左右，铁路客运迎来了改革开放以来增长最快的周期，过去 4 年间铁路客运量实现了年均 10% 的增长，成为带动我国铁路客运快速增长的主动力，高铁发挥其快速、便捷、舒适等优势吸引了大量中短途城际客流，对加强城市群城市间、毗邻枢纽城市间的经济联系发挥了积极作用。

公路客运方面，随着我国民用汽车保有量迎来新一轮快速增长，叠加顺风车、网约车等"互联网+"客运的发展，在中短途客运市场占绝对主导地位的公路客运出现了较大幅度下滑，公路客运量年均下降 10 亿人次，可以预见未来公路客运量还将进一步下降。

水路客运方面，主要为过江、过河、跨海旅客服务，游轮经济的兴起在一定程度上弥补了传统水路客运下滑，水路客运总需求较为稳定，客运量处于相对稳定状态。

航空客运方面，随着大量支线机场的建成并投入运营，飞机保有量的增加，居民收入的持续增长对境外游、远距离出游等需求的增长，航空客运保持了改革以来的高增速，从改革开放以来的四个阶段看客运量的总体增长速度有所放缓，但航空客运的年平均绝对增量依然为改革开放以来最好水平。

党的十八大以来，我国客运服务呈现以满足人民日益美好生活为特征的新变化，在中远途出行方面，旅客主要选择舒适性、时效性更高的航空和高铁出行。在中短途客运方面，随着私家车的普及，旅客更多选择自驾方式出行，"顺风车"等"互联网+"交通新模式也大量分流了传统公路客流。总体上，在中短途客运市场传统的公路客运将进一步萎缩，而航空、水运、高铁等出行方式在我国居民收入增长带动下还将持续增长。

（二）货运服务

党的十八大以来，我国货运市场和货运服务也出现了较大变化，传统的以单一方式运输服务为主的模式向多式联运、供应链服务、物流服务等转型，一批传统的以运输服务为主的企业转型发展为具有供应链综合服务能力的现代物流服务商。"一带一路"驱动下的中欧班列开始成为行业新亮点。快递、供应链服务、智慧物流等业态的跨越发展有效促进了国民经济运行质量的提高。总体上，近年来货运服务成为支撑国民经济质量变革、效率变革、动力变革的重要支撑。

表 4-11　2013 年与 2017 年不同运输方式货运量比较表

年份	分方式货运量（亿吨）									合计 亿吨
	铁路	占比（%）	公路	占比（%）	水运	占比（%）	管道	占比（%）	民航	
2013	39.67	9.68	307.66	75.06	55.98	13.66	6.52	1.59	561	409.89
2017*	36.89	7.69	368.69	76.82	66.78	13.91	7.50	1.56	706	479.93
年均增速	−1.80%		4.63%		4.51%		3.56%		5.92%	4.02%

*说明：2017 年数据来源于《2017 年交通运输行业发展统计公报》，2017 年的管道输送量为预估值。

　　铁路货运方面，我国铁路货运量在 2013 年创出 39.67 亿吨的历史纪录后，此后三年在化解产能过剩、经济结构调整等因素影响下，铁路货运量出现了较大幅度下滑，其中 2015 年更是创出了 11.9% 的降幅。2017 年在经济触底反弹、基础设施投资拉动，以及环境治理下部分煤炭、矿石等大宗商品的集疏港公路运输转向铁路运输，使铁路货运量实现了 10.7% 的增长。中欧班列在此阶段实现了从无到有的爆发式增长，从 2013 年开行不足 100 列增长到 2017 年超过 3000 列，成为铁路运输市场的新亮点。此外，交通运输部先后出台了多项促进多式联运发展的意见和政策，促进了铁路多式联运发展，增强了铁路运输在多式联运发展领域的综合竞争力。总体上，铁路运输货运量的触底回升，有利于国民经济降本增效。

　　公路货运方面，随着电商、快递、新零售等业态的高速发展，商品的区域分拨、城市配送需求持续快速增长，带动了公路货运量的稳定增长，公路货运量从 2013 年的 307 亿吨增长到 368 亿吨，占全社会货运量的比重高达 76.82%，围绕公路运输在全国各地建成了数百个公路港，成为公路货运的组织中心，形成了以传化物流、林安物流为代表的网络型公路港运营企业。公路货运有效支撑了我国电商、快递、新零售等业态的发展，成为城市经济转型升级和高质量发展的重要依托。

　　水路货运方面，在内需持续扩大驱动下，北煤南运、北粮南运、产业沿大江大河从沿海向内陆转移，带动了内贸海运、内河水运的持续快速发展，水运货运量也从 56 亿吨增长到 2017 年的 67 亿吨，但同期的远洋海运仅增长了 0.5 亿吨，这说明内需成为拉动水运发展的重要力量。全国吞吐量超亿吨的港口达到了 31 个，全球吞吐量排名前 10 大集装箱港口其中 7 个属于中国，其中青岛港、洋山港四区的无人自动化码头走在世界港口发展前列。

航空货运方面，在电商、跨境电商、快递、内陆开放型经济发展带动下，航空货运保持了较快增长，在五种运输方式中增长最快，航空货运量也由561万吨增长到706万吨，首都机场、浦东机场、白云机场等传统机场货运吞吐量持续扩大，内陆腹地郑州、成都、重庆等城市在外向型产业聚集带动下航空货运量增长态势明显。在跨境电商、内需消费升级持续影响下，未来我国航空货运还将持续快速发展。

管道输送方面，在国内原油需求相对稳定、管道投资放缓等因素影响下，管道输送的原油、成品油规模总体保持稳定，未来在能源需求结构不发生重大变化的情况下，管道输送量将在较长时间内保持相对稳定状态。

（三）信息服务

党的十八大以来，互联网经济成为我国经济发展新动能，"互联网+"战略的实施推进带动了各行业的效率变革，促进了经济结构调整和产业转型升级。交通运输行业也在"互联网+"发展驱动下实现了效率提升、服务升级，更好的满足了居民出行需求和国民经济的高效运转。

各种运输方式的信息化运输管理水平显著提升。在信息技术应用日臻成熟背景下，铁路、民航管理信息系统进一步完善，提升了民航和铁路运输和管理效率，促进了行业发展。

客运服务信息化水平显著提高为旅客出行提供了极大便利，铁路总公司、民航公司的网站、APP、公众号售票系统通过迭代优化，基本满足了旅客订票、选座、出行需求。携程、途牛等旅游服务平台能够为客户提供一站式订票服务。依托互联网的共享出行（顺风车、共享单车、共享汽车、共享巴士）日益便捷，滴滴出行等一大批网约车平台的兴起为旅客提供了全新的出行体验。短短几年时间，"互联网＋"在客运服务领域的广泛应用促进了客运服务高质量发展。

信息化发展也促进了货运物流效率的大幅提升。具有一定规模的各类运输企业、快递企业、物流企业均建立了企业信息管理系统、车辆调度系统等信息系统，并实现了客户、货主的信息互联互通。国际通关一体化服务平台建成并投入使用，有效提高了国际物流通关效率。公路货运方面以满帮、易货嘀、路歌、G7 等为代表的车货匹配、车辆管理平台的建设，促进了公路货运资源的整合，提高了公路货运效率。以菜鸟网络、顺丰集团、京东物流等为代表的企业通过搭建信息平台实现了电商物流、快递信息的跟踪与查询，提升了客户体验，推动了企业物流运作效率提高。落地配和城市快送创新服务方式，达达、闪送等城市快送和外卖配送等通过 APP 下单，实现上门取货和送达，成为城市即时配送的新亮点，也为城市居民生活水平提高带来方便。

（四）交通运输技术装备

党的十八大以来，我国交通运输技术装备发展由规模增长转入高质量增长阶段，各类交通运输装备数量增速显著放缓，但装备的技术水平、科技含量明显提升，装备的现代化、智能化水平显著提高，成为运输服务质量和效率提升的重要保障。

表 4-12　2013 年与 2017 年不同运输方式技术装备比较表

年份	铁路机车 （万台）	铁路客货运 车辆（万辆）	民用汽车 （万辆）	运输飞机 （架）	机动船 （万艘）
2013	2.1	78	12670	2145	15.5
2017	2.1	87	20923	3326	14.5
年均增速	0.00%	2.77%	13.36%	11.59%	-1.65%

　　各类运输装备的结构不断优化。铁路机车的数量虽然变化不大，但电力机车、动车组比例明显提高，与我国高铁客运发展同步。在城乡居民收入水平的持续提升，以及国产汽车品质升级、价格亲民等因素影响下，我国民用汽车保有量迎来了改革开放以来增量最快的周期，2017 年民用汽车保有量突破 2 亿辆，而载客汽车仅有 82 万辆，比上年下降 2.9%，载货汽车 1369 万辆，比上年仅增长 1.2%，说明运营类车辆已趋于饱和。飞机的保有量进一步增长，与我国旅客运输和航空货运量增长同步，2017 年全年运输飞机增加 414 架，增长 14.2%，随着民航市场的进一步发展，我国飞机保有量还有巨大增长空间。船舶保有量进一步下降，但集装箱船数量和集装箱箱位持续快速增长，与水运货物结构变化密切相关。总体上运输装备结构优化与客货运服务效率提升基本相适应。

　　交通运输技术装备制造水平显著提高。在大飞机、新能源车等领域全面突破，2017 年 5 月，国产大飞机 C919 实现首飞，标志着我国大飞机研发制造迈出了最坚实的一步。近几年新能源汽车实现了跨越式发展，2017 年我国新能源汽车的销售量和保有量分别达到 77.7 万辆、160 万辆，均超过全球市场份额的 50%。船舶制造水平进一步提高，各类专业运输船舶、大型滚装船、集装箱船的制造水平达到了世界先进水平。拥有完全自主知识产权的国产"复兴号"

开始大规模量产，并于 2017 年 9 月在京沪高铁以 350 公里的运营时速开跑，开创我国高铁生产制造的新纪元。总体上，我国交通运输装备全面赶超世界先进水平，成为我国运输服务现代化的重要保障。

第二节 运输服务发展成就

改革开放 40 年来，我国运输服务取得了举世瞩目的辉煌成就，在改革开放推动下不断激发市场活力，客货运市场均发展成为全球最大的市场，各种运输方式结构不断优化，支撑运输服务发展的技术装备水平不断提高，港口大型装卸设备、高铁技术走在世界前列，信息技术通过迭代更新引领运输服务降本增效。

一、成为全球最大运输服务市场

运输规模快速壮大，跃升全球最大运输服务市场。改革开放初期，我国全社会货运量仅 32 亿吨，到 2017 年，全国铁公水航管道合计完成货运量约 480 亿吨，总量跃居世界第一。40 年时间，我国货运量增长了 40 倍，年均增长约 7.2%。从图 4-1 可以看出，在改革开放初期和加入 WTO 后的两个阶段我国货运市场实现了高速增长，其中第一阶段主要由于市场短缺和市场开放，极大的激发了市场活力；第二个阶段则是在国际市场需求驱动下，外向型产业快速扩张带动了我国货运市场的高速发展。

从国际市场看，我国航运市场从兴起到繁荣，见证了我国货运市场发展的辉煌成就。改革开放初期的 1978 年我国水运货运量 4.7亿吨，其中远洋运输仅 3659 万吨，到 2017 年我国水运货运量达到

（亿吨）

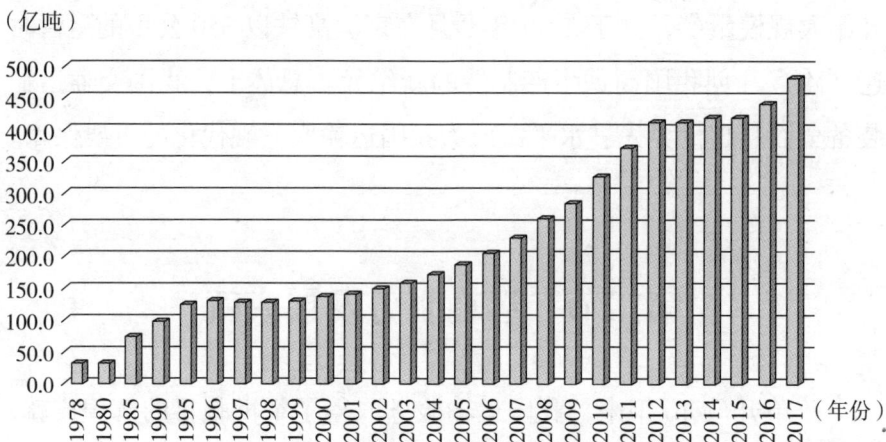

图 4-1　改革开放 40 年我国历年货运量统计图

　　* 数据来源：《中国统计年鉴 2017》，中国统计出版社 2017 年版，第 798 页；2017 年数据来源于《2017 年交通运输行业发展统计公报》。

66.8 亿吨，其中远洋货运达到 7.6 亿吨，增长了约 20 倍。2017 年规模以上港口完成货物吞吐量 126 亿吨，集装箱吞吐量 2.37 亿 TEU，全球货物和集装箱吞吐量规模前十的港口中，我国占据七席。说明随着我国改革开放不断深化，我国加快融入全球经济体系，带动了我国航运市场的繁荣。

表 4-13　2017 年全球港口集装箱吞吐量前十名

排名	港口	2017 年吞吐量（万 TEU）	2016 年吞吐量（万 TEU）	增速
1	上海	4023	3713	8.4%
2	新加坡	3367	3090	9.0%
3	深圳	2521	2411	4.6%
4	宁波—舟山	2461	2157	14.1%
5	釜山	2140	1945	10.0%

续表

排名	港口	2017 年吞吐量（万 TEU）	2016 年吞吐量（万 TEU）	增速
6	香港	2076	1981	4.5%
7	广州	2037	1858	9.6%
8	青岛	1826	1801	1.4%
9	迪拜	1544	1477	4.5%
10	天津	1521	1450	4.9%

＊数据来源：各港口港务局官网。其中青岛、迪拜和天津 2017 年吞吐量采用上海国际航运研究中心根据各港口 2017 年已出数据预测数据。

　　电商、新零售以及消费升级带动了快递行业的繁荣。十八大以来，在"互联网＋"战略驱动下，我国电商、跨境电商、新零售迎来了新一轮扩张发展机遇期，带动了快递业的高速发展，成为我国货运市场发展的新亮点。2012 年我国快递量仅 57 亿件，到 2017 年突破 400 亿件，短短 5 年增长了约 7 倍，年均增速高达 47.7%，实现了对美国等传统快递大国在数量上的赶超，我国快递总量及增速已连续 4 年稳居世界第一。

　　由于我国人口基数大，客运市场在改革开放初期就具有较大规模，1978 年我国客运量 25.4 亿人次，到 2012 年达到 380 亿人次，此后由于交通运输行业统计口径变化，公路和水运客运量数据出现了较大幅度调整，但铁路和航空客运量依然保持了持续增长态势。按照统计口径调整后的数据，改革开放 40 年来我国客运量增长了 7 倍，其中铁路、公路和水运客运量均位居全球首位。

　　由于公路、水路客运量统计口径差异较大，重点对铁路和航空客运做详细分析，从铁路客运看，改革开放前 30 年由于我国铁路投

（亿人）

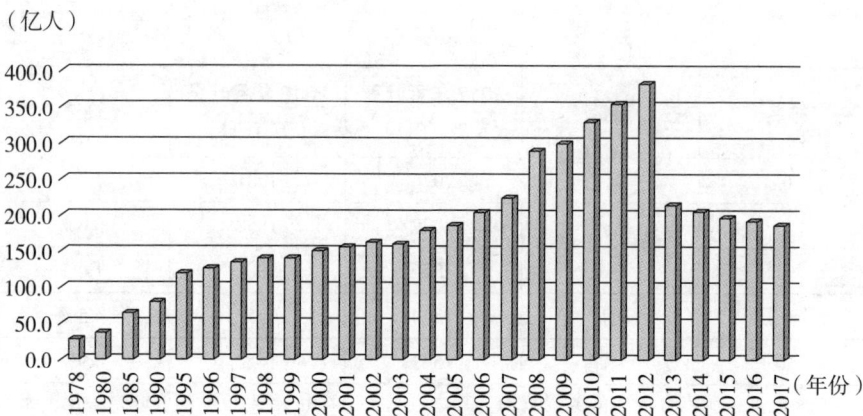

图 4-2　改革开放 40 年我国历年客运量统计图

　　* 数据来源：《中国统计年鉴 2017》，中国统计出版社 2017 年版，第 803 页；2017 年数据来源于《2017 年交通运输行业发展统计公报》；2013 年公路水路运货运输数据，源自 2013 年交通运输业经济统计专项调查，因统计范围口径调整数据出现较大幅度波动。

资规模较小、铁路保有量增长较慢，铁路客运总体供小于求持续存在。从 2006 年开始，我国铁路客运恢复较快增长，主要由于我国铁路六次提速完成、以京津城际为代表的高铁相继投入运营，带动了

（亿人）

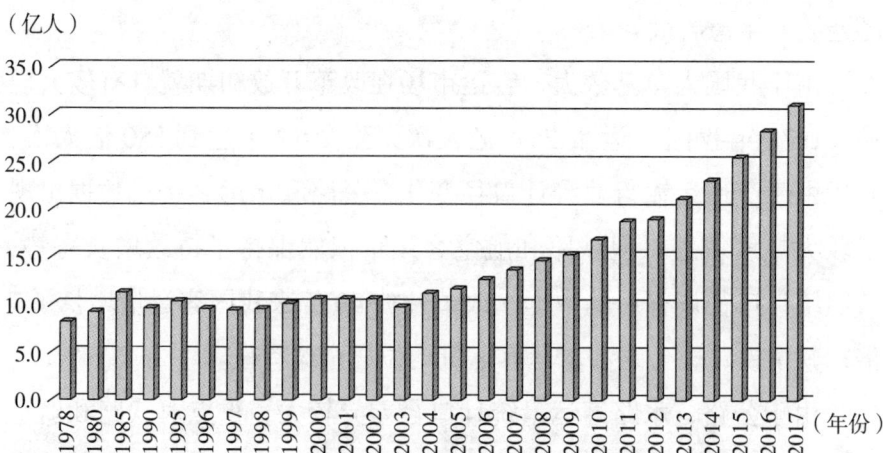

图 4-3　改革开放 40 年我国历年铁路客运量统计图

铁路客运供给能力增加，也促进了我国铁路客运市场的二次繁荣，特别是高铁动车组的大规模开行，在满足人民日益增长的美好生活需要方面发挥了重要作用。

改革开放 40 年来，在对外开放持续扩大、居民收入水平持续提高、商务出行需求日益增长的带动下，我国航空客运保持了持续快速增长，成为各种运输方式中增长最为均衡、增速最快的运输方式，2017 年航空客运量较 1978 年增长了 239 倍，年均增速高达 15%。航空客运量达到 5.52 亿人，但与美国相比，我国的航空客运量比重和绝对值依然偏低，未来依然有较大增长空间。

（亿人）

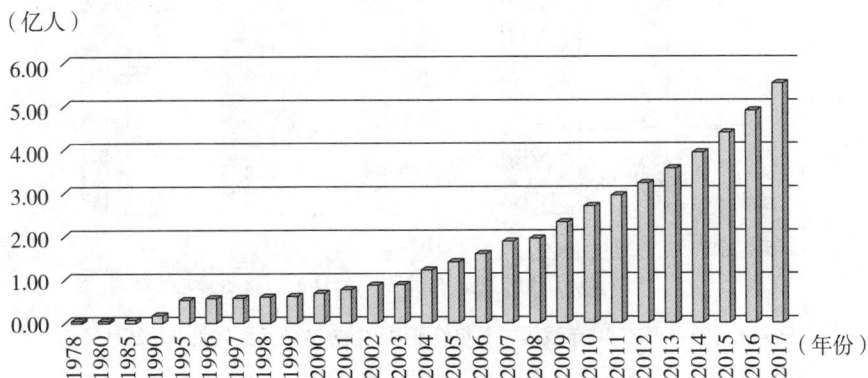

图 4-4　改革开放 40 年我国历年航空客运量统计图

二、各种方式运输结构持续优化

改革开放 40 年来，我国货运市场结构发生了重大变化，各种运输方式在我国的货物货运市场份额随着运输市场开放、竞争驱动、产业布局优化、外向型经济发展等因素驱动，其结构发生了重大变化。从图 4-5 中可以看出，公路和铁路货运周转量变化最大，主要由于公路市场的开放激发了发展活力，其门到门、快捷高效、灵活机动等经济技术特征促进了公路运输市场份额的持续快速增长。而铁路货运周转量由于铁路运输供给能力长期徘徊不前、市场开放程度不高，中短途运输市场货源大量向公路运输转移，导致铁路货运周转量持续下降。水运则由于煤炭、矿石等大宗商品运输量大、运输距离长、成本低，其货运周转量在经历了改革开放初期的快速增长后，目前稳定在50%左右。总体上，各种运输方式充分发挥了其经济技术特点和优势，实现了货运市场结构的优化调整。

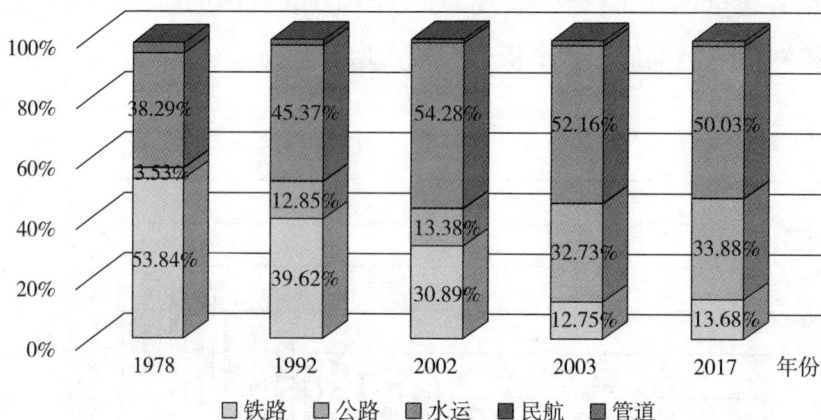

图4-5　改革开放40年我国主要年份不同运输方式货运周转量占比统计图

表4-14　历年不同运输方式货运周转量统计表（亿吨公里）

年份	总计	铁路	公路	水运	民航	管道
1978	9928	5345	350	3801	0.97	430
1992	29217	11575	3755	13256	13.42	617
2002	50685	15658	6782	27510	51	682
2013	186629	23792	61080	97338	222	4196
2017	197087	26962	66771	98611	243	4500

＊数据来源：《中国统计年鉴2017》，中国统计出版社2017年版，第801页；2017年数据来源于《2017年交通运输行业发展统计公报》；2017年我国管道输送量为估算值。

从不同货物运输方面的运距看，不同运输方式的平均运距充分体

现了各运输方式的经济技术特征，其中变化较为明显的是公路和航空
货运的运距持续增长。主要原因是国内航空货物运输在公路运输和铁
路提速竞争下，在中短距离货运市场分流较多，同时国际航空货运量
的快速增长，带动了航空运输平均运距的增长。而公路货运市场在吸
引了大量中短距离铁路和航空货运转移后，其平均运距持续增长，但
总体依然未超过 200 公里的公路经济运输半径。总体上各种运输方式
的运距也充分发挥了各自优势，对提高货运市场效率发挥了积极作用。

（公里）

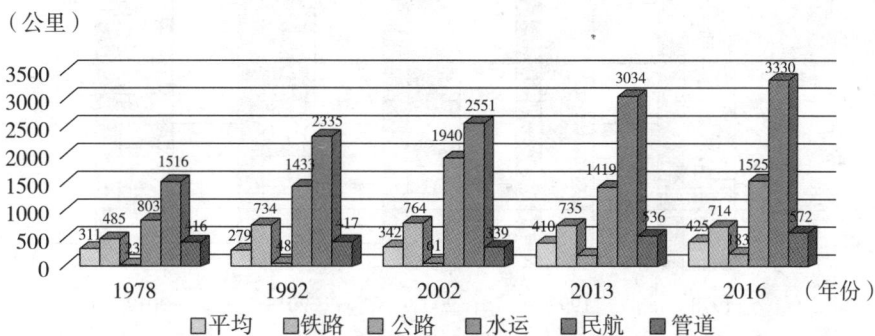

图 4-6　主要年份不同货物运输方式平均运距统计图

*数据来源：《中国统计年鉴 2017》，中国统计出版社 2017 年版，第 805 页。

　　改革开放以来，我国不同运输方式客运周转量变化明显，其
中公路和民航客运量周转量变化最大，主要原因是公路客运市场的
放开，激发了公路客运市场活力，公路客运周转量也从改革初期约
30% 的份额，到 2002 年达到峰值的 55.26%。民航客运在居民收入
水平提高等因素驱动下，在中远距离和出境出行市场成为居民首选，
航空客运周转量也保持持续较快增长，市场份额也由改革开放初
期的 1.61% 增长到 2017 年的 28.99%，这种增长趋势还将延续。但
2002 年后，在高铁带动、私人汽车保有量持续快速增长影响下，公

路客运周转量出现了大幅下滑，到 2017 年公路客运周转量份额与改革开放初期基本持平，可以预见的未来公路客运周转量占比还将进一步下滑。铁路客运周转量市场份额经历了持续近 30 年的持续下滑后，在高铁发展带动下，铁路客运周转量实现了触底回升，2017 年占比达到了 41%。总体上，各种运输方式客运周转量变化充分展现了各自优势，也反应了居民生活水平提高对高质量出行的新要求。

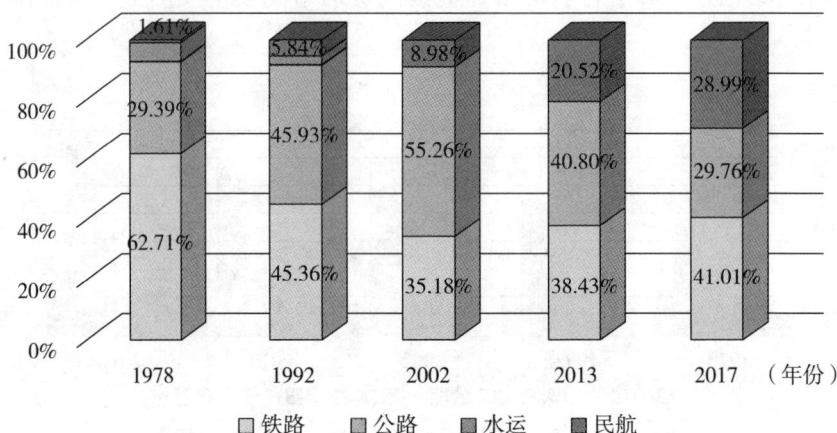

图 4-7　改革开放 40 年我国主要年份不同运输方式客运周转量占比统计图

表 4-15　历年不同运输方式客运周转量统计表（亿人公里）

年份	总计	铁路	公路	水运	民航
1978	1743	1093	521	101	28
1992	6949	3152	3192	198	406
2002	14125	4969	7806	82	1269
2013	27571	10595	11250	68	5657
2017	32812	13456	9765	78	9512

从不同客运方式的平均运距看，各种客运方式的平均运距总体呈增长态势，但水路客运由于速度慢、通达性差等因素影响，运量和

平均运距持续下降。而高铁快速发展在中短途出行领域吸引了大量旅客，导致铁路客运平均运距较 2013 年有一定下降，航空客运则在高铁影响下进一步巩固了其在中远途客运市场的地位，平均运距达到 1717公里。总体上，各种客运方式的平均运距变化也体现了其经济技术特征和居民出行需求、结构的变化，总体上适应了客运市场需求变化。

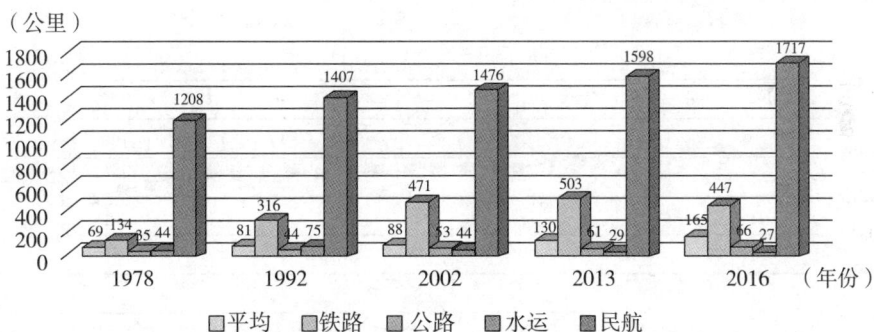

图 4-8　改革开放 40 年我国主要年份不同客运方式平均运距统计图

三、运输服务降本增效趋势明显

我国运输服务随着改革开放的不断推进，运输服务效率不断提高、运输成本不断降低，为国民经济高效运转和居民便捷出行提供支撑。货运服务降本增效突出表现在形成了一批具有较大规模和影响力的物流企业，物流总费用占 GDP 的比重呈明显下降趋势。客运服务方面表现在航空和高铁出行比例的大幅增加，形成了一批国际航空运输企业，同等距离相同出行方式的出行费用占居民收入比例明显降低。

物流总费用占 GDP 比重明显下降。进入 20 世纪 90 年代，由于国民经济的快速发展，国际国内商品市场需求旺盛，而社会流通体系并不发达，生产企业既要专注生产又要从事运输，于是催生了物流外包需求，由此拉开了我国物流行业发展序幕，物流总费用成为衡量我国运输服务市场成本的重要指标，相关统计从 1991 年才正式开始。数据表明，虽然我国物流总费用从 1991 年的 3 万亿增长到 2017 年的 12.1 万亿元，但物流总费用占 GDP 比重下降趋势明显，从 1991 年的 23% 下降到 2017 年的 14.6%。如图 4-9 所示。

（比重）

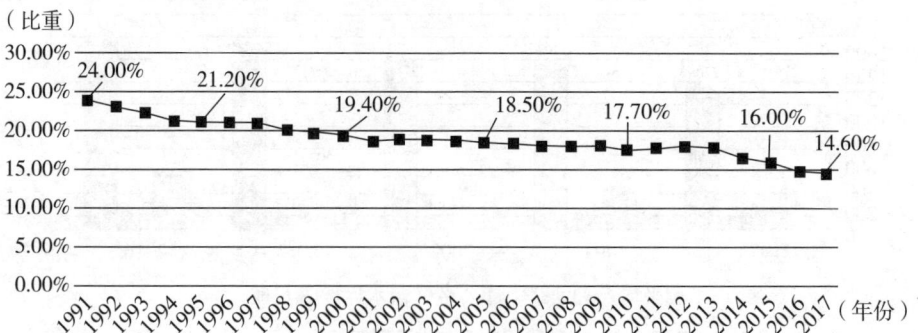

图 4-9　历年物流总费用占 GDP 比重统计图

* 数据来源：中国物流与采购联合会：《中国物流年鉴 2016》，中国财富出版社 2016 年版；2016 年、2017 年数据来源中国物流与采购联合会《2017 年物流运行情况分析》。

　　形成了一批规模龙头物流企业，成为货运服务市场的主力军。一大批传统的运输企业通过兼并重组、业务拓展、跨界整合等方式发展成为专业或专业型的第三方物流企业。既有中远、中外运、中邮物流、中铁、招商局物流等一批实力雄厚的国有物流企业，也有近十年异军突起的民营物流快递企业，如顺丰、德邦、申通、圆通、韵达、海尔日日顺、卡行天下、安能物流、荣庆物流、九州通、京东物流等。这些企业通过规模化、网络化布局，构建了全国物流服务网络，促进社会物流效率提升和成本降低。

　　货运物流行业自动化、信息化水平明显提升，大幅提升了物流运作效率。近年来，信息技术和自动化装备在物流行业的广泛应用，以及云计算、大数据、物联网的普及，在医药、电商、冷链、快递、烟草、邮政等领域率先应用，在车辆调度、车辆管理等方面深度应用，促进了货运物流智能化水提升。

客运服务水平明显提升。从各种运输方式客运周转量占比可看出，改革开放初期客运周转量以铁路和公路为主，分别占 62.71%、29.89%，水运也占到了 5.79%，但航空仅占 1.61%，经过改革开放 40 年的发展，铁路和水路客运周转量明显下降，航空客运周转量增长一枝独秀，占比达到了 28.99%，说明居民越来越多的选择更方便、更快捷的航空出行。

客运服务价格明显降低。改革开放 40 年来虽然各种客运方式的运输价格有不同程度的上涨，但与居民收入水平相比明显下降，以传统的普通铁路客运为例，我国铁路票价已有近 20 年未提价，而同期城镇居民人均可支配收入从 2000 年的 6860 元增长到 2017 年的 36396 元，增长了近 6 倍，即使按照高铁二等座票价对应普通硬座票价，也仅增长了 3 倍多，说明客票价格相对居民收入水平明显下降。

四、运输装备规模大技术水平高

改革开放 40 年，我国运输装备保有量大幅增长，其中民用汽车、运输飞机等总体增速最快，民用汽车平均增速达到了 13.8%，保有量突破了 2 亿辆，接近美国汽车保有水平。在运输装备制造方面，我国在大型船舶、高铁、新能源车等领域总体水平已经接近或达到世界先进水平。

表 4-16　改革开放 40 年我国运输装备保有量变化表

年份	铁路机车（万台）	铁路客货运车辆（万辆）	民用汽车（万辆）	运输飞机（架）	机动船（万艘）
1978	1.0	26	135	143	2.8
2017	2.1	87	20923	3326	14.5
年均增速	1.92%	3.15%	13.80%	8.88%	4.31%

五、运输服务在全球形成影响力

我国运输服务的快速、高质量发展，增强了我国运输服务在全球的影响力，突出表现在国际航运和高铁客运领域。我国已发展成世界港口大国、航运大国和集装箱运输大国，促进了沿海沿江产业带的形成和发展，加速了港口城市和区域经济崛起，水运成为我国沟通国内外的重要桥梁和融入经济全球化的战略支撑，有力地保障了经济社会的持续健康发展。2017 年，我国高铁客运量突破 17 亿人次，占铁路旅客发送量比重超过 50%，在世界范围内形成较大影响力，提升了我国运输服务在全球的知名度。

六、有效支撑经济社会跨越发展

改革开放 40 年来，同期国内生产总值由 1978 年的 3678 亿元增长到 2017 年的 82.7 万亿元，增长了约 225 倍，年均增长约 14.9%。我国货运量总体与国民经济增长同步，将年份、国内生产总值（GDP）、货运量进行相关性分析，分析结果显示 GDP 与货运量有较强的相关性，两者的相关系数达到 0.986。也说明了运输服务发展有效支撑了国民经济的高速发展。

表 4-17　改革开放 40 年我国 GDP 与货运量相关性分析表

相关系数	年份	GDP	货运量
年份	1		
GDP	0.905	1	
货运量	0.857	0.986	1

第三节　运输服务发展经验

改革开放 40 年来，我国运输服务在政府体制机制改革、宏观政策引导、运输服务市场开放、充分激发企业活力、推动技术装备和信息服务升级换代等方面积累了丰富经验，将有效指导未来我国运输服务发展。

一、体制改革是运输市场繁荣关键

经过计划经济多年探索，我国运输服务在低供给、低效率发展状态下徘徊不前，严重制约了运输服务市场发展。道路、水运和航空等领域政府不断改变管理模式，实施体制改革，基本上都经历了放松管制、鼓励进入，加强管制、严格市场门槛，再放松、再管制的循环。通过转变政府职能、市场开放、放宽准入等手段，有效激发了各类市场主体活力，运输供给能力快速提升，运输服务水平显著提高，运输市场竞争有序发展。较为典型是 1986 年交通部和国家经贸委发布的《公路运输管理暂行条例》，拉开了我国公路运输市场大繁荣序幕。1992 年，交通部发布《关于深化改革、扩大开放、加快交通发展的若干意见》，进一步加大交通运输改革开放力度。一系列关键政策的制定出台成为我国公路、水运和民航市场发展的重要转折点。

二、政策和市场培育主动适应需求变化

改革开放40年来，我国经济发展和运输服务业经历了四个发展阶段，每个阶段的需求不尽相同，在运输服务各阶段的政策制定、市场培育方面，总体按照问题导向原则，适时调整运输市场政策，培育运输市场繁荣，适应不同阶段的运输市场需求。如近年来，旅游、商（公）务、探亲成为客运的主体，对出行的舒适性、便捷性、时效性要求越来越高，而高铁客运和航空客运市场培育较好地适应了这一需求变化。

三、装备与技术进步驱动行业进步

改革开放40年来，交通运输行业始终坚持创新发展，在技术装备领域更是取得了举世瞩目的成就，船舶大型化、高铁成套技术、新能源运输装备发展，信息技术、物联网、云计算在运输服务市场的广泛应用，推动了交通运输现代化，促进了运输服务升级换代，并在诸多领域走在世界前列。无人仓、无人机、无人驾驶等自动化、智能化手段在货运物流领域应用加快运输服务效率提升步伐。总体上，交通运输装备和技术的更新迭代，成为运输服务升级的内生动力。

四、信息化充分利用既有成熟技术

我国交通运输行业的信息化发展主要利用了国内成熟技术，其中民航系统的信息化发展主要采取整体引进方式，再进行二次消化吸收再创新，既适应国内民航发展的需要，又与国际先进水平相适

应。在铁路信息化等领域，中国也广泛借鉴了国外经验、利用了国外成熟的技术。充分利用国外既有成熟技术和信息系统实现了我国交通运输行业信息化跨境发展。

五、运输服务与经济深度融合发展

运输服务从早期被动满足社会需求，到今天运输与经济、运输与产业、运输与旅游等产业和经济社会发展的高度融合，对产业集聚、产业创新和产业集群化发展，对旅游业扩张发展都形成了强有力支撑，特别是在"互联网＋"战略驱动下，运输物流成为电商、新零售等领域创新发展的重要支撑，并成为经济发展新增长点和新动能，运输服务与经济社会融合发展不断加深。

六、分头管理制约了运输服务协同

由于我国运输行业采取按运输方式、分行业的多头管理模式，各主管部门主要根据不同运输方式实施行业管理、政策制定，不同运输方式的改革步伐、市场开放程度、市场竞争效率等均不同步，时至今日虽然实施了大部制改革，但一些运输方式依然存在市场化程度偏低、效率不高等问题，阻碍了运输服务行业不同运输方式的协同、联动、互补发展，也成为未来我国运输服务改革发展的重要方向。

第二篇

践行

交通

第五章　交通运输治理

　　在推进市场化改革进程中更好地发挥政府作用，是我国区别于世界其他推行改革国家的显著特征。对交通运输治理而言，政府作用的有效发挥，关键在于始终研究并遵循交通运输发展的内在规律，不断规范和改进行业管理体制机制以适应市场化要求，不断完善并强化规划对行业发展的指引作用。改革开放40年来，我国以交通运输工程学、运输经济学、交通地理学和城市交通规划学为代表的交通运输理论不断完善，对行业发展规律的认识不断深化；围绕政府和市场、中央和地方、分方式和综合的关系，不断调适行业管理体制机制，逐步形成了"大部门制"的管理体制；行业规划从无到有，从作为国民经济计划的章节到独立成篇，最终形成了以综合交通运输体系发展规划为统领，统筹和协调各方式规划，长短时序结合、综合和专项联动、中央和地方协调的规划体系，走出了一条独具特色的交通运输行业治理之路。

第一节　交通运输理论发展与创新

一、改革指导思想的演变历程及主要特点

改革开放是我国经济社会持续快速发展的根本动力，交通运输

行业也不例外。从改革的角度来看，40年来，伴随我国改革开放的历史进程，特别是社会主义市场经济体制改革的深入推进，我国交通运输行业历经放宽搞活、加快发展、科学发展和高质量发展四个阶段，走出了一条中国特色的市场化、综合化、一体化、现代化的改革和发展道路。

（一）放权让利，放宽搞活，极大地解放交通运输生产力（1978—1991年）

1978年，党的十一届三中全会重新确立了"解放思想、实事求是"的思想路线，把工作重心转移到经济建设上来，提出了改革开放的战略决策，开始了建设中国特色社会主义的新探索。这一时期，我国经济体制改革领域的总体指导思想主要包括："权力下放"，精简各级经济行政机构，使地方和企业有更多的经营管理自主权；在公有制基础上实施有计划的商品经济，计划的重点转到中期和长期任务上。具体到交通运输行业改革，其指导思想以"放权让利、放宽搞活"为主要特点，重点集中在"所有权与经营权的适度分离"，体现在以下两个方面。

一是转变政府职能，改革交通管理体制，全面推行企业承包经营责任制。铁道部先后于1979年和1986年实施经济责任制试点和经济承包责任制（"大包干"），尝试理顺国家、铁道部、铁路局的财务关系，铁道部将计划、财务、劳资、物资、人事等方面的权力下放至路局，强化激励约束；1985年，邮政行业成立中国速递服务公司；1987年，公路水路行业启动和推进国有运输企业经营机制改革，全面推行企业承包经营责任制；1988年，绝大部分港口改为"双重领导，以地方为主"的管理体制。此外，交通部建立健全了五级交通行政管理机构，交通行政主管部门开始从对企业的直接管理向行业管理转变。

二是引入市场机制，放宽搞活运输市场，初步形成运输市场的竞争机制。80 年代初，交通部提出"有河大家行船、有路大家走车"的方针，以及"各部门、各地区、各行业一起干；国营、集体、个体一起上"的措施，社会资本进入道路和水路运输领域；港口率先对外开放，海运业最早实现"走出去"；1980 年，民用航空正式脱离军队建制，中国民航局从隶属于空军改为国务院直属，实行企业化管理，民航走上了企业化发展道路，航空运输市场开始形成。此外，在建设和运营市场放开的同时，交通基础设施建设投融资政策实现重大突破，逐步形成了"国家投资、地方筹资、社会融资、引进外资"的多元化交通投融资格局。

（二）价格松绑，政企分开，初步建立竞争性的市场体系（1992—2002 年）

1992 年初，邓小平的南方谈话彻底打破了市场经济"姓社姓资"的意识形态藩篱，为大幅推进市场化改革铺平了道路。同年，党的十四大提出了建立社会主义市场经济体制的改革目标。次年，党的十四届三中全会提出了建立市场经济制度的总体规划和若干方面的改革方案设计，标志着改革开放进入一个"整体改革和重点突破相结合"的进行市场制度建设的新阶段。这一时期，我国经济体制改革领域的总体指导思想主要包括：要使市场在国家宏观调控下对资源配置起基础性作用，建立健全以间接调控为主的宏观经济管理体系，加速要素价格市场化；进一步转换国有企业经营机制，建立产权清晰、权责明确、政企分开、管理科学的现代企业制度；建立以公有制为主体、多种所有制经济共同发展的基本经济制度。具体到交通运输行业改革，其指导思想以"价格松绑、政企分开"为特点，重点集中在"转换国有企业经营机制"，体现在以下两个方面。

一是放开部分运价，增强市场调节功能，建立和完善市场经济运行机制。1992年，交通部规定市场调节运输物资的港口装卸费，季节性旅客运输和旅游运输实行国家或地方规定的浮动价格，市场调节运输物资的运费实行市场调节价格，国家规定的运输基本价格随国家物价指数和汇率的变化每年作相应的调整。这一规定大幅增强了交通运输价格的市场调节功能。

二是实施政企分开，转换企业经营机制，促进所有权和经营结构合理化。1993年至2000年，铁道部先后开展铁路局公司制改造试点、铁路分局公司制改造试点、全路推行资产经营责任制、局部试点模拟"网运分离"等改革措施；1998年，交通部与直属企业全面脱钩，2000年，研究提出从战略上调整交通行业国有企业布局，实现"有进有退、抓大放小"；2002年，民航总局不再代理各大民航集团国有资产所有者职能，政企彻底分开，同时，奥凯航空、春秋航空、吉祥航空等一大批民营航空开始筹建，并以各具特色的方式加入市场，成为我国民航业一股全新的生力军。

（三）减少壁垒，统筹协调，加快构建综合交通运输体系（2003—2012年）

2003年，党的十六届三中全会提出了完善社会主义市场经济体制的主要任务，明确了公有制可以有多种有效实现形式，强调从单纯的经济发展转向以人为本、全面、均衡的科学发展观，同时大力推进政府行政管理改革，标志着改革开放进入完善社会主义市场经济体制的阶段。这一时期，我国经济体制改革领域的总体指导思想主要包括：坚持以人为本，树立全面、协调、可持续的发展观，促进经济社会和人的全面发展；混合所有制特别是股份制也是公有制，放宽垄断行业市场准入，加快要素价格市场化，发展现代流通方式；允许农民以多种形式流转土地承包经营权，使农村农业现代化在市场经济条件下更好的发展。具体到交通运输行业改革，其指导思想以"减少壁垒、统筹协调"为特点，体现在以下两个方面。

一是坚持科学发展，以人为本统筹兼顾，促进全面、协调、可持续发展。2003 年，交通部提出了"修好农村路，服务城镇化，让农民兄弟走上油路和水泥路"的发展目标，把发展农村公路交通，服务社会主义新农村建设，作为交通工作的重中之重，开展了新中国成立以来最大规模的农村公路建设；交通行业发展由主要依靠基础设施投资建设拉动向建设、养护、管理和运输服务协调拉动转变，由主要依靠增加物质资源消耗向科技进步、行业创新、从业人员素质提高和资源节约环境友好转变，由主要依靠单一运输方式的发展向综合运输体系发展转变；2008 年组建交通运输部，交通运输大部门体制改革迈出实质性步伐。

二是放宽市场准入，深化垄断行业改革，增强多种所有制经济发展活力。2003 年，铁道部实施"主辅分离"，铁路工业、建筑、工程、物资、通信等五大集团公司与铁道部完全脱钩，医院、学校纳入社会服务体系；2004 年，铁道部着手对内部优质资产进行股份制改造，准备上市；2005 年，铁道部宣布建设、运输、装备制造、多元化经营四大领域向社会资本开放；2006 年，邮政政企分开，邮政向信息流、资金流和物流"三流合一"的现代邮政业方向发展。

（四）简政放权，提质增效，迈向高质量发展的交通强国（2013年至今）

2013 年，党的十八届三中全会通过了《中共中央关于全面深化改革若干重大问题的决定》，明确了全面深化改革的五大体制改革要点，改革进入攻坚期和深水区。2018 年，党的十九届三中全会通过了《中共中央关于深化党和国家机构改革的决定》和《深化党和国家机构改革方案》，做出了着眼实现全面深化改革总目标的重大制度安排。这一时期，我国经济体制改革领域的总体指导思想主要包括：处理好政府和市场的关系，使市场在资源配置中起决定性作用和更好地发挥政府作用；坚持和完善基本经济制度，加快完善现代市场体系、宏观调控体系、开放型经济体系，加快转变经济发展方式，加快建设创新型国家，推动经济更有效率、更加公平、更可持续发展；围绕推动高质量发展，建设现代化经济体系，调整优化政府机构职能，合理配置宏观管理部门职能，深入推进简政放权。具体到交通运输行业改革，其指导思想以"简政放权，提质增效"为特点，体现在以下两个方面。

一是大幅简政放权，加强事中事后监管，推进交通行业治理能力现代化。2013 年，铁路实现政企分开，交通运输大部门体制改革基本落实到位，形成了由交通运输部携国家铁路局、中国民用航空局、国家邮政局统筹管理铁路、公路、水路、民航和邮政的交通运输大部门管理体制架构；自 2013 年至 2017 年 9 月，交通运输部先后分 9 批取消和下放了 38 项行政审批事项，占总审批事项的 55%，同时将取消和下放行政审批项目与加强事中事后监管的措施同步研究和推进，在法治的轨道上及时完善和创新交通运输事中事后监管机制，加强法治政府部门建设；交通行业积极推行市场准入负面清单制度，鼓励和引导社会资本参与交通运输投资运营，大力推广政府和社会资本合作模式（PPP）。

二是聚焦提质增效，供给侧结构性改革，提升交通行业强国战略支撑力。2013 年，国铁系统实施以"全面改善铁路货运服务"为目的，以"改革受理方式、改革运输组织、清理规范收费、提供全程服务"为主要内容的货运组织改革；2016 年，国家发展改革委和交通运输部提出，将全面提升综合交通网络整体效率和服务水平作为交通建设和发展的重点，加快推进交通供给侧结构性改革，积极开拓新领域，培育发展新动能，扩大消费新需求，在完善交通基础设施网络的同时，围绕综合枢纽衔接、城际交通建设、推广联程联运、发展智能交通、提升快递服务、支撑服务消费、绿色安全发展等 7 个方面，实施 28 类重大工程，推动交通提质增效提升供给服务能力。

此外，党的十九大报告在"贯彻新发展理念，建设现代化经济体系"章"加快建设创新型国家"小节中，关于通过科技创新对强国支撑的有关内容明确提出了"交通强国"，既体现了实现交通强国的必要条件，也蕴含了建设交通强国的发展目标，在振奋人心的同时也引发了人们对"交通强国"内涵及其实践的深入思考，尤其是促进了与交通运输行业相关的一些部门和机构，诸如交通运输部、中国工程院、中国铁路总公司等积极开展相关研究并谋划部署相关工作。"交通人"正期待以"交通强国"为目标指引，开启新时代交通运输发展的新征程。

综上所述，交通运输行业的改革历程，是一个交通运输市场主体产权不断充分界定和有效保护的过程，是一个市场机制作用不断增强的过程，是一个行业管理体制不断综合化法治化现代化的过程，这与中国特色社会主义市场经济体制改革的思想、理论演进和实践过程是紧密相关、一脉相承的。

二、主要学科体系的发展演进与创新

交通运输是一门古老学科，是伴随着交通运输业的不断发展和交通运输技术的不断进步而逐步发展起来的。交通运输也是一门交叉学科，已形成有交通运输工程学、运输经济学、交通地理学和城市交通规划学等多学科"百花齐放、百家争鸣"的发展态势。各学科以交通运输业为研究对象，结合本学科研究特点、优势和领域，形成了各有侧重且相对独立的学科研究体系，共同推动了交通运输理论体系和发展实践的持续进步。

（一）交通运输工程学

交通运输工程学是一门研究铁路、公路、水路、航空及管道运输基础设施布局与修建、载运工具运用工程、交通信息工程及控制、交通运输规划和管理、交通设施设计等领域的综合性技术学科。概言之，交通运输工程学就是一门研究"人—车—路"之间关系的学科。

交通运输工程学是以交通运输业为对象与多种学科结合而发展起来的。改革开放以来，我国交通运输工程学大致经历了以下几个发展阶段。

1. 现代学科体系建设时期

改革开放至20世纪90年代初期，我国交通发展的地区结构发生显著变化，国家交通建设的重点开始从"三线"地区向东部沿海转移。该时期交通运输结构发生了重大变化，80年代国家开始贯彻建设综合运输体系的方针，铁路在客货运输中的主导地位大为下降，公路的地位大幅上升，沿海水运和远洋运输的作用进一步加强。此外，交通建设投资的效率也发生实质性突破，交通基本建设投资对GDP 的长期弹性较改革开放前大幅提升。在这一背景下，交通运输工程学的研究重点是合理推进铁路、公路、水运、航空和管道运输之间的分工，着力构建综合交通运输体系，标志着我国交通运输工程学步入现代学科体系发展阶段。

2. 学科体系转型发展时期

20 世纪 90 年代中后期，我国实施地区交通协调发展的方针，地区间交通建设的差异逐步缩小。该时期国家加大了对交通建设的投资力度，交通投资占 GDP 的比重大幅提高，交通建设投资的效率也迎来第二次提升，在此影响下，我国交通运输线路总里程的增加速度发生显著变化，交通运输总规模步入一个新台阶，交通紧张的局面得以缓解。此外，我国交通运输技术发展开创了新局面，由传统技术向信息化和低碳技术转变。由此带动我国交通运输工程学研究重点发生了明显转变，由过去注重量的积累向质的提升和效能的改善方向转变，优化交通运输布局和提高交通运输质量成为这一时期的研究热点问题。

3. 学科体系快速发展时期

2000 年以来，我国交通建设在摆脱滞后发展的同时开始步入适度超前发展期。该时期我国交通的运输结构发生了深刻转变，公路和水运得到较快发展，运输结构渐趋合理，并朝着优化和综合协调的方向发展。同时，交通投资的规模保持较高的增长速度，投资的效率继续延续较高的水平。这一时期交通运输技术也迎来了新一轮创新，高速交通技术得到迅速发展，高速公路、高速铁路和航空等高速交通发展迅速，我国交通已步入了高速化时代。随着现代技术的发展，信息、电子、材料、现代控制和环境工程等现代工程技术和高新技术，以及互联网技术与交通运输工程不断融合发展，推动和促进了现代交通运输工程学科的迅速发展，学科研究的视角视野、技术手段等均有了明显突破，推动交通运输成为率先实现现代化的重要领域。

（二）运输经济学

运输经济学是以经济学的一般理论和方法研究探讨与运输有关的各类问题的学科，其以运输业的生产和再生产活动全过程为研究领域，以人们在运输生产过程中发生的各种经济关系为研究对象，着重研究运输业经济关系和经济活动规律，是应用经济学的一个重要分支。

我国于 20 世纪 20 年代后期开始引入西方运输经济学，早期主要依托苏联计划经济背景下的宏观交通运输经济学理论和方法，重点围绕交通运输部门开展能力配置规划、计划、投资、成本和运价等宏观问题的系统研究。改革开放以后，我国开启了适合自身国情的运输经济学学科体系探索建立过程。

1. 学科体系探索形成时期

改革开放初期，随着我国从计划经济向市场经济过渡带来的交通运输基建、市场、行业等体制机制的变化，我国的经济学和交通运输方面的学者努力探索适应我国国情且符合市场经济体制的新的运输经济学学科理论体系，研究重点集中在从微观视角分析行业内的运价、成本、计划、统计、财务等行业经营管理问题，陆续出版了《铁路运输经济学》《公路运输经济学》《中国交通经济分析》《中国的交通运输问题》等一批著作。这一时期，尽管随着我国交通运输业的发展，运输经济学获得较大发展，并逐渐摆脱了计划经济的理论体系和方法体系，引进西方运输经济学的思想、理论和方法，向着适应市场经济的微观、计量经济学体系转变，但是相关研究仍然或多或少地带有苏联运输经济学的思想，适合我国国情的运输经济学思想体系、理论体系和方法体系尚未完全建立起来。

2. 学科体系初步建立时期

20 世纪 90 年代，我国运输经济学学科体系逐渐建立起来，研究重点更多从宏观及历史角度探讨运输业发展与国民经济的关系问题。这一时期，我国运输经济学者围绕运输业发展与体制改革中的重大课题，以及学科本身发展中的重大理论问题，在运输经济学科体系的重构、综合交通体制改革、交通规划理论与方法、运输与物流企业组织、运输市场结构、运输业投融资体制等方面进行了深入研究探索。以 1989 年赵传运、荣朝和、马运等人翻译的《运输经济——实践、理论和政策》，1999 年陈贻龙、邵振一主编完成的国内最具系统性的运输经济学论著《运输经济学》等为代表的一批学术著作相继出版，标志着我国运输经济学的研究重点从最早单纯关注运输中的经济问题，发展到研究经济中的运输问题，学科研究范围也从原来只分别关注单个运输方式转变到研究综合运输体系。

3. 学科体系快速发展时期

2000 年以后，我国运输经济学步入快速发展轨道，开始更自觉地使用经济学最新成果重建学科研究范式，研究重点集中于运输经济活动中的各种资源、组织、契约与产权结构等问题，研究范围也进一步拓展到物流经济及其他相关网络型产业。在此期间，以管楚度编著出版的《新视域运输经济学》、荣朝和编著出版的《西方运输经济学》、严作人编著出版的《运输经济学》等为代表的一批专业论著相继问世，表明运输经济学在理论范式上已经发生了较为明显的转变，运输经济学正在成为应用现代经济学理论和方法，对市场经济中的各种运输活动进行综合性和系统化解释的重要研究领域，形成了能够及时甚至超前开展有关政策研究和提出政策建议的成熟学科。近年来，我国运输经济学研究取得喜人进展，分别构建起运输经济的产品—资源—网络经济分析框架和运输业网络形态分层分析框架，同时拓展出时空经济分析的重大理论成果，在运输政策研究制定中具有日益增强的影响力。

（三）交通地理学

交通地理学是研究交通运输地域组织规律以及交通运输与人类其他活动空间作用关系的学科，是经济地理学的重要分支学科。其研究的主要目的或任务是科学把握交通运输在地域生产力综合体形成与发展中的地位和作用，探究与地区间经济发展和人口分布有紧密联系的客、货流的产生与变化规律，以及交通网（包括线网、枢纽）的结构、类型、地域组合及其演变规律等。

交通地理学在我国初创于 1950—1970 年，并基本与经济地理学的其他分支学科保持了同步发展。改革开放以来，我国交通地理学的发展大致可以分为两个阶段。

1. 学科体系形成时期

1980 年至 1990 年，是我国交通地理学快速发展并形成学科体系的时期。改革开放以来，大规模的经济建设为我国交通地理学的发展创造了重大机遇，促进了交通地理学科的快速发展。1983 年，中国科学院地理研究所（现中国科学院地理科学与资源研究所）设立了我国第一个交通地理研究组，开始了对交通运输地理学理论、中国交通运输、物流、世界交通、交通与社会经济发展间关系等领域的系统和专门研究。此后，多所大学开设了交通地理学课程，相关学者开展了大量的交通地理课题专门研究，推动了交通地理学学科的完善，推进了研究内容的深化和技术体系的建立，形成了交通地理研究的专门队伍。这一时期，交通地理学在研究内容和领域上不断拓展，主要开展了综合交通网布局与规划、运输化问题、客货流与空间运输联系及区域发展、港口的发展布局与地域组合、港口与城市、城市交通规划和能源产销区划等研究。在研究与分析方法上，广泛应用系统论与数学计量等新方法于交通学科各个研究领域，极大提高了学科研究水平和精度。

2. 学科稳定发展时期

21 世纪以来，我国交通地理学的研究进入稳定和深化的发展时期。这一时期，交通地理学的研究内容和研究深度进一步拓展，不断丰富交通地理学的理论体系，并着重在以下几个领域进行了开创性研究。一是交通运输网络的空间优化研究，如对铁路提速、可达性、航空公司重组和区域基础设施共享的研究等；二是"空间流"的人文机理及对自然—人文复合系统演进的影响研究，从地理学的视角，剖析物流、客流、信息流、资金流的生成机制与演化规律，并在力图追求有普遍意义的科学参数的前提下，探索一般的"人—地系统"的空间流交互模式，为区域规划、都市圈规划、生态规划及城市规划等提供科学支撑；三是交通基础设施发展的"人文—环境效应"研究，重点从生态、社会、经济综合角度出发，总结我国交通基础设施建设与城市化、区域社会经济发展的"协同"。在此期间，我国交通地理学家总结的运输组织"轴—辐"模式、城市交通的"双交通模型"与"交通导向型空间开发模式"、区域交通优势度的评价方法、港口空间发展模式等，已经在交通地理学和其他相关学科的研究中得到广泛应用。

（四）城市交通规划学

城市交通规划学是对城市范围内各种交通作出长期的全面合理安排计划的学科，是城市规划学的分支学科。该学科通过对城市交通需求量的发展预测，为较长时期内城市的各项交通用地、交通设施、交通项目的建设与发展提供综合布局与统筹规划，旨在为城市居民的交通行为提供合适的交通基础设施，改善并优化城市交通条件，创造良好的城市环境。

城市交通规划学在我国是一门相对年轻的学科，改革开放之前，国内关于城市交通问题的研究很少，没有形成相对完善的城市交通规划理论方法体系。改革开放之后，随着一些大城市相继出现交通拥堵现象，城市交通规划学快速兴起，整个学科体系得到快速发展，总体来看，大致经历了以下几个阶段。

1. 城市综合交通体系创建时期

从改革开放至20世纪90年代初，北京等一批特大城市交通问题的日益凸显要求城市交通规划在理论、方法上有所突破、创新。在学习西方国家现代城市交通规划先进理念的基础上，城市交通规划学者相继开展了一系列有关城市交通规划理论与方法的研究和实践工作，对城市交通需求的特性及规律、城市交通系统的构成以及与外部环境之间的关系有了逐步深入的认识。在规划方法上逐步摒弃了以经验判断和局部代表全部的传统规划模式，开始运用综合交通系统理论与现代交通规划方法研究城市交通规划问题。同时，基于系统规划理论的交通建模技术逐步得到推广应用，并逐步建立起综合了城市经济与社会发展、土地利用规划和交通规划等内容的国内交通规划模型。总体来看，这一阶段我国现代城市交通规划理论方法体系的建设进入了一个崭新的时期。

2. 城市综合交通体系完善时期

20 世纪 90 年代中期至 20 世纪末，我国城市经济和机动化快速发展，城市交通供需矛盾日趋尖锐。城市交通规划研究由重点关注道路基础设施转向交通发展战略、交通政策、交通发展模式等重大问题研究。1995 年，建设部会同世界银行举办的中国城市交通发展战略研讨会发表"北京宣言"，提出了与中国经济社会发展相适应的城市交通规划、建设和运行的"五项原则、四项标准、八项行动"，同年，国家标准《城市道路交通规划设计规范》发布，标志着城市交通规划逐渐步入科学化与规范化的发展轨道。这一时期，我国城市交通规划在以往研究与实践的基础上，逐步明确了"交通调查—现状分析诊断—交通需求预测—交通发展战略研究—综合交通规划及专项规划"的城市交通规划工作程序和相应的方法体系。

3. 城市综合交通体系成熟时期

21 世纪以来，我国经济社会飞速发展，人们生活水平显著提高，城市化和机动化进程步入高速发展期，城市人口规模和出行总量攀升，城市出行结构发生重大变化。从根本上改变城市交通模式，促进城市交通与城市经济社会、空间结构协调发展等问题成为城市交通规划学的重点研究内容。这一时期，城市交通规划在人性化的服务宗旨、一体化的结构体系、信息化的技术支撑体系和集约化的发展模式等方面的研究取得了一些新的突破。与此同时，一大批城市陆续开展了新交通体系模式与发展战略的实践探索和理论创新，极大地丰富和完善了我国城市交通规划理论与方法体系。

第二节　体制与机制改革

改革开放以来，为加快推进交通运输发展，更好支撑经济社会运行，围绕政府和市场、中央部门和地方政府、部门分散管理和综合协调管理的关系，我国交通运输管理体制机制在实践中不断调适完善。经过40年的探索，管理体制机制改革取得积极成效，交通运输市场化改革不断深化，交通运输各级政府事权加快理顺，交通运输"大部制"综合管理体制初步建立，形成推动我国交通运输跨越式发展的制度经验，明显提高了治理体系和治理能力现代化水平，对推进现代综合交通运输体系高质量发展奠定较好的制度保障。

一、管理模式转变历程

（一）由中央计划指令向调动地方积极性和增强市场活力转变

在改革开放初期逐渐确立有计划商品经济的背景下，交通运输管理实行了权限下放与经济责任制并举的管理方式转变。

铁路实行以经济承包责任制为主要内容的改革措施。从1981年11月起，铁道部先后批准上海、广州、齐齐哈尔、吉林铁路局进行扩大企业自主权试点，下放部分管理权限。1983年12月组建了广深铁路公司，实行"自主经营、自负盈亏、自我改造、自我发展"的管理体制。1986年3月，经国务院批准，铁道部实行投入产出、以路建路的经济承包责任制（即"大包干"），这项改革的主要内容是：国家规定铁道部除按章缴纳营业税、城市建筑税、教育附加费以外，全部利润留给铁道部，用于发展铁路，实行包括运输、造车和基本建设在内的全面承包。1993 年，国务院批复广州铁路局组建广州铁路（集团）公司，建立现代企业制度试点，1995 年，建立了大连铁道有限公司，积极探索铁路政企分开。2005 年，撤销铁路分局，铁路局直接管理站段，铁路政企分开和市场主体管理持续深化。2017 年，中国铁路总公司所属 18 个铁路局（铁路集团公司）完成公司制改革工商变更登记，为铁路实现从传统运输生产型企业向现代运输经营型企业转型发展迈出重要一步，改制后地方铁路局集团有限公司具有更大的自主权，经营范围得到扩张。

公路水运率先实行政企分开，管理权限下放至地方。1983 年，交通部对长江航运管理体制进行了改革，实行了港航分管，政企分开。1984 年，14 个沿海港口和 26 个长江重点港口全部下放地方。1987 年 10 月，国务院发布《中华人民共和国公路管理条例》，规定公路工作实行统一领导、分级管理原则，即国道、省道由省级公路主管部门负责修建、养护和管理；县乡道路分别由县乡人民政府负责修建、养护和管理。该条例的颁布从法律上确立了公路管理"条块结合"的基本体制。从 1987 年开始交通部对运输企业推行各种形式的承包经营责任制。1989 年，全国道路运输企业普遍推行承包经营责任制，进行企业内部配套改革，改善企业经营机制。1996 年，交通部《深化水运管理体制改革方案》提出，推动水运管理体制改革，组建海事局，实行"一水一监、一港一监"的管理体制。2001 年，根据国务院办公厅《关于深化中央直属和双重领导港口管理体制改革意见的通知》，全部港口下放由地方管理。

民航从军管至政企分开，组建管理局、航空公司、机场。1987 年，按照国务院批准的民航系统管理体制改革方案，民航业实施了以政企分开为核心，管理局、航空公司、机场分设为主要内容的体制改革。2002 年，民航开启了"政资分开""机场属地化"的改革。将民航总局直接管理的机场（除首都国际机场、西藏自治区内的民用机场）下放所在省（自治区、直辖市）管理，并将相关资产、负债和人员一并划转；对民航总局直属的 9 家航空公司进行联合重组，实行政企分开，形成国航、南航、东航 3 家大型航空集团公司；改组成立了中国民航信息集团公司，中国航空油料集团公司，中国航空器材进出口总公司。

（二）由各方式独自发展向综合管理和深化市场化改革方向转变

2008 年，全国人大审议通过《关于国务院机构改革方案的决定》，改革内容包括组建交通运输部，将交通部、中国民用航空总局的职责和住建部指导城市客运的职责整合划入交通运输部，国家邮政局改由交通运输部管理。在整合交通运输相关机构、探索职能有机统一的大交通体制等方面迈出了重要步伐。2013 年，为推动铁路行业健康可持续发展，保障铁路运营秩序和安全，促进各种交通运输方式相互衔接，完善综合交通运输体系，铁路行业实施政企分开，铁路管理体制改革迈出重要步伐。将铁道部拟订铁路发展规划和政策的行政职责划入交通运输部，交通运输部统筹规划铁路、公路、水路、民航发展。组建国家铁路局，由交通运输部管理，承担铁道部的其他行政职责，负责拟订铁路技术标准，监督管理铁路安全生产、运输服务质量和铁路工程质量等。

党的十八大以来，交通运输领域加快了"简政放权"改革，清理、取消和下放一批行政审批事项，推进事中事后监管，分类建立权利清单、责任清单和负面清单，最大程度地激发市场活力。国家发展改革委将其承担的部分中央政府投资交通项目审批权予以下放和简化程序。国家发展改革委、交通运输部等部委大力推广交通基础设施领域的政府和社会资本合作，积极推进竞争性领域和环节的价格市场化改革，交通运输市场化改革不断推向纵深。

二、体制机制改革实践

（一）调整政府与市场的关系

通过交通运输管理机构和职能调整，交通运输政府管理部门已从微观管理和对企业的直接管理转变为宏观调控和行业监管。取消一批行政审批项目，充分发挥了市场在配置交通运输资源上的作用。政府及其交通运输管理部门主要职能调整为宏观调控、编制规划、制定政策法规、维护市场秩序、提供社会公共事务服务。相应管理手段也从行政命令为主转为以规划、财税、价格、法律等手段为主。

（二）理顺中央和地方管理权限

通过简政放权，明确了各层级的管理关系。将地方政府能够负责的交通运输行业管理职责尽量予以下放。基本理顺了中央和地方政府在交通运输投资、运输管理、交通安全监管、运价管理等各方面的职责关系，强化了管理重点。既优化了中央政府在交通运输发展上的宏观调控职能，又充分调动了地方政府在交通运输投资建设和管理上的积极性。

（三）实现政企分开，放开运输市场

交通部门直接管理的企业与主管部门脱钩，成为真正的市场主体。中国铁路总公司已开展公司化经营。省级交通运输主管部门也

基本实现了政企分开。交通运输市场进一步放开，交通运输市场体系比较完善，各种所有制企业基本实现了充分和有序竞争。公路、水路、民航运输市场已全面放开，民营资本均可进入公路、水路、民航、铁路建设和运输领域。特别是公路运输行业经过多年的改革，民营资本已成为主导力量。

（四）健全交通运输政策法规体系

按照市场化改革和市场经济体制建设的要求，清理、修改、制定了一系列交通运输领域的法律法规和政策措施，总体形成了适应经济社会发展要求的交通运输政策法规体系。通过全面深化推动交通运输管理体制改革，调动了各级政府在推进交通运输事业发展和社会投资交通运输领域的积极性，社会资本参与交通运输建设和运营的意愿不断增强。

三、管理体制与机制改革展望

（一）完善综合交通运输规划编制机制

完善综合交通运输规划编制与实施办法，推进宏观管理部门与行业主管部门的规划协调，促进多种运输方式发展的规划衔接，探索交通运输与其他部门多规衔接的规划编制机制，落实分工协同机制，支撑交通运输与经济社会深度融合发展。组织编制《现代综合交通运输体系中长期发展规划》等重大战略规划，明确总体目标、主要任务、实施路径、重大工程项目和保障措施。

（二）健全交通运输管理体制

按照深化交通运输高质量发展的要求，继续推动"放管服"改革，推进行政审批制度改革，进一步下放投资项目审批权限和简化手续。加强综合交通运输制度建设，强化政府部门政策与管理的创新引领，建立健全综合交通运输发展协调机制，促进各种交通运输方式融合发展。坚持事权与支出责任相匹配的原则，根据不同交通运输领域的功能属性，合理明确交通运输各级政府事权和支出责任。优化完善面向交通新业态、新产业、新模式的综合管理体制。

（三）明确政府与市场职责划分

遵循经济发展规划，结合新时期的新变化，进一步细化交通运输各领域调控对象与内容，明确政府与市场的职责范围，实施差异化调控方式与手段。正确处理政府与市场、政府与社会的关系，合理确定政府推进交通基础设施发展、提供基本公共服务的手段和范围，将应由市场或社会承担的事务，交由市场和社会主体承担；基础性交通运输服务由政府提供，同时中央政府需要对跨区域以及具有全局意义的交通基础设施强化宏观统筹。

（四）深化交通运输市场化改革

加快推进交通运输行业市场体制改革，放开竞争性环节运输服务价格，促进各种运输方式纵向竞争和运输企业间横向竞争，构建多元化经营主体，发挥价格杠杆对运输需求的自发调节作用，以价格机制促进市场配置交通运输资源，逐步扩大由市场定价的范围。加快建立统一开放、竞争有序的交通运输市场，营造良好营商环境，逐步扩大对民资和外资运输市场开放。充分发挥企业、行业协会等市场主体的能动性，促进运输资源跨方式、跨区域优化配置。

第三节　规划体系发展

规划先行是我国交通运输改革开放 40 年来最具特色的成功经验之一。改革开放以来，我国借鉴发达国家经验，结合自身发展实际，持续深入探索实践，交通运输规划理念、理论、方法不断完善，初步形成了具有中国特色的综合交通运输规划体系，为我国交通运输快速跨越式发展提供了重要的战略指导和支撑保障。

一、交通运输规划发展历程

我国以国家层面正式的计划或规划文件形式指导交通运输发展源于"六五"时期。总体来看，改革开放以来，我国综合交通运输体系规划发展可以划分为三个阶段，第一阶段为国民经济与社会发展计划纲要中的综合运输发展内容阶段，主要为"六五"至"九五"时期；第二阶段为交通运输规划成为独立的专项规划并初成体系阶段，主要为"十五"至"十一五"时期；第三阶段为综合交通运输规划体系逐步完善阶段，为"十二五"时期至今。

（一）国民经济与社会发展计划纲要中的综合运输发展内容阶段："六五"至"九五"时期

"六五"至"九五"时期，交通运输计划任务是作为主要内容体现在国民经济和社会发展五年计划中。这一阶段，我国逐步从计划经济体制向中国特色社会主义市场经济体制建设转变，规划思想由原有经济发展的一元思想发展为经济和社会发展的二元模式，交通运输发展计划的核心目标是如何快速提升能力、缓解对国民经济发展的瓶颈制约。

"六五"时期，重点根据经济社会发展需要，明确提出铁路、公路、水运、民航四种运输方式的货运生产能力目标与建设发展重点等。在保障举措方面，提出建设资金由国家统筹，重点提高铁路煤炭运输干线能力。在区域发展方面，根据沿海、内陆交通运输发展水平差异，提出了不同的发展目标，沿海地区着重港口、铁路建设和技术改造升级，内陆地区则在支援沿海地区发展的同时继续加快交通建设。"七五"时期，在产业结构调整的形势要求下，在计划纲要中明确提出将交通运输放在优先发展的地位，建设"交通运输网络"的思路逐步显现。"八五"时期，明确改革应向有利于社会主义社会的生产力方向发展，基于此，国民经济和社会发展第八个五年计划纲要中明确提出建设"综合运输体系"，并确立了"统筹规划、条块结合、分层负责、联合建设"的发展方针。"九五"时期，按照全面推进建设中国特色社会主义市场经济体制要求，综合运输发展任务重点进一步深化明晰。

（二）交通运输规划成为独立的专项规划并初成体系阶段："十五"至"十一五"时期

经过"六五"至"九五"时期交通运输建设发展，长期困扰我国经济发展的交通运输落后被动的局面初步扭转，但交通运输仍处于国民经济与经济社会的薄弱环节。"十五"时期开始，以综合交通为主题的专项规划与铁路、公路、港口、民航等分领域规划快速发展，门类丰富的交通运输规划体系开始形成。

"十五"时期，原国家计划委员会编制印发了《综合交通体系发展"十五"重点专项规划》，该计划是我国第一部独立的综合交通运输专项计划，标志着交通运输专项计划正式成为国民经济和社会发展五年计划正式的配套专项规划。该重点专项规划以"深化改革、扩大网络、优化结构、完善系统、提高质量、开放西部"为方针，围绕"以市场经济为导向，以可持续发展为前提，建立客运快速化、货运物流化的智能型综合交通体系"的目标，明确了运输市场体系、综合运输体系、物流体系的发展目标，并对基础设施、运输服务、行业管理提出了具体发展指标，同时涉及了管道运输和城市交通等内容，也明确了交通运输发展对于西部大开发的支撑作用。

"十一五"时期，国家由发展计划体系转变为发展规划体系，旨在通过规划"阐明国家战略意图、明确政府工作重点并引导市场主体行为，作为政府履行经济调节、市场监管、市场管理和公共服务职责的重要依据"。这一时期，在铁路、公路等分领域规划基础上，经国务院同意由国家发展改革委编制印发了我国第一部面向中长期的《综合交通网中长期发展规划》，这在我国综合交通运输规划发展历史上具有里程碑意义。在此基础上，综合交通发展方向进一步明确，《"十一五"综合交通体系发展规划》中，提出"以发展为主题，全面提升运输供给能力和服务水平"，重点解决体制改革、协调发展和科技创新应用，消除对经济增长的制约，充分兼顾公平与效率，提高运输服务质量和资源利用效率。

（三）综合交通运输规划体系逐步完善阶段："十二五"时期至今

"十二五"时期以来，我国综合交通运输规划体系进一步完善，而且规划层级进一步提升，"十二五""十三五"两个五年的综合交通运输规划均由国务院印发。

由国家发展改革委编制的《"十二五"综合交通运输体系规划》是第一部由国务院印发的交通运输领域五年发展专项规划，该规划同样具有里程碑意义。其意义不仅体现在规划印发的层级规格上，更重要的是该规划首次在国家政府文件中明确了综合交通运输的概念构成，即综合交通运输体系包括基础设施、运输服务、技术装备三大部分。该规划明确提出"加快转变交通发展方式，实现各种运输方式从分散、独立发展转向一体化发展，初步形成网络设施配套衔接、技术装备先进适用、运输服务安全高效的综合交通运输体系，总体适应经济社会发展和人民群众出行需要"。

"十三五"时期，我国经济发展进入新常态，综合交通运输发展环境形势进一步深刻变化。结合新形势新要求，国家发展改革委、交通运输部联合编制了《"十三五"现代综合交通运输体系发展规划》，并再次由国务院印发。该规划明确提出"'十三五'时期，我国交通运输发展正处于支撑全面建成小康社会的攻坚期、优化网络布局的关键期、提质增效升级的转型期，将进入现代化建设新阶段。站在新的发展起点上，交通运输要准确把握经济发展新常态下的新形势、新要求，切实转变发展思路、方式和路径"，首次提出了交通运输是国民经济中战略性产业的定位，在关注传统发展领域的基础上，高度关注交通运输新领域新业态，旨在更好发挥交通运输对于经济社会的支撑引领作用。

这一时期，我国交通运输规划体系进一步完善，除了五年综合性专项规划外，国家发展改革委等部委先后编制印发了《城镇化地区综合交通网规划》《长江经济带综合立体交通走廊规划》等区域交通规划，印发和修编了国家公路网、国家铁路网、民用运输机场、油气管道网等中长期规划，各地也都编制印发了相应的交通规划。

步入新时代以来，按照建设社会主义现代化国家的总体部署，我国综合交通运输发展方向和任务也在进一步深化调整，相应的规划指导和结构体系也需要优化调整完善。目前，国家相关部门在对《"十三五"现代综合交通运输体系发展规划》中期执行情况进行有效评估的基础上，着眼交通强国建设和交通运输现代化，按照高质量发展要求，正在着手开展面向2035年乃至更长远时期的综合交通运输发展规划研究问题，旨在更好支撑引领经济社会发展、服务保障国家战略实施。

二、交通运输规划发展特点

改革开放40年来，我国交通运输发展背景条件、环境形势不断变化，规划的理念与导向、目标与内容、方法与手段也在相应转变，概括而言，主要呈现以下特点。

（一）规划体系逐步丰富，规划功能不断拓展

经过40年的发展，我国交通运输领域计划规划体系不断丰富完善，初步形成了包括综合交通规划与专项领域规划、中长期网络规划与五年发展规划、区域交通规划与地区交通规划、中央交通规划与地方交通规划、设施规划与服务规划等在内的规划层级和框架结构。规划的视角和内容重点也由国内向国际与国内、由交通自身领域向交通运输与经济社会和生态环境等多领域深度融合拓展延伸。

（二）规划导向作用突出，规划主线更加明确

交通运输规划理念从被动适应转向主动支撑引领。在交通运输网络总体落后时期，交通设施建设一直是国家发展的重点，交通运输发展始终是作为薄弱环节被动地追随和适应经济社会发展。21 世纪以来，在过去发展成果的基础之上，交通运输基础设施对经济社会发展需求的满足和保障能力逐步提升，特别是改革开放 30 年后到 40 年间，交通运输发展规划更注重未来发展的战略性和前瞻性，强调交通运输对经济社会的支撑引领作用。规划不再是各种运输方式规划的简单叠加，而是统筹多种运输方式协调发展、合理衔接从而实现资源精准配置，实现交通运输领域全面发展。

（三）规划目标日益多元，主动引领理念凸显

交通运输规划发展目标由单一逐步转向综合。在改革开放的前 30 年，交通运输发展主要是围绕构建运输网络进行。随着网络框架逐步形成，特别是近十年来，战略规划目标不再局限于设施与运量规模增长，而是更强调对经济社会整体效益和质量的支撑与引领，规划突出对重大战略、重大矛盾、重点问题的解决处理，根据所处阶段特征和主要矛盾，明确发展目标，提升规划的针对性、指导性，强调与时俱进、因势利导、因地制宜，注重规划的可操作性。

三、交通运输规划体系形成的经验

改革开放 40 年来，我国交通运输发展取得了令世界惊叹的"中国速度"，基础设施和技术装备水平大幅提升，服务能力显著增强，这都离不开规划的指导和保障。在这一过程中，我国也逐步形成了

富有中国特色的规划发展经验。

（一）不断完善规划理念与体系

适时调整规划理念和机制。这是我国计划规划发展的核心特点并始终贯彻于交通运输规划过程中。改革开放 40 年来，我国交通运输规划"预见性"不断提升，规划"调控"和"指导"不断协调，规划的导向作用不断增强。

强化规划目标的精准性。从单纯量化目标转变为"兜底红线"性质的硬约束和体现发展方向预期性软指标的"软硬"结合。紧抓交通运输领域发展的主要矛盾和重点领域，对经济社会发展和人民关心的重点问题做出回应，设定相应规划目标。

完善规划内容与体系构成，形成规划"组合拳"。根据交通运输领域涵盖内容众多等特点，构建了长短结合、总分协调的规划体系，形成整体优势。

加强规划衔接，形成合力。围绕交通运输功能和作用，通过不断调整规划内容，保持与经济发展要求相互匹配，并结合实际需求变化进一步提升支撑引领作用。依托综合交通运输体系规划统筹分行业分领域规划，实现分方式规划间的脉络串联，汇成源源不断的发展合力。

（二）规范规划制定程序与评估机制

为保障规划顺利实施，形成了一套较好的规划制定、执行与评估机制。

形成研究、评估、调整的动态模式。强化前期研究储备，深入分析重点问题，对于集中存在的潜在问题进行深入研究，为规划编制提供了有力支撑。同时，在规划实施过程中加强评估，总结和反馈具体情况，建立动态调整和修订机制，对预期性和约束性目标进行适时调整，提高规划实施的合理性和可操作性。

建立有效的规划实施保障机制，增强了规划体系的执行力和约束力，完善和加强规划衔接与协调。将规划作为项目推进的重要依据。营造规划实施的有利条件，在规划中设置专门章节指导规划实施，围绕对接和落实，加强规划组织实施，健全政策支持体系，强化组合政策支持保障。

（三）形成绿色智慧融合发展规划

交通运输作为经济社会发展中重要的服务性行业，需要根据经济社会发展变化不断顺应新需求。经过 40 年发展，交通运输规划对于日益凸显的绿色化、智慧化、融合型发展的响应和保障能力不断提升。以综合交通运输体系规划为例，不仅通过完善综合运输网络使交通运输能更有效地与我国产业布局相适应，为高质量发展提供支撑，还针对新经济新业态发展，转变综合运输体系规划发展模式和路径，在绿色发展、信息化智慧化、融合发展方面，通过运输结构调整、新技术应用和管理模式创新等内容的改进和完善，推动交通运输与经济社会深度融合发展。

四、规划体系制定发展趋势

总结改革开放 40 年来我国交通运输规划发展，可以发现仍然存在不少问题，在未来的发展中有待进一步破解。

一是拓展规划视野。跳出传统交通运输自身发展角度，从经济社会整体发展出发，充分将交通运输发展与产业布局、经济运行、城镇建设、进出口贸易以及生态环境等相结合，提高规划站位。

二是明确规划内容的边界与层次。整体来看，我国交通运输规划体系日益丰富，但多层次的规划在内容、范围等方面也形成彼此间的穿插和交叉，专项规划不够"专"，综合规划"散而平"，需要进一步明确规划内容和界面，提升规划的指导能力。

三是提升交通运输规划领域全域的引导能力。改革开放40年来，基础设施建设发展始终是规划中的主要内容，重设施轻服务、重建设轻运行的情况仍然存在。随着我国综合交通运输网络逐渐成型、新时代人民美好生活需要日益增长，以往着墨较少的服务、组织、运行等方面是未来需要重视的重点领域。

四是规避规划中的路径依赖，彰显"道路自信"。改革开放40年来，我国交通运输规划主要围绕基础设施建设和布局，指导我国交通运输快速发展，成为交通大国。但着眼新时代新要求，从交通大国转向交通强国，也需要依托规划引导适时转换发展路径，跳出以往发展路径依赖的"舒适区"，全面提升交通运输发展水平，建成交通强国。

第六章 交通投融资体制与政策

为满足我国经济社会快速发展带来的日益增长的运输需求，交通基础设施网络需要不断扩大规模、完善功能和提档升级，这在很大程度上依赖有效的投融资体制与政策。改革开放 40 年来，我国交通基础设施投资主体由集中统一向属地化和企业化过渡，资金来源由单一财政向土地等融资再向多元化融资演进，而政府投资体制始终发挥保障和兜底作用。通过以预算外资金为媒介、融资平台为载体形成的诸多融资创新，配合交通专项基金发挥的基础性作用，推动了我国交通的跨越式发展，形成了交通投融资的"中国方案"。当前，面临的问题和形势要求交通基础设施进一步增强自身滚动发展的能力，形成支撑交通强国建设的新型投融资体制机制。

第一节　交通基础设施投融资体制改革总体脉络

改革开放以来，我国交通基础设施建设在成功的投融资体制机制保障下，取得了举世瞩目的成就，适应和支撑了经济社会发展。改革开放 40 年来，在不同的经济社会发展阶段，交通投融资体制机制都很好的解决了"钱从哪来""谁来投资""怎样投资"三大问题，即在融资来源、投资主体和投融资模式三个方面形成了良性的循环模式。

一、资金来源由财政向土地再向多元化演进

从资金来源看，我国交通投资的资金来源总体遵循了由财政向土地再向多元化演进的脉络。在改革开放的头几年，交通投资高度依赖中央政府和地方政府的财政预算内资金。基于交通发展的迫切需要和财政资金的有限性，当时属于预算外资金的能源交通重点建设基金、车辆购置附加费、港口建设费等多项交通政府性基金陆续开征，同时这些政府性基金也成为当时银行贷款的信用保证，这些财政资金是进入21世纪前我国交通投资的主要来源。随着财税体制的规范化，政府性基金逐渐从财政预算外转为预算内，拨付方式也从中央直接投资改为专项转移支付，地方政府及其所属企业陆续成为实质上和名义上的投资主体，但地方财政也远不足以提供交通发展所需的资金，需要寻找新的预算外资金来源。伴随着城镇化进程的加快，土地成为这种资金来源的最佳选择，土地及其所产生的信用在接下来十余年中扮演了核心角色。近年土地资源的逐渐稀缺和融资环境的逐步限制，加之对土地出让的监管也愈发严格，依赖"土地财政"支撑交通高速发展的作用有所降低，PPP和交通产业基金作为新的预算外资金成为交通发展资金的重要补充，并借助逐渐发达的资本市场不断丰富新的项目融资工具，从资金来源的比例上基本形成多元化来源的格局。

二、投资主体由集中统一向属地化和企业化过渡

从投资主体看，我国交通投资主体总体遵循了由集中统一向属地化和企业化过渡的脉络。在20世纪80年代中期以前，除了公路

领域，交通其他领域都是高度集中，由中央政府部门直接管理的。随着 20 世纪 80 年代中期和 21 世纪初两轮较大规模的放权和"政企分离"改革，地方政府分阶段成为收费公路、港口、机场等交通基础设施的所有者，这大大激发了地方政府的发展动力。但地方政府很快意识到，对于交通的发展诉求难以完全通过自身力量来实现，并且随着市场经济体制的进一步明确，"政企分离"和政府职能转变等使政府不能再直接进入市场运作项目，必须成立代表其意志的企业来负责项目具体运作。因此，我国交通投资主体的属地化和企业化改革几乎是同时进行的。地方政府所属企业在 21 世纪初就均成为公路、港口、机场名义上的投资主体和法人，而铁路在 2013 年"政企分离"后，中国铁路总公司作为企业成为投资主体。

三、政府投资始终发挥主导作用

从投资角度看，我国政府投资始终发挥主导作用，只是在不同阶段"政府投资"的内涵不同。在以财政投资为主的交通投资体制时期，政府既是实质上的投资主体，也是大部分项目名义上的投资主体，因为此时政府既要通过财政资金投资，贷款也以政府信用为直接保证，还要负责交通项目全流程运作。在以融资平台为主的投融资体制时期，几乎所有项目政府都已不是名义上的投资主体，而是退居幕后，成为交通项目的发起者、决策者和监管者，并通过成立所属融资平台，由融资平台作为名义上的投资主体，负责融资、建设和运营等工作。十八大以后，地方融资平台政府融资功能被逐渐限制，PPP 作为一种新的投融资模式大量应用于交通项目，政府是交通 PPP 项目的参与者和监督者，但在幕后依然也是发起者和决策者。虽然部分项目名义上的投资主体和法人从融资平台转移到了社会资本或项目公司，但政府仍会通过融资平台代表政府方对项目产生决定性影响。

四、坚持市场化融资主线

从融资角度看，我国交通市场化融资的主线没有发生变化，其中以三轮较大幅度的属地化和放宽准入条件为标志，这类改革带来的必然是融资管制的放松。第一轮是 80 年代中期开展的初步属地化和对内对外开放，铁路、公路、港口和机场"以路养路、以港养港"的交通发展模式初步形成，内外资大举进入交通领域，使合资铁路、利用外资、发行股票等融资渠道成为交通发展资金的新来源和对财政资金的有益补充。第二轮是 2000 年左右开展的进一步属地化和对内对外开放，地方完全成为公路、港口、机场基础设施的所有者并取消这些领域大部分内外资准入限制，大大激励了地方发展的内生动力，很快完成投资主体的企业化改革，极大拓展了利用融资工具的深度和广度，债务融资的占比开始快速上升，企业债券成为对银行贷款的重要补充。第三轮是 2013 年前后的全面开放，铁道部完成"政企分离"和铁路对内对外全面开放标志着交通领域已基本取消内外资准入限制，并全部完成企业化改革。伴随着 PPP 的快速发展，很多项目的名义投资主体已经从融资平台转移到社会资本，同时交通产业基金的兴起，使地方政府又找到了表外融资的新渠道。

第二节　交通基础设施投融资体制政策演变

从交通基础设施投融资体制政策具体的演变过程看，在改革开放前的计划经济时期，我国交通基础设施建设都是按计划由政府进行投资建设，政府是唯一的投资主体，固定资产投资是典型的行政行为。铁路、港口、机场等基本上都是中央统一安排投资建设；公路由地方政府负责投资，国家仅对国防公路有少量资金安排，地方政府由于缺乏资金来源，主要挤用养路费和靠民工建勤、民办公助的方式实施建设。改革开放后，交通基础设施投融资体制政策先后经历了以财政投资为主、以融资平台为主、多元投资并存的三个时期。

一、以财政投资为主的投融资体制（1978—1997 年）

伴随着财税体制和投资体制的改革，以"拨改贷"和"利改税"为标志，我国交通投资不再是财政全额投入，同时开始征收交通建设基金，为交通发展奠定了基础。公路允许收费还贷，港口、机场基础设施先后第一轮属地化和"政企分离"，为调动地方积极性消除交通瓶颈发挥了巨大作用，初步形成了"以路养路、以港养港"的交通循环发展模式。在交通初步开放和放松管制的政策下，内外资本大举进入交通基础设施，拓展了融资工具，使交通投资保持稳步增长的趋势。在此阶段，交通投融资体制仍是中央和地方政府的财政直接投资和信用为主。

（一）"拨改贷"和"利改税"拉开了交通投融资体制改革序幕

我国交通投融资体制改革是以国家财税体制和投资体制改革为序幕的。改革开放后，我国开始进入"以计划经济为主、市场调节为辅"的阶段，指令性计划减少，指导性计划增多。伴随着这一改革总基调，我国财税体制和投资体制开始出现重大变化，中央财政采取有偿使用方式对交通基础设施建设进行投资。

财税体制方面，1980 年开始实行"分灶吃饭"的财政包干体制，改变了新中国成立以来由中央集中"统收统支"的财政分配体制，出现了中央和地方两级利益主体，并逐步衍生出多种类型的财政包干体制，使地方的财权得到大幅增强。1981 年，在铁道部等单位实行第一步"利改税"，将国有企业的上交部分利润改为缴纳所得税，采用税利两种形式上交利润，其余留归企业，这调动了国有运输企业的积极性。1985 年，开始全面实行第二步"利改税"，由"税利并存"过渡到完全"以税代利"，同时在铁路实行"大包干"，不交所得税、营业税率下降为 5%，其他运输企业实现的利润上交55% 的所得税。

投资体制方面，1980 年开始在基建项目中试点"拨改贷"，基建投资由原来的国家无偿拨款改为有偿贷款，虽然在本质上这种需要偿付本息的贷款资金仍属于财政资金，但这已标志着交通投资不再是财政无偿全额投入。1983 年，基本建设项目开始实行包干经济责任制，对建设项目实行建设规模、投资总额、建设工期、工程质量和材料消耗包干的权责利结合的制度，转变了全部由上级统一安排的投资管理模式。从 1985 年起，凡是由中央预算安排的基建投资全部由财政拨款改为银行贷款。

"利改税"和"拨改贷"等财税和投资体制改革为当时提升地方政府和国有企业交通投资能力和效率提供了体制保障，使地方有了发展本地区交通基础设施建设的内在经济动力和能力，初步实现交通行业的滚动发展。

表 6-1　改革开放前 10 年与交通相关的主要财税体制与投资体制改革

类别	举措	开始时间
财税体制	"划分收支、分级包干"财政体制	1980 年
	第一步"利改税"	1981 年
	第二步"利改税"	1985 年
	"划分税种、核定收支、分级包干"财政体制	1988 年
投资体制	试点"拨改贷"	1980 年
	基本建设项目实行包干经济责任制	1983 年
	全面"拨改贷"	1985 年

数据来源：本报告搜集整理。

（二）交通政府性基金成为预算外资金的重要来源

进入 20 世纪 80 年代后，我国经济增速加快，交通供给与运输需求的矛盾越来越突出，"以运定产"的现象越来越多。尽管交通行业开始了"拨改贷""利改税"等一系列改革，但物价上涨而运价不变，交通行业自身积累能力较差，建设资金依然短缺。为加快交通建设，我国开始通过收取交通政府性基金以扩大资金来源。

1983 年开征能源交通重点建设基金，对事业单位和国有企业部分预算外资金和留存利润的 10%—15% 作为该基金的主要资金来源，在开征的 13 年时间里，该基金收入平均每年占财政收入的 7%，为当时交通发展发挥了重要作用。1985 年国务院先后批准从次年开始征收车辆购置附加费和港口建设费，车辆购置附加费按销价 10% 的标准计征并沿用至今，港口建设费针对沿海和长江沿线港口货物吞吐征收，分别主要用于公路和港口建设。

1991—1993 年陆续开征铁路建设基金、内河航道养护费、机场管理建设费、民航基础设施建设基金。铁路建设基金针对货物运输每吨公里征收 0.2 分，随后又三次提高征收标准，到亚洲金融危机前，铁路建设基金每年占铁路投资一半以上，成为铁路建设最重要和最稳定的来源。内河航道养护费针对运输船舶运费收入8%计征，主要用于内河航道养护。机场管理建设费和民航基础设施建设基金（简称"一费一金"）分别针对乘坐国内航班的旅客和航空公司运营收入征收，基本用于机场建设。

这些政府性基金虽然当时大都为预算外收入，但都具有显著的财政资金性质，作为国家对交通设施建设项目投入的专项资金，同时也成为银行贷款的信用保障。这些资金构成了我国交通专项资金体系的雏形，自此交通专项资金更多的是在内部完善和整合，没有再实质性新开征交通政府性基金。

表6-2 主要交通政府性基金开征与演变

序号	名称	开征时间	现状
1	养路费	1950 年	2009 年起与其他五项规费合并为燃油税
2	能源交通重点建设基金	1983 年	1996 年起取消
3	车辆购置附加费	1986 年	车辆购置税
4	港口建设费	1986 年	港口建设费
5	铁路建设基金	1991 年	铁路建设基金
6	内河航道养护费	1992 年	2009 年起与其他五项规费合并为燃油税
7	机场管理建设费	1991 年	2012 年起合并为民航发展基金
8	民航基础设施建设基金	1993 年	

数据来源：本报告搜集整理。

（三）"以路养路、以港养港"交通滚动发展模式初步形成

与开征交通政府性基金同步，交通各领域也都在探索自身投融资模式的转变。1984 年，中共中央通过《关于经济体制改革的决定》，我国开始实行有计划的商品经济，实现政企职责分开，建立多种形式的经济责任制。在这份总纲引领下，交通领域以"经济承包责任

制"为核心，公路、港口、铁路、机场领域先后开展了不同程度的
"以路养路、以港养港"改革，力争提高政府投资效益，通过投融资
"内外同步"改革实现交通持续滚动发展。

公路领域率先且较为彻底地进行了"以路养路"改革。1984 年底，
国务院做出"贷款修路、收费还贷"的重要决定，允许通过集资或
银行贷款修建收费公路，并对通过收费公路的车辆收取过路过桥费，
用于偿还贷款。这打破了单纯依靠政府财政发展公路的体制，极大
地激发了地方发展公路的积极性。很快我国第一条收费高速公路开
工建设，随后还出现了中外合资合作建设公路。

同样进行较为彻底改革的是当时的铁路"大包干"改革。1986 年，
国务院批准了"七五"期间铁道部实行"投入产出、以路建路"的
全行业经济承包责任制，包括运输生产、基本建设以及机车车辆制
造等在内的全面承包，铁道部向中央包干，路局向铁道部包干，将
铁路部分收益留存行业内部，并给予税收优惠、"拨改贷"免息等支
持政策，铁路由"国有国营"向"国有路营"转变，在当时激发了
路局的积极性，减轻了铁路对中央财政的过度依赖。但与公路领域
取得较好效果不同的是，当时在物价上涨较快而铁路运价不涨的背
景下，铁道部留存收益和投资并未实现之前的预想，原本下放的权
限不久又都收归铁道部。

港口领域伴随着第一轮属地化进行了较大幅度的"以港养港"
改革。1986 年开始，在之前天津港试点的基础上，我国沿海和长江
干线 37 个港口陆续由中央直属转为中央与地方政府双重领导、以地
方政府为主的管理体制。在地方具有主导权限的条件下，港口开始
全面实行"独立经营、以港养港、以收抵支"的财务包干制度，收
大于支定额上交，支大于收定额补助，转变了中央统收统支的财务

模式。但这轮改革中不彻底之处在于当时港口并未进行"政企分离"改革，基本建设投资仍由交通部系统负责筹措，在建设投资不断放大的情况下，随后即出现了较大的资金缺口。

与港口不同，民航领域的"以港养港"是伴随着第一轮"政企分离"改革。1986 年，在民航总局从空军代管改由国务院直接领导的基础上，国务院确定民航改革实行"政企分开"，机场与地区管理局、航空公司分开，各地民用机场均为企业，实行服务收费制度。允许地方政府和国内企业创办航空公司和投资建设机场，打破了单一由中央政府投资建设机场的模式。但此轮改革民航领域没有进行属地化改革，大部分地方对发展民航的积极性并没有得到根本性提升。

伴随着第一轮"属地化"和"政企分离"改革，交通各领域"以路养路、以港养港"效果迥异，公路较为成功，港口、机场领域效果尚可，而铁路则效果不佳，公路投资规模从 1992 年开始超过铁

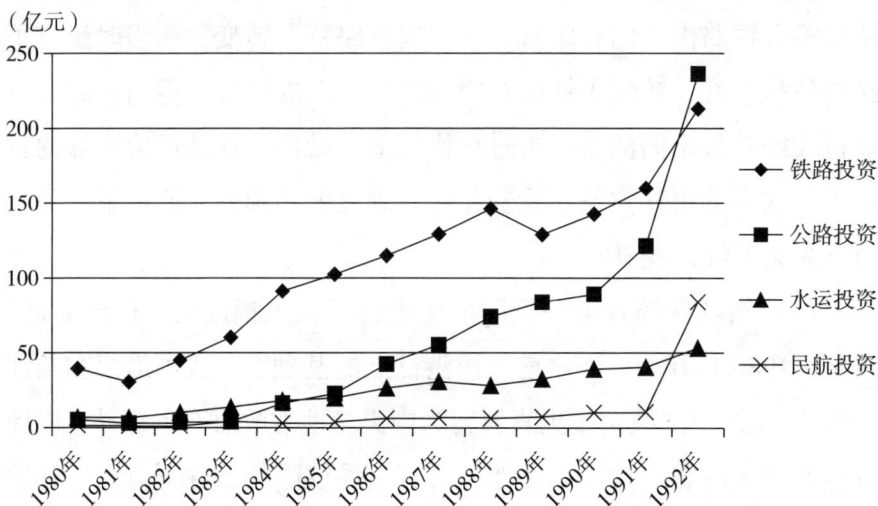

图 6-1　1980——1992 年我国交通基础设施投资规模

数据来源：根据相关统计数据整理。

路，自此成为我国交通投资占比最高的领域（见图 6-1）。更重要的是，"以路养路、以港养港"的交通滚动发展模式初步形成，"谁受益、谁付费"的交通投资理念开始深入人心。

（四）初步开放和放松管制拓宽了融资渠道

1992 年，以邓小平南方谈话为标志，在全国范围掀起了一股民营化的浪潮，交通领域也不例外。在"以路养路、以港养港"的激励下和收取交通基金的保障下，20 世纪 90 年代开始，以初步开放为主线，交通领域开始建立企业制度为主导的投融资改革，逐渐扩大了资金来源渠道，初步促进了产业化发展。

1992 年，国务院批准了中央和地方合资建设铁路的政策，提出投资各方按投资比例组成合资公司，共担风险、分享利益。国家对合资铁路实行特殊运价等优惠政策，合资铁路公司自主经营、自负盈亏、自偿本息和自我积累。合资铁路政策的实施激励了地方的积极性，促进铁路建设速度的加快，几年内先后有 10 余个合资铁路项目开工建设。合资铁路政策在 20 世纪 90 年代虽然没有成为铁路投融资模式的主流，但在这一时期，合资的项目公司作为主体负责投融资的模式直接改变了铁道部作为铁路唯一投资主体的局面，使铁路开始走上产业化发展的道路。

同年，交通部提出按照"谁投资、谁建设、谁使用、谁受益"的原则，鼓励货主与港务局合建公用码头，支持地方自建、合建并经营码头，鼓励中外合资建设并经营公用码头泊位，允许外商独资建设码头。在政策的支持和鼓励下，社会资本和外资开始大范围参与港口建设与经营，有的直接投资建港，有的以股份制合作形式参与港口建设与运营。短短几年内，香港和记黄埔、新加坡港务集团、马士基等境外企业先后在大连、秦皇岛、天津、青岛、上海、宁波等港口投资港口码头。

1993 年，国务院批准中央政府或地方政府可独资或联合投资建设机场飞行区、机场候机楼等机场设施，允许民间资本参与投资，但国有资本要占控股地位。次年，国家开始允许外商以合资、合作方式在我国投资建设民用机场，但同样中方出资要占控股地位。在政策引导和民航"一费一金"的支撑下，机场投资形成了由"一费一金"和中央预算内资金为主导，企业自筹、贷款、利用外资为补充的投资结构。

这一时期的初步开放和放松管制的政策，使国内外资本大举进入交通基础设施，同时也带来了融资工具的丰富，利用外资、发行股票等融资渠道成为交通发展资金的新来源，也使这一时期成为融入外资和上市融资最活跃的时期，以财政投资为主的投融资体制得到了一定的有益补充，交通投资占基础设施总投资比例稳步上升。

表 6-3 20 世纪 80—90 年代交通运输企业上市融资和利用外资的主要案例

融资方式	时间	内容
上市融资	1993 年	深赤湾 A、B 股、珠海港在深圳证券交易所上市
	1996 年	粤高速 B 股在深圳证券交易所上市；广深铁路、皖通高速在香港联合交易所上市；天津港在上海证券交易所上市
	1997 年	盐田港、东莞控股在深圳证券交易所上市；宁沪高速、浙江沪杭甬高速、四川成渝高速在香港联合交易所上市
	1998 年	上海机场在上海证券交易所上市
	1999 年	华北高速、东北高速在深圳证券交易所上市、厦门港务在深圳证券交易所上市
利用外资	1987 年	京津唐高速公路利用世界银行贷款；广深高速与香港合和集团合作
	1988 年	广佛高速与香港珠江船务公司合作

续表

融资方式	时间	内容
利用外资	90 年代	大连、秦皇岛、天津、青岛、上海、宁波等港口引进香港和记黄埔、新加坡港务集团、马士基等企业投资集装箱码头
	1992 年	金温铁路与香港联盈兴业公司合作

数据来源：本报告搜集整理。

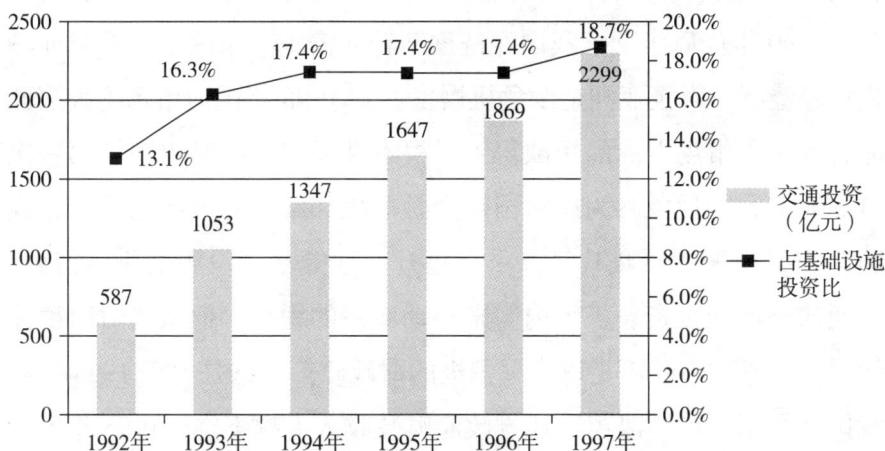

图 6-2 1992—1997 年我国交通基础设施投资规模

数据来源：根据相关统计数据整理。

二、以融资平台为主的投融资体制（1998—2012 年）

20 世纪 90 年代开始，交通融资平台先后作为公路、港口、机场和铁路项目的投融资主体登上历史舞台，在 1998 年亚洲金融危机之后开始快速发展，在 2008 年世界经济危机后发展到空前规模，但仍以土地信用为代表，交通发展带有明显的政府投资特征，政府是退居二线的操作者。港口、机场开始进行第二轮属地化和"政企分离"改革，铁路也成立融资平台形成统贷统还，同时交通各领域均实施更大程度的开放政策，带动了交通投资的快速增长。融资平台的发展是融资工具多元的直接原因，同时融资工具多元化必然伴随市场化进程的推进。

（一）亚洲金融危机下公路融资平台开始发展

20世纪80年代末到90年代初，作为投融资体制改革的产物，我国个别地方陆续成立了投融资平台，但当时只是处于零星发展的时期。90年代后半期，我国经济逐渐转入需求约束阶段，并全面融入世界经济，直至亚洲金融危机爆发。到1998年国内市场绝大多商品转入买方市场，商品短缺得到了根本性逆转，同时出现了第一次全面通货紧缩现象。为应对国际金融危机和解决有效需求不足，我国实施了积极的财政政策，重点提升交通等基础设施的供给能力，以期通过增加投资、扩大内需来拉动经济的增长。但从当时财税体制看，地方财力并不足以支撑积极的财政政策。这是由于1994年后我国进行了分税制改革，地方政府财政收入大幅下降，1995年实行的《预算法》又明确规定地方政府不得进行赤字预算或债务融资，而且中央在为基础设施建设项目提供资金支持的同时，地方政府同样需要安排配套资金。这就使得地方政府需要在财政预算体系外寻求"资本运作"以支持发展，但这种"资本运作"又不能脱离其控制。在这样的背景下，地方政府的融资平台开始了第一次规模化的发展。

交通投融资平台是以收费公路领域带头逐步拓展的。1996年《公路经营权有偿转让管理办法》和1998年《公路法》施行，对公路经营权的概念予以明确，对公路收费权的转让以法律形式予以确立，使收费权可作为质押形式向国内银行申请质押贷款。随后，各省市纷纷设立专门的公路投融资平台，按照政府的投资导向，承担授权范围内公路基础设施建设项目的筹资、投资、建设、运营任务。

2004 年国务院颁布《收费公路管理条例》，不仅确认了公路收费制度，同时对公路收费等权益进行了原则性规定。很快，收费公路在既有的"贷款修路、收费还贷"基础上，通过交通投融资平台的运作，国债、外国政府贷款、银行信贷、信托、债券、项目融资、股权转让、集资入股、BOT、BT、TOT 等融资工具和建设模式得到广泛应用，基本形成了自身滚动发展模式，并在接下来 10 余年得到了高速发展（专栏 6-1）。交通投融资平台运作模式初步确立了交通基础设施建设投融资滚动发展的新机制，投融资体制开始发生深刻变化。

专栏 6-1 国内最早的省级交通投融资平台发展[①]

江苏交通控股有限公司是国内成立时间最早的省级交通投融资平台公司。2000 年，以宁沪高速公路股份有限公司为核心资产，整合省内高速公路经营企业，组建了江苏交通投资公司。从 2000 年到 2008 年，公司从总资产规模 200 亿元、净资产 98 亿元，发展到总资产 1690 亿元，净资产 414 亿元，资产规模占到了江苏省属国有企业的 45%，运营的高速公路从 300 公里发展到 3700 公里。2016 年，公司全口径实现经营收入 433.8 亿元、利润总额 110.58 亿元、纳税总额 41 亿元，其中利润总额占整个省属企业利润总额的 34%，资产总额、净资产、利润总额在江苏省属非金融企业中名列第一。

（二）铁路酝酿改革成立融资平台形成统贷统还

1999 年，在经过一年试点后，铁路开始全面实行"资产经营责

---

① 童玮、许峰：《交通投融资平台的后市场化转向》，《中国公路》2012 年第 8 期。

任制"改革。铁道部再次将部分权限下放到各地路局，在允许地方自主经营的情况下，以是否能自负盈亏来考核地方路局领导。"资产经营责任制"虽然效果不佳很快又被取消，但使当时包括投融资在内的铁路财务模式发生了很大变化。

铁路投融资体制实质性变化是在 2004 年后。2004 年 7 月，投融资体制改革迎来了里程碑，国务院首次系统性颁布《关于投资体制改革的决定》，强调确立企业在投资活动中的主体地位，规范政府投资行为，放宽社会资本的投资领域。这对市场化改革还相对滞后的铁路领域无疑是一针"强心剂"。随后 2004 年的《外商投资产业指导目录》中，铁路干线路网的建设和运营被列入鼓励外商投资发展类的项目，虽然这个阶段仍要求铁路项目由中方控股，但这是首次在制度上允许和鼓励外商投资铁路。同年，中国铁路建设投资公司作为铁路的投融资主体改组成立，代表铁道部履行铁路大中型建设项目出资者代表职能。自此铁路形成了以铁路建设基金作为资本金、铁道部"统贷统还"的投融资体制并沿用至今。此后，铁道部陆续与 31 个省签订合资建设铁路的部省协议，形成了省部共建模式，以"省部共建"为核心的合资铁路自此取得更快的发展。2005 年，铁道部进一步出台政策，为非公有资本进入铁路提供政策法规支持和保障。

铁道部融资平台的成立是铁路投融资体制改革的重大举措，铁路投资规模在 2005 年结束了之前多年的徘徊，同比增长达到53.2%。2006 年就筹备组建合资铁路公司 8 个，协议吸引社会资本 200 亿元。铁路投资规模迅速攀升，2010 年达到历史峰值8427 亿元。

（亿元）

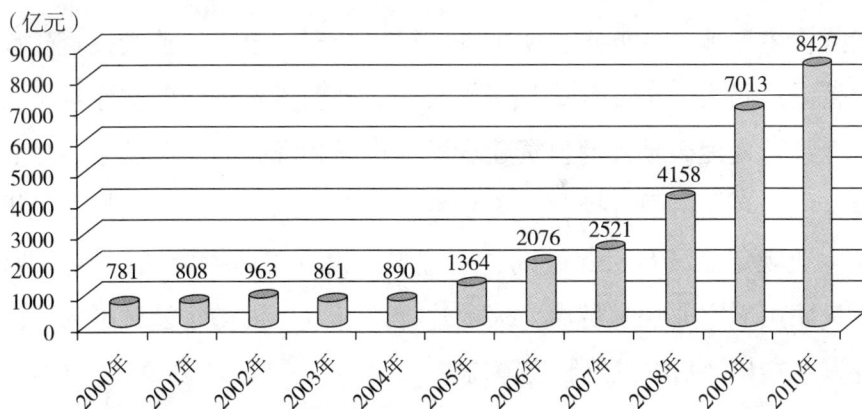

图 6-3　2000—2010 年我国铁路基础设施投资规模

数据来源：根据《铁道统计公报》整理。

（三）港口机场属地化管理带动地方投资

进入 21 世纪，港口和机场同步进行了较为彻底的属地化和"政企分离"改革。2001 年，国务院批准将由中央管理的秦皇岛港以及中央与地方双重领导的港口全部下放地方管理，对港口管理体制提出了"政企分开"和"一城一港一政"的改革。由港务局负责港口总体规划和监督管理，各港口企业不再承担行政管理职能，发展成为港口集团，承担融资平台和具体建设运营任务；财务上取消港口企业定额上缴、以收抵支的"以港养港"政策，改为"收支两条线"，适当提高各港港口建设费的留成比例。与港口改革类似，2002—2004 年绝大部分民用运输机场实行属地化管理，机场发展成为机场集团，负责民用机场的融资、建设和运营，民航局实行行业管理，承担对行业发展实行调控的政府职责。至此，我国港口和机场的投资主体已基本完成企业化改革。

同时，港口和机场领域全面对内开放投资，港口全面对外开放。2002 年的《外商投资产业指导目录》取消了港口公用码头中方控股或占主导地位的要求，明确外商可以合资、合作、独资投资建设经营港口码头。2002 年，国务院批准《外商投资民用航空业规定》，从允许转变为鼓励外商投资建设民用机场和现有的公共航空运输企业，但仍必须由中方控股。2005 年，民航总局发布《国内投资民用航空业规定（试行）》，鼓励、支持国内投资主体投资民用航空业，促进民用航空业快速健康发展。这样，港口、机场建设对国内、国外资本参与已基本没有制度障碍。

在这一时期，我国港口和机场完成了较为彻底的属地化和"政企分离"改革，同时实施了很大程度的开放政策，极大地激发了地方和内外资的投资热情，特别是港口码头基于较为彻底的属地化和投资开放，迎来了建设发展的黄金期。到 2010 年，水运和民航基础设施年投资额分别是 2000 年的 8.6 倍和 4.7 倍，成为这些领域投资增速最快的一段时期，投资增量也正是主要来源于地方港口和机场集团成为投资主体后的自筹资金。

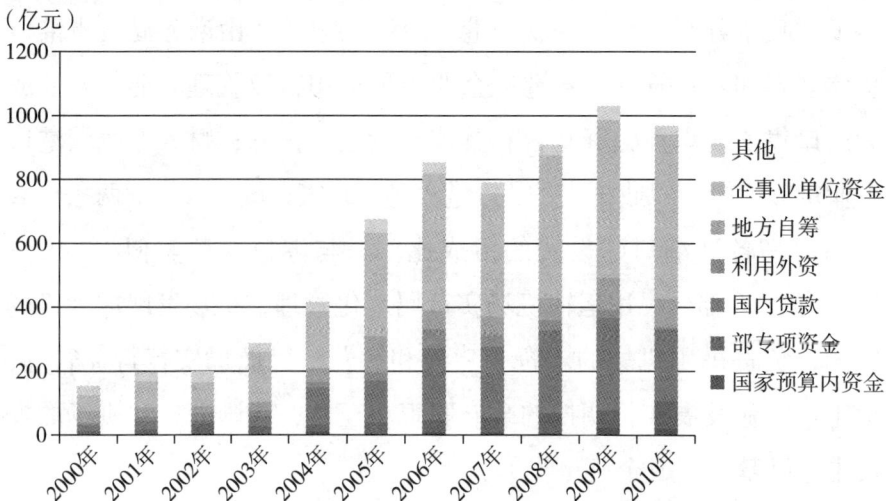

图 6-4　2000-2010 年我国水运基础设施投资规模及来源

数据来源：根据《交通运输统计年鉴》整理。

（四）2008 年金融危机后交通等融资平台达到鼎盛

亚洲金融危机后，地方融资平台第一轮发展期间，当时还主要以财政信用作为媒介进行融资，而基于地方财政的有限性，决定了这种融资方式只能维持一个有限的规模。2000 年以后，在地方发展交通的积极性高涨背景下，地方融资平台融资信用的媒介发生了很大变化。在 1994 年分税制改革时，虽然地方税收收入大幅下降，但土地收入划给了地方。伴随着高速城镇化进程和土地招拍挂制度的建立，"土地信用"逐渐取代"财政信用"成为交通投融资的媒介，融资平台也在"土地信用"的实践中形成了较为成熟投融资模式。融资平台除了向银行贷款外，也逐渐形成了具有中国特色的"企业债券"，这种区别于"公司债券"的发行主体主要就是各地方的基础设施投融资平台公司。

2009 年，在我国应对全球金融危机的 4 万亿投资刺激政策出台

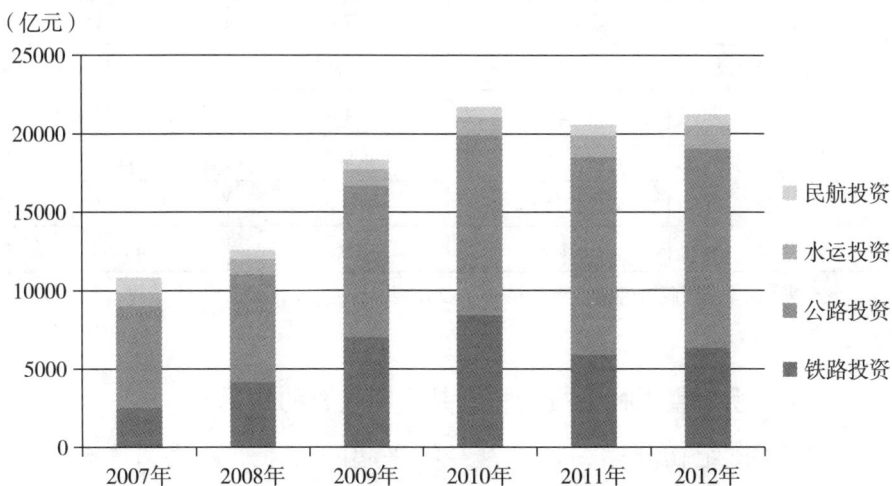

图 6-5　2007—2012 年我国交通基础设施投资规模

数据来源：根据相关统计数据整理。

后，地方交通等投融资平台发展达到鼎盛。各商业银行纷纷宣布将积极支持国家重点基础设施建设，以公路为代表的交通融资平台数量和贷款余额迅速增长，甚至很多县级交通融资平台纷纷成立，带动交通投资大幅增长。不过，融资平台在使自身发展达到鼎盛的同时，也使得政府债务规模迅速膨胀。截至 2013 年 6 月，融资平台在地方政府性债务中占比达到 40%，交通运输在地方政府性债务中占比达到 1/4。

表 6-4　截至 2013 年 6 月地方政府性债务余额支出投向情况表

债务支出投向类别	政府负有偿还责任的债务（亿元）	政府或有债务（亿元）	
		政府负有担保责任的债务	政府可能承担一定救助责任的债务
市政建设	37935	5265	14830
土地收储	16892	1078	821
交通运输设施建设	13943	13189	13795
保障性住房	6852	1420	2676
教科文卫	4879	753	4094
农林水利建设	4086	580	768
生态建设和环境保护	3219	434	886
工业和能源	1227	805	260
其他	12155	2110	2552
合计	101189	25635	40684

数据来源：《全国政府性债务审计结果》（2013 年 12 月 30 日）。

（五）逐渐重视社会投资特别是民间投资的作用

从 21 世纪初开始，在民营经济兴起的背景下，我国逐渐重视民间资本的作用，以激发投资活力。2004 年，国务院《关于投资体制改革的决定》中首次完整性地提出鼓励社会资本投资，放宽社会资本的投资领域，允许社会资本进入法律法规未禁入的基础设施领域，鼓励和引导社会资本以独资、合资、合作、联营、项目融资等方式，参与经营性的公益事业、基础设施项目建设。2005 年，国务院发布《关于鼓励支持和引导个体私营等非公有制经济发展的若干意见》（俗称"非公 36 条"），提出加快垄断行业改革，在铁路、民航等领域引入市场竞争机制；对其中的自然垄断业务，积极推进投资主体多元化，非公有资本可以参股等方式进入。2010 年，为进一步鼓励和引导民间资本，国务院发布《关于鼓励和引导民间资本投资健康发展的若干意见》，鼓励民间资本以多种方式投资建设公路、水运、港口码头、民用机场、通用航空设施等项目，引入市场竞争，抓紧研究制定铁路体制改革方案。2012 年，交通运输部印发《关于鼓励和引导民间资本投资公路水路交通运输领域的实施意见》，继续鼓励和引导民间资本以独资、控股、参股等多种方式投资交通基础设施。

　　但在这一时期，我国鼓励民间投资并未取得预期效果。主要原

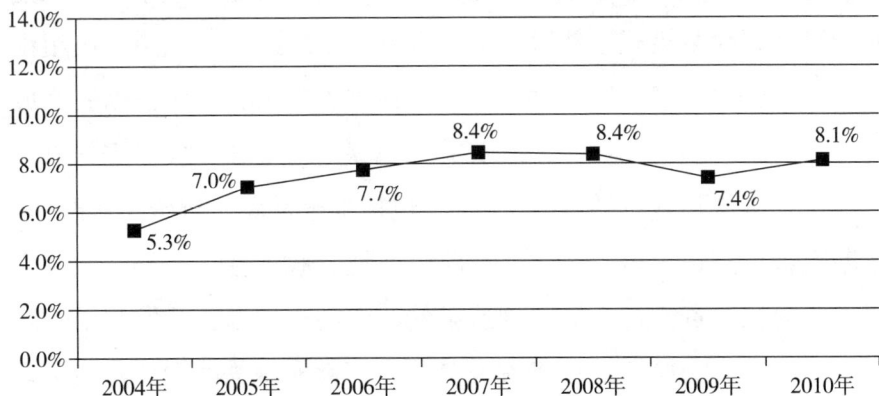

图 6-6　2004—2010 年我国非公资本占交通投资比重

数据来源：根据相关统计数据整理。

因，一方面是民间资本缺少进入基础设施领域的实际抓手和工具；另一方面，这一阶段处于交通融资平台的大发展时期，政府通过控制融资平台可相对方便简易地实施交通项目，相对挤压了民间投资的发展空间。

三、多元投资并存的投融资体制（2013 年至今）

党的十八大的召开标志着我国拉开了全面深化改革的大幕。在这个阶段，地方融资平台的政府融资功能逐渐被剥离和转型。作为一种融资工具的升级，PPP 和交通产业基金登上历史舞台，并被赋予了新的内涵，交通投融资体制正经历着新的变革。铁路率先完成一系列改革措施，投资保持高位运行；公路成为在 PPP 浪潮中获益最大的领域，在交通投资占比超过 60%；港口、机场投融资体制在这个阶段未出现大的变化。

（一）铁路公路领域完成一系列改革措施激发投资潜力

党的十八大吹响了全面深化改革的号角，交通领域中铁路率先实行一系列政策措施，并取得了一定效果。2013 年，铁道部改组中国铁路总公司，组建国家铁路局，这标志着交通各领域已彻底完成"政企分离"改革。同年，国务院印发《关于改革铁路投融资体制改革加快推进铁路建设的意见》，主要包括推进铁路投融资体制改革，不断完善铁路运价机制，建立铁路公益性、政策性运输补贴的制度安排，为社会资本进入铁路创造条件，鼓励土地综合开发利用等六个方面内容。2014 年，国务院办公厅专门就实施铁路用地及站场毗邻区域土地综合开发利用发布政策，支持盘活现有铁路用地和新建铁路站场土地综合开发，并完善土地综合开发配套政策。2015 年，五部委联合发布《关于进一步鼓励和扩大社会资本投资建设铁路的实施意见》，进一步具体提出全面向社会资本开放，拓宽投融资渠道，完善投资环境，推动体制机制创新等方面的政策。至此，除个别涉及国家安全的交通项目外，交通各领域已经全部对社会资本放开。同年 5 月开始，国家发展改革委对列入国家规划的铁路项目不再审批项目建议书，直接审批可行性研究报告；9 月，银监会发布通知，鼓励信托公司开展铁路发展基金专项信托业务创新；11 月，中国进出口银行将向中国铁路总公司提供总额 5000 亿元的授信额度，并将以国外大型项目融资经验支持中国铁路总公司实施境内外基础设施建设。

收费公路的市场化导向使其投融资一直走在交通投融资改革的前列。在 PPP 广泛推广前，收费公路就广泛存在 BOT、"BOT+EPC"等基于特许经营的政府和社会资本合作模式。2015 年，交通运输部提出《关于深化交通运输基础设施投融资改革的指导意见》，针对公路、水路领域，构建交通基础设施公共财政保障制度，积极利用社会资本参与交通基础设施建设运营，提高资金使用效率。同年，公路项目代建、设计施工总承包、建设市场管理等规章制度实施，对规范公路投资起到了较大作用。2017 年开始，收费公路领域开展试点，发行收费公路专项债券。

铁路、公路领域的一系列改革措施释放了投融资的潜力，且2015—2016 年国家设立多批次中央财政贴息的专项建设基金，带动铁路、公路投资较快增长。公路近 10 年投资额年均增长超过12.5%，铁路连续 4 年保持在历史峰值的 8000 亿元水平，成为交通领域投资活跃的两个亮点。

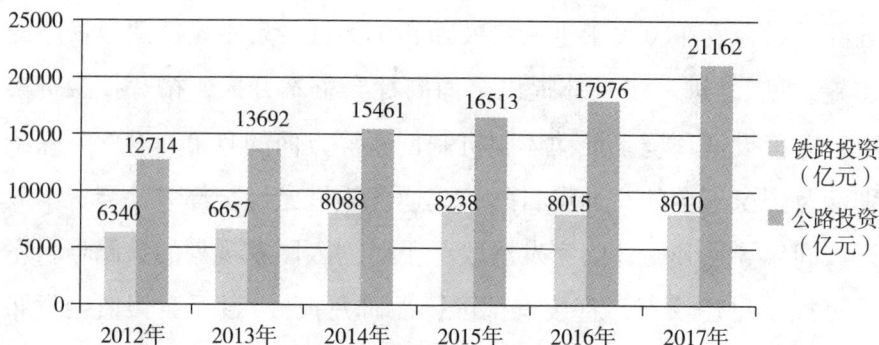

图 6-7　近年我国铁路公路投资变化情况

数据来源：根据《铁道统计公报》《交通统计公报》等整理。

（二）以 PPP 和交通产业基金为主要抓手鼓励社会投资

为进一步丰富投资主体，调动社会投资积极性，国务院在 2005 年、2010 年两次发文鼓励民间资本投资基础上，于 2014 年发布《国务院关于创新重点领域投融资机制鼓励社会投资的指导意见》，提出加快推进铁路投融资体制改革，完善公路投融资模式，鼓励社会资本参与水运、民航基础设施建设。2016 年 7 月，投融资体制改革再次迎来里程碑，中共中央和国务院首次联合颁布《关于深化投融资体制改革的意见》，进一步明确"企业为主，政府引导"的总体要求，重申"确立企业投资主体地位、完善政府投资体制、转变政府职能"、强调"充分激发社会投资动力和活力、创新融资机制"；同月，国务院办公厅发布《关于进一步做好民间投资有关工作的通知》，要求进一步调动民间投资积极性；同时，保监会出台《保险资金间接投资基础设施项目管理办法》，为险资投资基础设施项目进一步松绑。2017 年 1 月，国务院提出扩大对外开放积极利用外资的若干政策，推进交通运输等领域有序对外开放，支持外资依法依规以特许经营方式参与交通等基础设施建设；9 月，国务院办公厅再次发布

《关于进一步激发民间有效投资活力促进经济持续健康发展的指导意见》，明确提出鼓励民间资本参与政府和社会资本合作（PPP）项目，促进基础设施和公用事业建设。

近年在鼓励社会投资的进程中，PPP 成为社会资本投资交通领域的关键。2014 年 9 月，国务院《关于加强地方政府性债务管理的意见》首次明确推广使用政府与社会资本合作模式。接着，财政部《关于推广运用政府和社会资本合作模式有关问题的通知》和国家发改委《关于开展政府和社会资本合作的指导意见》陆续颁布，标志着我国开始围绕公共服务和基础设施大规模推广应用 PPP。随后，交通运输 PPP 系列政策也陆续实施。财政部、交通运输部《关于在收费公路领域推广运营政府和社会资本合作模式的实施意见》《关于推进交通运输领域政府购买服务的指导意见》，国家发改委等五部委《关于进一步鼓励和扩大社会资本投资建设铁路的实施意见》等政策先后颁布，促进了各地交通 PPP 的快速发展。从效果看，截至 2017

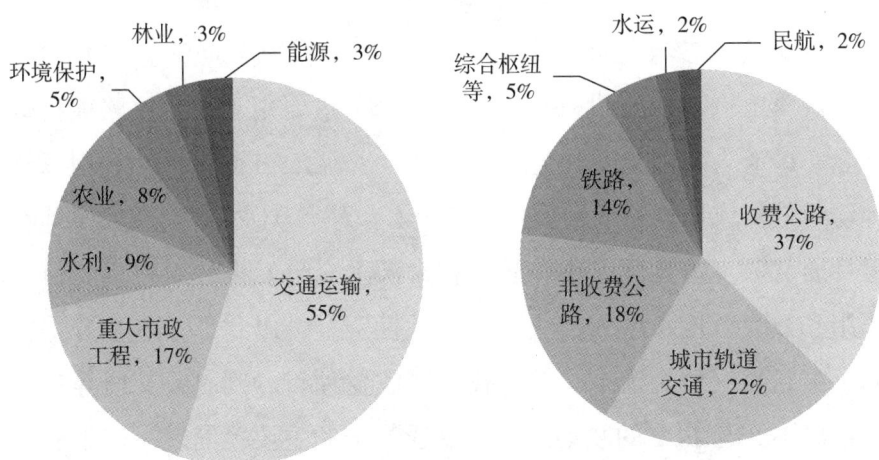

图 6-8　国家发改委项目库交通运输和各运输方式项目总投资占比

数据来源：根据国家发改委网站数据整理。

年，交通 PPP 投资都是占比最大的 PPP 领域，分别占发改委和财政部项目库总投资的 55% 和 40% 以上，而交通 PPP 示范项目更是占发改委全部示范项目总投资的 62%，成为交通发展资金的新的重要来源。

（亿元）

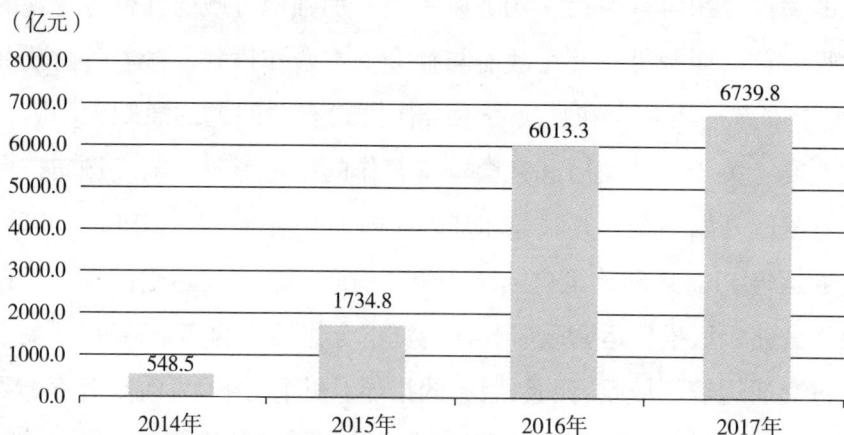

图 6-9　2014 年至 2017 年 11 月高速公路落地项目投资额

数据来源：明树数据。

社会资本参与交通建设的另一大形式是投资交通基金。2014 年，国务院常务会议决定设立铁路发展基金，主要用于国家铁路项目资本金，这成为我国交通基金的"鼻祖"。随后，江西、广东和山东等地纷纷效仿成立铁路或交通发展基金。虽然各类交通基金名称不同，但性质和收支方向均基本一致，在来源上充分发挥政府资金的引导作用和放大效应，融入社会资本权益性资金，以此形成基金并主要满足交通发展资金需求，辅以投资高收益项目。同时，交通等各类基金离不开与 PPP 的联动发展，交通基金的主要投向之一就是当地交通 PPP 项目政府方资本金。2016 年，国务院批准的中国政府和社会资本合作融资支持基金成立，主要作为社会资本方参与各地 PPP

项目投资。此后，该基金与内蒙古、吉林等 9 个省区陆续合作设立省级 PPP 基金。

表 6-5　近年成立的部分交通产业基金

区域	名称	规模（亿元）	来源	用途
国家	铁路发展基金	4000—6000	中央预算内、车购税、铁路建设基金、社会资本	主要用于国家批准的铁路项目资本金，规模不低于基金总额的 70%；其余资金投资土地综合开发等经营性项目
山东	铁路发展基金	600	省财政、社会资本	70% 用于山东境内铁路项目的省级资本金出资，30% 参与土地综合开发、资本市场运作等提高收益
河南	铁路产业投资基金	300	省财政、社会资本	65% 用于河南境内铁路项目出资，35% 用于铁路沿线"一站一城"土地开发等其他高收益项目
江西	铁路产业投资基金	300	省财政、省铁路投资集团、社会资本	主要用于全省铁路建设，其余按市场化原则参与风险可控的多元化投资
广东	铁路发展基金	400	省财政、社会资本	至少 80% 用于广东境内铁路项目省级资本金出资，其余资金则可投资铁路土地综合开发等项目
贵州	铁路发展基金	600	省财政、社会资本	主要用于重点铁路项目建设
贵州	交通产业发展基金	400	省财政、社会资本	至少 70% 用于贵州公路、水路交通基础设施重点项目，其余可开展市场化运作
四川	交通投资基金	500	省财政、社会资本	四川境内中央和省级交通运输规划确定的公路、水路交通基础设施重点项目
内蒙古	交通投资基金	500	省财政、社会资本	主要用于重点交通项目建设

资料来源：本报告搜集整理。

（三）交通投融资向鼓励和规范并重转变

早在 2010 年，国务院就针对金融危机后地方飞速发展的融资平台所产生的一些问题发布过加强管理的通知。2014 年开始，国家加大了对地方政府融资和债务的限制，"开前门、堵后门"成为交通等基础设施投融资的方向。国务院《关于加强地方政府性债务管理的意见》标志着国家开始全面整顿地方政府性债务。2015 年新《预算法》实施，规定除发行地方政府债券外，地方政府不得以任何方式举借债务，2015 年开始融资平台举债的债务不再属于政府债务，这基本刹住了地方债务快速增长的势头，地方一般性债券和专项债券成为地方政府举债的唯一合法渠道。同年，财政部颁布《关于对地方政府债务实行限额管理的实施意见》，将通过三年左右过渡期，发行地方政府债券置换存量政府债务中非政府债券形式的债务。

通过推进"放管服"改革，投资管理制度也不断规范。国务院于 2013 年、2014 年、2016 年接连 3 次更新《政府核准的投资项目目录》，取消或下放了企业投资的地方城际铁路、普通铁路、港口专用泊位、千吨级以上航电枢纽、机场改扩建等领域的政府核准。2016—2017 年《企业投资项目核准和备案管理条例》《中央预算内投资补助和贴息项目管理办法》《企业投资项目核准和备案管理办法》等法规相继实施，以制度形式明确投资项目管理。为进一步落实国家简政放权要求，国家发展改革委 2015 年、2017 年分两次将纳入国家规划的非跨省的新建普通铁路项目、新建国家高速公路网项目、普通国省道建设项目、部分内河航道建设项目、内河航电枢纽建设项目、机场改扩建项目等中央政府投资交通项目审批权予以下放和简化程序，对能用规划实行有效管理的项目最大程度下放审批。

表 6-6 当前由国务院及国务院投资主管部门审批权限

审批部门	审批类型	投资主体	项目类型
国务院	审批、核准	政府投资、企业投资	新建运输机场项目
国家发展改革委	审批	政府投资	高铁项目、跨省普通铁路项目、独立公（铁）路桥隧跨境项目、长江干线航道项目、国际国境河流航道建设项目
国家发展改革委	核准	企业投资	独立公（铁）路桥隧跨境项目
其余项目均已取消和下放审批、核准权			

资料来源：本报告搜集整理。

（四）防范地方政府债务风险成为交通投融资工作总基调

2017 年开始，在金融市场高杠杆率、高负债率和高流动性背景下，为打好防范化解重大风险攻坚战，在规范地方政府举债的基础上，交通等基础设施投融资开始重点以防控地方政府债务风险为总基调。2017 年，针对地方政府融资不畅而大量变相举债的现象，财政部分别从政府投资基金、PPP 融资、政府购买服务、PPP 项目库等方面颁布多个文件，促进地方政府融资的规范发展。国资委从加强央企 PPP 业务风险管控的角度，要求央企对 PPP 项目累计投资不超过净资产的 50%。2018 年，相关调控措施进一步加码，国家发改委要求进一步规范地方融资平台发行的企业债券，财政部要求金融企业规范对地方政府和国有企业的投融资行为，以及加强 PPP 示范项目规范管理。

在防控地方政府债务风险呈高压态势下，2015—2017 年，地方政府融资平台分别有 66、130、136 家地方融资平台退出；截至 2017 年末，地方政府债务余额增长至 16.47 万亿元，控制在全国人大批准的限额内。在限制规范地方国有资本融资的同时，对于交通等基础设施仍将继续提高直接融资比重，强调资产证券化、融资租赁等直接融资工具，并进一步吸引民资、险资、外资等非国有资本进入。

表6-7　2017年以来针对防范地方政府债务涉及交通投融资有关政策文件

发文部门	文件名称	涉及领域
财政部	关于进一步规范地方政府举债融资行为的通知	政府投资基金、PPP
	关于坚决制止地方以政府购买服务名义违法违规融资的通知	政府购买服务
	关于规范政府和社会资本合作（PPP）综合信息平台项目库管理的通知	PPP项目库
	关于规范金融企业对地方政府和国有企业投融资行为有关问题的通知	金融企业对地方政府和国有企业的投融资行为
	关于进一步加强政府和社会资本合作（PPP）示范项目规范管理的通知	PPP示范项目
国资委	关于加强中央企业PPP业务风险管控的通知	央企参与PPP
国家发改委、财政部	关于进一步增强企业债券服务实体经济能力严格防范地方债务风险的通知	企业债券

资料来源：本报告搜集整理。

第三节　交通基础设施投融资基本经验

一、调动地方积极性和契合交通自身特性，政府投资体制始终能发挥关键作用

从对政府投资体制的理解看，改革开放40年以来，一方面，不同阶段"政府投资"的内涵不同；另一方面，政府投资体制并非等同于都是政府投资项目，政府投资项目也并非就完全是政府投资的。

无论是哪种政府投资体制，政府是在"台前"或是"幕后"，交通项目基本都是由政府或政府授权代表其意志的国企规划、发起、融资、建设和运营的，交通发展成就离不开政府投资体制的保障。

但是，在很多发展中国家已得到证明，政府投资体制并不能自发的为交通高速发展提供保障，我国交通政府投资体制的成功是通过调动地方积极性和契合交通自身特性合力形成的。从发展动力看，随着我国交通基础设施事权逐步向地方转移，各种运输方式在发展过程中都不同程度地采取了向地方分权的改革，交通运输逐步形成了以地方投资为主的投融资体制。正是通过调动地方发展交通基础设施的积极性，如公路的"收费还贷"，港口、机场的属地化和"政企分离"，铁路的"省部共建"等，从根本上提升了地方发展动力，拓宽了融资渠道和丰富了融资模式。

从交通自身特性看，一是交通基础设施投资量大，能发挥投资对经济增长的关键作用，自从 1998 年亚洲金融危机后，我国投资交通基础设施就与积极的财政政策相捆绑。二是交通产业链条长，带动面广，正外部性强，虽然很难通过自身收费回收投资，但建成后通常会带动周边地价大幅上涨，促进产业集聚，使土地出让金和税收大幅上升，理论上存在反哺的内生机制，是一种有效投资。三是从政绩考核体系来看，基础设施是政府投资的主要方向，交通、能源、电信、水利四大领域中只有交通运输是人民群众直接使用的，而对其他三类基础设施都是间接使用，因此交通就成为"看得见、用得上"的发展成就。

值得一提的是，政府投资体制带来的长期性"挤出效应"也比较明显。除了部分国省干线、农村公路和内河航道属于没有付费机制的公益性设施外，交通基础设施大多属于具备"使用者付费"基础的准公益性。对于这类准公益性设施，政府和市场的边界一直都不够清晰。站在市场经济角度看，凡是民营企业能够赚钱的领域，政府都应该退出。而从现实情况看，过去我国交通长时期处于发展滞后的阶段，需要有人来主导投资。不过，这也从一个极端走向另一个极端，政府不仅在发展滞后的阶段主导投资，在现今交通运输已适度超前的情况下仍然在主导投资，且仍习惯性地把赢利能力较强的项目交由所属企业，而把赢利能力弱的项目拿出来做 PPP 或者鼓励社会资本投资，自然就产生民资和外资投资意愿不强的问题。

二、顺应国家投融资和财税体制改革，交通投资多来自融资创新

总的来看，我国交通基础设施投融资由财政投资为主逐渐转变为多元投资并存的体制。在 40 年的改革进程中，交通投融资并没有跳出国家整体投融资和财税体制改革的大框架，总体上是顺应了投融资和财税体制改革的方向和要求：80 年代初期，在铁道部率先实行的"大包干"是在当时财税体制和投资体制由"统收统支"变为"分灶吃饭"、将国有企业的上交利润改为缴纳所得税的背景下进行的；几乎同时进行的基建投资由国家无偿拨款改为有偿贷款从部分试点拓展到整个基建领域；90 年代在大力推进市场化的浪潮中，交通各领域都先后开展了不同程度的"以路养路、以港养港"改革；新世纪前后兴起的交通融资平台是得益于 1994 年的分税制改革和应对两次金融危机的刺激性财政政策；近年流行的 PPP 和交通投资基金正是应对地方债务风险的融资创新等。

顺应国家整体投融资和财税体制改革框架，这就决定了我国交通投融资在政府主导下，基本经验更多的是来源于融资创新。这是

因为，一方面，交通投资体制主要是围绕交通固定资产投资行为的运行机制和管理制度展开，而交通投资体制在投资主体、管理程序、审批流程、资本金比例、调控手段等诸多方面必须要遵从国家整体投资体制和财税体制的约束。另一方面，在交通基础设施整体发展滞后的时代，更多的是要解决"从无到有"的问题，通常对交通项目的经济可行性并不深究，对于投资决策者没有或很少有责任约束。投资体制框架的约束和疏于对项目的论证使得以往较少针对交通自身投资体制展开研究和实践。

相反，研究者和实践者花费更多的精力在融资创新上。这更多地是由于长期以来，融资都是作为交通发展的"保障措施"来看待，即规划时常常假设"合理规模"的交通发展资金需求应该得到满足，而实际是财政资金有限，那就必须要通过融资创新来保障发展。正是交通基础设施投融资的这一基本逻辑，造就了我国交通基础设施的高速发展。当然，也正是这一贯逻辑的根深蒂固，直接造成了地方政府债台高筑的局面。

三、形成以预算外资金为媒介，形成融资平台为载体的模式

世界各国财政预算内资金对于交通发展支持的力度都是很有限的，而我国在保障交通高速发展这方面的独特经验在于，在不同时期总能找到相当规模的预算外资金作为交通融资的媒介，包括先后出现的政府性基金、土地出让金、PPP 和交通产业基金等。这些预算外资金的性质和类别并不完全一致，而功能都是类似的，不仅在财政预算外提供资金上的直接支持，更重要的是以其作为信用保障进行融资创新。但随着现代财政制度的不断演进，预算外资金在一

定时间内势必要规范化成为预算内资金，总体上遵循了一种"融资创新——大规模应用——规范化——融资再创新"的总体路径。在这些预算外资金中，土地出让金显然成为最重要的融资创新，其提供的预算外资金和信用支持衍生了众所周知的"土地财政"，但从其实质来说，土地收益属于融资，"土地信用"应较"土地财政"更接近于土地收益的本质特征。

预算外资金只是融资媒介，还必须要通过一定载体来实现资金的融通，以形成适应交通发展需要的相对固定的模式。无论是早期的银行贷款、企业债券、整合存量资产和土地资源，还是近期发展的 PPP 和交通产业基金，都是通过交通融资平台进行的。交通融资平台的成长主要伴随着"土地信用"的壮大。在"土地信用"的快速壮大过程中，各级政府需要大量的融资平台，通过以划拨土地为主，财政资金、股权、规费、国债等资产为辅，迅速包装出一个资产和现金流均可达相应融资要求标准的公司，必要时再辅以政府担保，以承接放大杠杆后的各路资金。这就使得这些融资平台兼顾着财政、土地和金融工具的整合，这既是完成业务的需要，也是要达到不同时期财政与金融监管要求。但是，土地资源的有限性注定融资平台需要在一定时期进行转型，探索新的业务模式和资金来源。

四、交通专项基金政策在不同时期均发挥基础性作用

交通专项基金是交通发展的主要财政预算内资金来源。在我国交通专项基金体系中，虽然在主管部门、收入来源、支出用途等多方面迥异，但这些交通专项基金在经济机理上并没有实质的差别，同时许多地方政府性基金通过"费改税"等制度规范转变成专项税，

基本从预算外纳入了中央财政预算内管理，如车购税是由车辆购置附加费改革而来、燃油税是由养路费等"六费"而来等。自从 1983 年起开征能源交通重点建设基金以来，由于交通专项基金政策的逐步丰富和完善，财政一般预算逐渐减弱了对交通发展的资金支持，因此交通专项基金就成为交通领域中央与地方财政关系的纽带。

交通专项基金在不同时期扮演的角色并不完全相同，但相同的是都发挥了交通基础设施融资中的基础性作用，主要体现在三个方面：一是成为交通项目资本金的重要补充和融资的信用保障，支持地方交通发展，这与其他预算外资金的特点类似；二是成为维系全国交通发展平衡的重要抓手。中央通过属地化等分权措施激励了地方发展动力，又通过专项基金对地方项目予以把控，同时要求地方财政按比例配套资金，使之不游离于国家综合交通运输规划和政策体系之外；三是成为国家背书。专项基金补助在交通项目资金来源中占比不一定很高，但它的存在相当于中央对该项目的背书，对地方顺利银行贷款、项目招商等方面都发挥着重要作用，这也解释了虽然一些专项基金补助对项目直接资金筹措帮助并不大，但地方对其依然趋之若鹜的原因，实质上地方申请的不仅是资金，更是国家背书。

但是，由于我国交通专项基金基本都是诞生在交通发展滞后的背景下，带有较强支援国家建设的性质，在交通总体适应经济社会发展要求的现阶段中，交通专项资金政策也需要不断改革以维系交通自身滚动发展。

五、各交通方式投融资体制改革与市场化整体联动

中国特色社会主义宏观调控与西方调控体系有着较大的区别，

我国以高度集中的国有经济为主要特征，因此在西方供给管理、需求管理的基础上，又加入了市场化改革这条主线。我国交通基础设施市场化一直处于一种渐进式的变革之中，在适应当时经济社会需要的总体要求下，市场化的目的是调动各方积极性促进交通发展，但市场化的途径并非就是单一属地化、企业化或"政企分离"改革，而是需要与包括价格、财务等在内的体制改革联动，这种联动的同步性和契合度直接影响着市场化改革的成败。

铁路第一轮改革的失败就是价格体制改革的滞后。"大包干"创新了财务与任务挂钩的体制，赋予了各路局更多自主权，激发了路局积极性，但却未涉及价格体制和投融资体制改革，由于期间通货膨胀严重，而国家又严格限制运价，导致各路局只能在节约成本上下功夫，减少维修维护成本，随着1988年四次严重铁路事故的发生，结束了这一轮改革。同样在80年代的实践中，港口、机场都进行了第一轮属地化和"政企分离"改革，当时效果一般主要是因为虽然财务制度变革，但投融资体制没有跟上；在2000年后第二轮较为彻底的属地化和"政企分离"改革，建立了由地方企业为主的投融资及定价权限，地方的积极性被极大激发。最为成功的是公路领域，在改革开放前就已是属地化管理，在"收费还贷"政策的作用下，直接实现价格、财务与投融资的挂钩，促进收费公路一直保持高速发展。

第七章　客运市场发展

改革开放 40 年来，我国客运市场的发展取得辉煌成就。面对人民群众日益增多和丰富的出行需求，我国客运市场[1]持续推进改革、加大开放力度，市场活力得到空前释放，市场规模快速扩大，服务效率和质量稳步提升，完成了从计划经济向社会主义市场经济转型，客运领域的"中国速度""中国服务"成为我国改革开放标志性成绩。当前，我国客运服务业正处于转型升级阶段，市场规模增速呈放缓态势，人民群众对客运服务质量的要求越来越高，客运服务快速化、智能化、体验化、个性化的趋势明显，但是市场服务创新能力与不断变化的市场需求相比仍然有较大拓展空间。因此，回顾改革开放 40 年我国客运市场发展历程，总结发展经验，有助于从历史视角审视当前我国客运市场发展，更好推动我国客运服务业转型升级。

第一节　客运市场发展历程

1978—2017 年全社会客运量从 25.4 亿人次上升至 278.9 亿人次，

---

[1] 本专题研究的客运市场包括铁路客运、航空客运和水路客运，以及现有统计口径所指的营业性公路客运。

年均增速高达 6.3%；人均出行次数由 2.6 人次 / 年上升至 20.1 人次 /
年，2017 年人均出行次数是改革开放初期的 7.7 倍[①]。但从整体来看，
我国客运市场发展并非一帆风顺。1978—2017 年全社会客运量及增
长率变化趋势如图 7-1 所示。

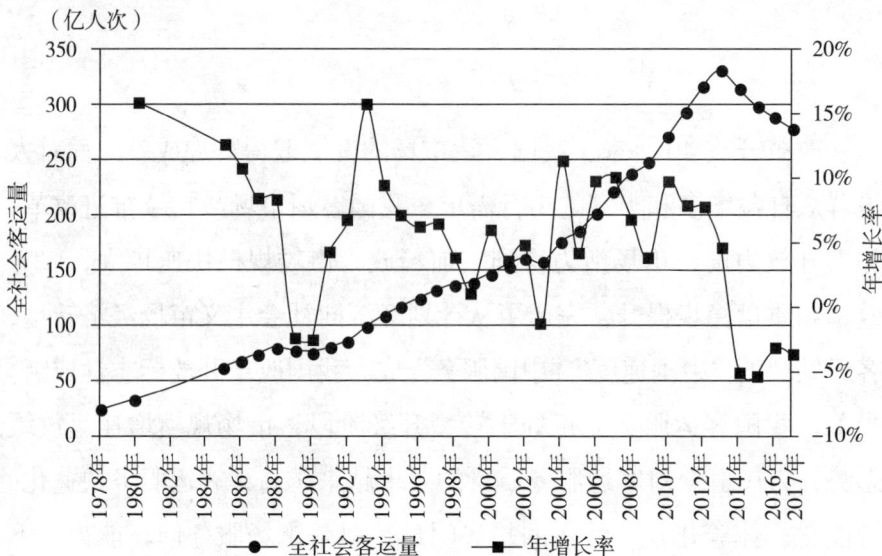

图 7-1　1978—2017 年全社会客运量及增长率变化趋势图

注：（1）数据来源于《2017 年中国交通运输统计年鉴》。原始数据中 2008 年和 2013 年
公路、水路统计范围口径有所变化，为了提高历史数据的可比性，本文对其进行了调整。调
整方法是，根据统计年鉴 2008 年以后数据计算每年客运变化率，以 2007 年客运量为基数，
结合计算出的年变化率计算 2008 年以后的公路和水路客运量。

（2）我国全社会客运统计不包括城市内居民出行，随着我国更多人口密集区划入城市，
全社会客运统计的空间范围在不断缩小。

---

① 按不变价格计算，1978 年我国国民生产总值 3593 亿元，2017 年增至 785874 亿元，
　是改革开放初期的 219 倍，年均增速为 14.8%；1978 年我国人均国民生产总值 373
　亿元，2017 年增至 56534 亿元，是改革开放初期的 152 倍，年均增速为 13.7%，远
　大于全社会客运量年均增速。一方面，百姓部分出行没有在此统计范围之内，比如
　城市内部出行等。另一方面，居民收入达到一定水平以后，变化的主要是出行结
　构，百姓出行需求量增长空间有限。

改革开放初期，随着城乡经济改革推进，普通大众出行需求得到释放，全社会客运量步入高速增长期，1986 年之前年均增速超过10%，但是随着公路客运整治，客运市场增长势头放缓，特别是在发展困难年份，客运市场规模出现了小幅缩减。1992 年邓小平同志发表南方谈话后，我国扩大对内、对外开放，进一步明确社会主义市场经济改革方向，客运市场改革力度加大，市场服务供给规模扩大。与此同时，劳动力跨区域流动带来强劲的客运服务需求，全社会客运量保持较快增长。其中，由于道路客运改革推进较快，公路中短途客运优势得到发挥，2003 年以前，公路客运所占市场份额保持上升态势。

2001 年底，随着我国加入世界贸易组织（WTO），融入经济全球化的步伐加快，对外贸易跨越式发展，中国成为"世界工厂"。外向型产业在沿海大规模布局及基础设施改善双重驱动下，加入 WTO 后的十年我国客运市场规模快速扩大，除航空客运所占市场份额保持小幅增长外，其他运输方式所占市场份额基本稳定，其中公路、铁路和水路客运所占市场份额分别在 91%、6% 和 1% 左右徘徊。党的十八大以来，我国客运市场进入供需基本适应阶段，市场结构调整加快，发展质量持续提高，高铁和民航等快速、舒适客运方式备受市场青睐，城市居民自驾出行增多，公路客运所占市场份额不断下降，2017 年底降至 85.5%，回到 1992 年的水平，2017 年铁路和民航客运所占市场份额分别是 2012 年的 1.8 倍和 2 倍。

根据我国客运市场供需关系演化，以及国民经济和社会改革进程，改革开放 40 年来我国客运市场发展总体可划分为四个阶段。在各个阶段，客运市场发展都是我国国民经济和社会改革的一部分，其发展与宏观改革环境密不可分，供给主体、价格体系、供需匹配、服务质量等方面特征值得关注。

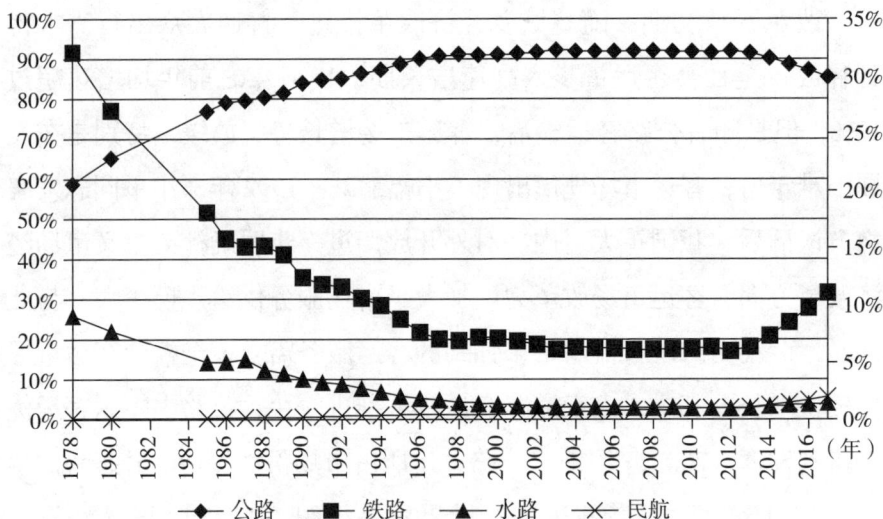

图 7-2　1978—2017 年各种运输方式所占份额变化趋势图

注：（1）左纵坐标为公路客运所占市场份额，右纵坐标为铁路、水路和民航客运所占市场份额。

（2）数据来源与图 7-1 相同。

一、改革激发市场活力，缓解积累多年供需矛盾（1978—1991 年）

1978 年以前我国实行计划经济，经济活动和资源配置都按政府制定的计划进行，市场激励缺失，商品和服务供给不足、供给质量和效率低成为突出问题，改革开放后开始探索引进市场机制激发供给活力。正确处理计划与市场关系、搞活企业、建立价格激励机制成为此时的改革重点。1982 年党的十二大强调实行"计划经济为主，市场调节为辅"的原则。1984 年十二届三中全会出台《中共中央关于经济体制改革的决定》，明确指出"社会主义经济是公有制基础上有计划的商品经济"，拉开了社会主义市场化改革序幕。

　　与全国的改革思路一致，客运领域面临的主要问题是如何建立市场机制，通过市场力量扩大供给能力。在建立客运市场化供给机制方面，改革重点是"政企分离"和"放开搞活"，通过理清政府与市场关系，确定企业是市场客运服务的供给主体。交通部在 1982 年率先提出"放宽政策，搞活交通运输""有水大家行船、有路大家行车"的政策，迅速完成了公路运输和内河、沿海水运的政企分开，为公路和水路客运市场化改革奠定了基础。1985 年国务院正式批准《关于民航管理体制改革的报告》，开启了民航管理局、航空公司、机场三者分立的体制改革，实行政企分开，国有航空运输企业出现。1981 年，铁路局开始扩大铁路局自主权试点工作。总体而言，各种运输方式市场化改革取得了重大突破。

　　在改革政府与企业关系的同时，国有运输企业的效率也受到关注，政府管理企业（包括民营企业）的手段有所变化。1985 年交通部开始对国有运输企业进行改革，大范围实施承包经营、租赁经营、资产负责制等灵活运营方式。1986 年，为了避免市场出现无序竞争和过度竞争，开始提高公路运输进入门槛，登记制转变为经营许可制，市场竞争环境有所改善。1987 年，公路领域开始推行运输企业承包责任制，1989 年在全国推广，市场化改革步伐加快并取得良好效果。1986 年，铁路领域推行承包责任制，铁道部全面承包运输、造车和基本建设，铁路运输一家独大的局面由此形成。1987 年，航空运输公司与机场逐步开始分离运营，1988 年进一步对航空运输企业试行承包经营责任制，拉开了民航企业改革的序幕。

　　与处理政府与市场关系、客运企业供给效率改革相比，客运价格市场化改革相对滞后。民航、铁路仍实行严格的政府定价，水路客运以政府定价为主，公路客运价格有所放开，实行政府指导价，企业有了一定程度的定价权。

总体来看，我国客运市场主体特别是公路客运的积极性明显提高，供给能力得到释放，缓解了积累多年的运输供需矛盾。其中，公路、水路和航空客运市场化探索成效较为显著，铁路相对滞后。自负盈亏的运输企业成为我国客运市场服务供给的主体，为我国客运市场化改革奠定了良好基础。

二、旅客出行需求快速膨胀，供需矛盾出现反弹（1992—2001年）

经过十多年的改革探索，1993年十四届三中全会通过了《中共中央关于建立社会主义市场经济体制若干问题的决定》，提出我国经济体制改革目标是建立社会主义市场化经济体制。随着社会主义市场化改革的推进，沿海、沿江等重要城市开放程度加大，产业在沿海沿江地区集中布局。与此同时，劳动力市场改革取得重大突破，《中共中央关于建立社会主义市场经济体制若干问题的决定》指出，"改革劳动制度，逐步形成劳动力市场""鼓励和引导农村剩余劳动力市场逐步向非农产业转移和地区间的有序流动"。"劳动力市场"成为市场体系的重要组成部分，劳动人口跨区域流动加快，客运需求快速膨胀，从此市场需求成为我国客运市场发展的主导力量。

本阶段的客运企业改革从激发活力向制度建设转变，政府调控市场的手段进一步规范。1992年交通部发布《关于深化改革、扩大开放、加快交通发展的若干意见》，1995年发布《关于加快培育和发展道路运输市场的若干意见》，公路运输市场进一步开放，市场化进程加快。在全面建设现代企业制度的要求下，交通部在1997年初印发了《关于深化改革加强管理搞好公有制大中型汽车运输企业的若干意见》，国有大中型公路运输企业改革进入新阶段。与公路客运类似，水路客运也开启新一轮改革，客运供给能力迅速增长，企业资质审批、市场准入审查和市场秩序管理等成为政府管理客运企业的主要手段。

民航和铁路客运在提高供给能力方面也进行了有益探索。民航总局 1993 年颁布《关于国内投资经营民用航空企业有关政策的通知》，民航市场扩大开放，鼓励国内资本投资民航，地方政府所属民航公司相继成立。为避免航空公司之间的过度竞争，1996 年民航总局提高市场准入门槛，鼓励航空公司兼并和重组，民航客运逐步形成寡头垄断的市场结构。1998 年铁道部出台《铁路局资产经营责任制的实施办法》，铁路局资产经营责任制在全国全面推开，铁路局确立铁路运输的市场主体地位。2000 年铁路局组建铁路客运公司，探索"网运分离"，但是由于客运公司大额亏损，改革被迫中止，客运职能重回铁路局。

价格政策是政府管理市场的重要手段，受全国价格改革影响，客运价格改革也有所突破。到 1996 年，除客运班线外公路客运基本实现企业自主定价；1992 年开始，政府规定基础票价，允许航空公司在规定幅度内自行制定符合一定限制条件的特种票价；2001 年起，全面放开水路客运价格；国家对铁路客运价格也进行了多次调整。

随着客运市场需求快速膨胀，客运市场买方力量不断增强，成为客运改革的重要推动力，公路、水路和航空客运市场化深入推进，铁路在市场化改革方面也进行了一定尝试。公路、水路和航空企业基本确立了市场化经营理念，客运服务产业化初步形成，市场准入、企业资质、价格政策和市场秩序等成为政府管理市场的主要手段。

但是，受基础设施和客运组织等因素限制，客运市场供给能力提升遇见瓶颈，供给增长远不及需求膨胀，供需矛盾出现一定程度的反弹。

三、客运供给能力快速提高，供需矛盾持续缓解（2002—2012 年）

2001 年底我国正式加入世界贸易组织（WTO），我国经济与世界经济加速融合，适应世界贸易组织规则成为改革动力和压力。2003 年，全国人均 GDP 达到 1090 美元[①]，首次突破 1000 美元大关，此时即是"黄金发展期"也是"矛盾凸显期"，经济结构、社会需求和社会格局正在发生深刻变化。2003 年十六届三中全会通过《关于完善社会主义市场经济体制若干问题的决定》，提出了"科学发展观"和"以人为本"等重要发展理念，在深化国有企业改革、规范市场秩序、加快转变政府职能等方面作出了新布署。

随着社会主义市场经济体制完善工作的推进，公路、水路和民航客运供给侧体制机制创新难度加大，铁路客运改革也进入焦灼状态。面对快速膨胀的市场需求，软环境改进空间难以取得突破，客运市场供需矛盾越来越突出，基础设施等硬条件受到关注。1998 年亚洲金融危机后，为缓冲经济下行压力，以及扭转交通基础设施供给不足的局面，我国加快了交通基础设施建设。随着大量设施投入运营，客运服务供给能力再次跃升，极大缓解了客运市场供需矛盾，从此我国客运市场迈入了运营管理和设施建设相结合提高供给能力的发展阶段。特别是 2000 年铁路客运市场改革困难下，为了释放货

---

① 以当期人民币对美元汇率计算。

运能力，铁路进行了多次提速，并开始探索建设客运专线，铁路客运供给能力快速提高，带动了铁路客运市场的繁荣。

2008 年金融危机时期，投资拉动内需稳定经济增长的政策再次使我国交通基础设施迎来了一个投资高峰期，客运服务的基础设施短板得到有效缓解，供给能力快速提升。与此同时，长期受"春运"和"黄金周"等高峰客流考验，我国客运服务系统在应对高峰客流瓶颈问题方面积累了丰富的经验，特别是政府对客运市场的管理能力，如客运安全保障、市场秩序维护、客运组织优化、运输部门协调等方面能力有了显著提升，客运市场发展环境更加成熟。

四、供需基本适应，从规模扩张向品质提升转变（2013年至今）

党的十八大以来，经济步入新常态、供给侧结构性矛盾加剧、国际环境日益复杂化，全面深化改革步入深水区和攻坚期。2013 年十八届三中全会通过《中共中央关于全面深化改革若干重大问题的决定》，形成了以新发展理念为指导、以供给侧结构性改革为主线的发展纲领，引领我国经济持续健康发展。2018 年党的十九大报告《决胜全面建成小康社会 夺取新时代中国特色社会主义伟大胜利》宣布中国特色社会主义进入新时代，我国社会的主要矛盾已经转化为人民日益增长的美好生活需要和不平衡不充分的发展之间的矛盾，我国经济由高速增长阶段转向高质量发展阶段。

与全国宏观经济和社会发展形势相一致，我国客运服务业也进入转型升级期，从规模扩张向品质提升转变，产业升级需求迫切。其一，居民出行需求呈高端化、个性化发展趋势。2015 年我国人均 GDP 突破 8000 美元[1]，居民出行需求结构进入快速变化期，度假休闲、观光旅游和出国旅行等需求日益增多，出行需求呈个性化和多元化趋势，自驾游持续升温，休闲出行更加重视体验和品质。其二，人们生活方式变化对客运影响增强，城市间短距离快速客流增多。随着我国城镇化推进，产业服务化加快，中心城区布局服务业，制造业向外围城镇转移，建设都市圈和城市群等城镇空间新形态取得新突破，改变了人们的居住、生活和工作习惯，城际间和城市内快速、便捷、一体化的出行需求日益增多。其三，城乡居民往来更加频繁，客运一体化加快。随着我国城市建成区扩围，更多城郊结合部人口划入城市，越来越多的农村人口实现市民化[2]，外出农民工实现就近就业[3]，城镇与农村工作和生活加快融合，人员往来更加频繁。

在出行需求发生变化的同时，我国客运供给侧呈现许多新特点。在供需基本相适应的背景下，提升供给服务水平已经成为引导我国客运服务业升级的重要推动力。其一，我国基础设施供给质量快速提升，为提供高品质出行服务奠定基础。高速公路覆盖范围扩大，高速铁路加快成网，国内外航线加密，2017 年底，高速公路覆盖 97% 的 20 万人口城市及地级行政中心，高铁覆盖 65% 以上的百万人口城市，定期航班通航城市 224 个[4]。其二，重视低收入人群的基本出行需求，加大贫困地区客运服务供给支持力度。2017 年底，乡

---

[1] 数据来源于《中国统计年鉴 2017》。

[2] 2018 年政府工作报告指出，2013 年来，我国有 8000 多万农业转移人口成为城镇居民。

[3] 2017 年新增外出农民工主要在省内流动，省内流动农民工增量占外出农民工增量的 96.4%。

[4] 数据来源于李小鹏 2017 年 12 月 25 日，在 2018 年全国交通运输工作会议上的讲话。

镇和建制村通客车率分别达到 99.1% 和 96.5%。其三，互联网在客运领域运用越来越广泛，客运智能化步伐加快。2015 年政府工作报告提出制定"互联网 +"行动计划，随后国务院印发《关于积极推进"互联网 +"行动的指导意见》，通过基础设施、运输工具、运行信息等互联网化提升交通运输服务品质。其四，打造现代综合客运枢纽，促进了旅客出行的无缝衔接。2016 年国家发展改革委印发《关于打造现代综合客运枢纽提高旅客出行质量效率的实施意见》，在全国重要综合交通枢纽城市，打造 100 个大型高铁车站为主和 50 个以机场为主的现代化、立体式综合客运枢纽，其中虹桥机场、杭州东站和广州南站等一批综合客运枢纽建设取得积极进展。其五，旅客出行联程运输服务、客运与其他产业融合加快发展。铁路系统加强与航空合作提供联程运输产品，携程和智行等联程运输服务平台企业市场影响力不断扩大，客运与旅游等产业融合加快，高新技术型客运企业成为客运市场服务创新主体。

2013 年以来，客运市场实现了全方位式发展，包括制度和政策领域的创新。2012 年下半年推行的重大节假日免收小型客车通行费，使"五一""十一"等"黄金周"单日出行客流超过春节，大城市居民选择自驾车出游比例不断上升，分摊了大量传统公路客流，导致公路客运市场出现萎缩。2013 年，撤销铁路部成立中国铁路总公司，铁路系统基本实现政企分离，2017 年底，中国铁路总公司深化改革，将运营管理权进一步下放至区域性路局集团，铁路客运服务供给主体的市场服务意识和服务能力明显增强。民航客运受高速铁路客运的竞争，民航企业加快服务创新，通用航空产业也受到重视。在价格改革方面，客运市场取得了新突破。一方面，放开满足旅客较高品质出行需求、与其他运输方式形成竞争的高铁动车组等旅客票价，允许根据市场需求进行上下浮动。另一方面，优化民航票价政府指导价管理方式，由政府直接核定改为政府制定定价规则和公式，航空公司依规自行测算确定基准票价。

第二节　客运市场发展成就

改革产生动力，开放增强活力。改革开放事业快速推进的 40 年，也是我国客运市场取得辉煌成就的 40 年，具体体现在以下六个方面。

一、客运市场体系基本确立并在改革中不断走向完善

改革开放前，我国客运供给几乎完全由政府主导，普通百姓的出行需求受到抑制，客运市场化改革是满足出行需求的首要前提。首先，我国客运市场供给主体活力不断增强。2013 年中国铁路总公司成立，标志着我国客运市场政企分离基本完成，铁路总公司也正在加快构建现代企业管理体制机制。在公路、水运和民航方面，市场结构基本稳定，客运企业保持适度竞争。其次，客运市场形成了以政府指导和市场调控相结合的价格体系。其中，公路和水路客运分别实行以政府指导价和政府定价为主，民航客运建立了以政府指导价为主的价格机制，铁路运输企业依法自主制定票价的空间在不断扩大。最后，政府管理客运市场的手段更加规范，管理能力持续提高。经过多年努力，逐步摆脱运用行政手段管理客运企业，形成以价格调节、市场准入、规范制定和市场秩序维护等为一体的管理体制。

二、客运市场规模增长速度史无前例，成为客运大国

全社会客运量从 1978 年的 25.4 亿人次上升至 2017 年的 278.9 亿人次，是改革开放初期的 11 倍；旅客周转量从 1978 年的 1743.1 亿人公里增至 2017 年的 32812.7 亿人公里，年均增速为 7.8%，而美国在 1960 年至 1995 年间全国旅客周转量年均增速仅为 3.2%[①]，其中，公路、铁路和民航客运市场规模扩张最明显。在公路方面，不仅客运量增长快，2017 年公路客运量是 1978 年的 16 倍，而且市场运输供给主体增多，2017 年市场拥有载客汽车 81.6 万辆，其中大型客车 30.6 万辆[②]，而在 1978 年，民用客运汽车仅为 25.9 万辆，大型客车 8.8 万辆[③]。铁路客运量在 1978 年为 8.1 亿人次，分别于 1985 年、2013 年和 2017 年跨过 10 亿、20 亿和 30 亿人次门槛。在改革开放前，民航客运管制最为严格，改革开放充分激发了民航活力，民航客运市场规模增长最快，1978 年客运量为 231 万人次，2017 年为 55157 万人次，增长了 238 倍，另外，我国民航客运周转量已经连续 12 年稳居世界第二。

三、高品质客运是近年市场发展亮点，展现中国特色

党的十八大以来，以高速铁路和民航为代表的高品质客运发展迅速，中国高铁已经成为我国走向世界的一张靓丽名片。2017 年国家铁路完成旅客发送量 30.4 亿人次，其中动车组发送 17.13 亿人次，

[①] 数据来源于荣朝和等编著《西方运输经济学》（第二版）表 3.3 "美国 1960—1995 年客运周转量及平均运输费用"，客运周转统计范围包括私人小汽车、公共汽车、火车及航空各种运输方式。

[②] 数据来源于《2017 年交通运输行业发展统计公报》。

[③] 数据来源于《全国交通统计资料汇编 1978》。

占比 56.4%；客车开行数量 3819 对，其中动车组列车 2626 对，较 2012 年末增长 202.9%^①。高速铁路快速成网，提高了铁路客运的市场竞争力，改变了我国客运市场结构，2013 年至 2017 年，铁路客运量增长了近 10 亿人次，"复兴号"成为世界高速铁路建设运营新标杆。民航客运方面，我国已经成为民航大国，民航客运仅次于美国，多年位居世界第二。2017 年世界机场旅客吞吐量排名如表 7-1 所示，前 10 位的机场中国和美国各占三个，其中北京首都国际机场以 9579 万人次位居第二，香港机场和上海浦东机场分别排名第八、第九。

表 7-1　2017 年全球机场旅客吞吐量前 10 排名

排名	机场名称 /TATA 代码	年旅客吞吐量（万人次）
1	亚特兰大机场 /ATL	10390
2	北京首都机场 /PEX	9579
3	迪拜机场 /DXB	8824
4	东京羽田机场 /HND	8496
5	洛杉矶机场 /LAX	8456
6	芝加哥奥黑尔机场 /ORD	7980
7	伦敦希斯罗机场 /LHR	7789
8	香港机场 /HKG	7286
9	上海浦东机场 /PVG	7000
10	巴黎戴高乐机场 /CDG	6947

数据来源：民航数据分析系统 CADAS(Civil Aviation Data Analysis)。

四、技术创新推动客运服务业向高质量发展阶段迈进

技术创新是产业发展的永久动力。近年来，旅客运输技术不断

---

① 数据来源于 2018 年中国铁路总公司工作会议报告。

创新，推动着我国客运服务业向高质量发展阶段迈进。技术创新不仅指旅客运输装备技术取得新突破，比如高速铁路技术、磁悬浮列车、大飞机等，而且还包括其他技术在旅客运输领域的运用，比如互联网与客运深度融合，"互联网 +"便捷交通发展迅速。2017 年底，全国 29 个省、90% 以上二级道路客运站初步实现省域互联网售票[①]；在铁路客运领域，互联网售票得到普及，2016 年铁路互联网售票率超过 60%；国航、南航等航空公司与第三方服务平台合作，实现移动设备线上购票，全面打通航空公司出行服务链条，为用户提供全旅程服务。与此同时，综合运输发展理念深入客运服务业，虹桥、杭州东站和广州南站等一批现代综合客运枢纽建设取得积极进展；旅客联程运输市场不断壮大，携程和智行等平台企业得到市场认可；客运与其他产业融合发展加快，商务快巴、旅游专线和国际邮轮等客运新业态蓬勃发展。

专栏 7-1 自主创新助力中国高铁走向世界

经过近几年的跨越式发展，蕴含更多自主创新技术的中国高铁已成为中国装备制造业最具全球影响力的代表符号之一，同时也是"中国智造"和"中国创造"的最佳诠释。尤其是高铁最核心的部件——牵引电传动系统和网络控制系统已成功实现百分百的"中国创造"，更是将中国高铁自主创新技术推向世界的巅峰。

2014 年，完全自主化的中国北车 CRH5 型动车组牵引电传动系统和网络控制系统分别通过了中国铁路总公司组织的行业专家评审和技术评审，获准批量装车。牵引电传动系统被称作"高铁之心"，

---

① 数据来源于李小鹏 2017 年 12 月 25 日，在 2018 年全国交通运输工作会议上的讲话。

是列车的动力之源，决定高铁列车能否高性能高舒适地运行。网络控制系统则被称作"高铁之脑"，决定和指挥着列车的一举一动。因此，牵引电传动系统和网络控制系统这两大核心技术能否实现自主研发是衡量高铁列车制造企业是否具备核心创造能力的根本性指标。

在推动中国高铁走出去的大环境下，牵引电传动系统和网络控制系统等完全具有自主创新技术在高铁上的推广应用，显著提升了中国高铁的核心创造能力，并让中国高铁在国际竞争中占据着主导地位。

（资料来源：根据新华网报道《自主创新助力中国高铁走向世界》整理。）

五、客运发展注重公平问题，大众基本出行得到保障

我国客运市场发展历来注重公平问题，大众基本出行需求受到重视。特别是党的十八大以来，城乡基本客运服务均等化加快推进、成效显著。2017年底，全国乡镇和建制村通客车率分别达到99.1%和96.5%以上，贫困地区通客车建制村8473个，一些边远、贫困地区通过"客运＋乡村旅游"等产业融合方式带动脱贫，通勤航空、基本航空服务等正在落后地区推进试点工作。目前，我国民航运输机场达229个，服务覆盖全国88.5%的地市、76.5%的县，高速铁路在500多个城市设站，部分中西部偏远山区以高铁和飞机等方式出行的机会得到保障。比如2017年底开通的西成高铁，将沿线的诸多贫困地区（包括我国集中连片特困地区之一的秦巴山区）串联起来，跨越迈入高铁时代。此外，我国普速列车票价20多年基本未上调，有效保障了低收入群体的长途出行需求。

六、"春运""黄金周"等世界级客运难题有效解决

"春运"和"黄金周"期间，全国范围内出现大面积、超常规模的人口流动，对我国客运市场形成严峻考验，堪称世界级客运难题。以2018年"春运"为例，从2月1日至3月12日40天时间内，全国共运送旅客29.7亿人次，是我国总人口的2.1倍，是美国总人口的9.3倍，是欧盟总人口的5.8倍；正月初六创春运单日历史新高，运送旅客9546.7万人次，分别是德国、英国和法国总人口的1.2倍、1.5倍和1.4倍[1]。经过多年旅客运输供给能力的有效提升，运输组织的不断优化，以及互联网等新技术的助力，我国"春运"和"黄金周"时期的客运瓶颈基本解决。据最新调查结果，74.8%的旅客对2018年"春运"工作较为满意[2]。

专栏7-2 40年，"时光机"上的"春运"之变

1979年，改革开放伊始，1亿人次踏上"春运"归途。40年间，"春运"成为中国人共同的记忆：老相册里泛黄的绿皮车还未远去，带着现代化气息的银色"子弹头"已呼啸而来。40年间，中国在变，"春运"也在变。

1. 规模与速度之变：时速40公里的慢火车与被压缩的时空距离

从最早时速40公里的蒸汽机车，到80公里的内燃机车、120公里的电力机车，再到如今300公里的高铁动车组，速度越来越快，

---

[1] 2017年底，中国总人口为13.9亿。2016年底，美国总人口为3.2亿，欧盟总人口为5.1亿，德国、英国和法国总人口分别为8267万、6563.7万和6689.5万。

[2] 数据来源于国家发展和改革委员会网站报道文章《2018年春运圆满结束》。

距离好像越来越短，时间越来越紧凑了。2017 年底，全国铁路营业里程达 12.7 万公里，其中时速在 250 公里以上的高铁超过 2.5 万公里，居世界第一。2018 年"春运"，预计全国旅客发送量将达 29.8 亿人次，与 2017 年基本持平。40 年间，"春运"规模扩大了 30 倍。30 亿人次，意味着相当于欧洲、美洲、非洲、大洋洲的总人口都走出家门遛了一圈。

2．人员结构之变：下降的务工流与强劲上升的旅游流

翻阅新中国"春运"历史，最早可上溯到 1954 年。"春运"真正成为需要"全社会支持"的大事，还得从改革开放之后算起。1979 年春节期间，有 1 亿人次乘火车出行。随着春节民工返乡潮起，1984 年，"春运"成为"全国性、大交通春运"，铁路、道路、水路、航空等各种方式运送的旅客都纳入"春运"客流，使得客流量猛增到 5 亿多人次。1994 年，"春运"旅客发送量突破 10 亿人次，2006 年达到 20 亿人次，被称为"人类史上最大规模的周期性迁徙"，其中务工流、探亲流占据主要部分。2018 年探亲流、学生流保持稳定，务工流有所下降，旅游流强劲提升。

3．售票方式之变："遇冷的窗口"与火爆的"12306 网站"

近年来，随着"12306 网站"和手机 APP 的普及，越来越多的务工人员选择直接在网上订购车票，各大火车站售票厅的窗口早已不见"排队长龙"。"12306 网站"现在日均页面浏览量达到 556.7 亿次，最高峰时页面浏览量达 813.4 亿次，1 小时最高点击量近 60 亿次，平均每秒约 165 万次，处理能力达到每天 1500 万张。

4．携带年货之变：蛇皮袋里的服装与快递到家的生鲜

20 世纪 90 年代，旅客回家的行李主要是蛇皮袋、纤维袋以及一些旅客自制的布袋子。当时广东相对内地开放较早，物资较为发

达，旅客回家过年，都会带很多东西作为回家的年货，主要是一些衣服，特别是小孩子的衣服。2005 年左右，行李箱发生了明显的变化，拉杆箱、皮箱兴起，还有很多人回家背的是牛仔包，能装很多东西。现在旅客直接带年货的人渐渐少了，因物资越来越丰富，到处都可以买到，而且还可以网购到家。

（资料来源：根据新华网报道《40 年，"时光机"上的春运之变》整理。）

第三节　客运市场发展经验

一、坚持社会主义市场化改革方向，持续推进改革

改革开放前，我国客运服务供给资源基本由政府按计划配置，供给主体只需要按计划完成供给任务即可，缺乏有效的激励机制，供给主体扩大供给和创新供给的能力和积极性不高。改革开放后，坚持社会主义市场化改革方向，引入市场竞争机制，制定市场规则，维护市场秩序，倡导有序竞争，形成了具有中国特色的客运市场，客运市场供给能力和创新意识不断增强。一方面，放开客运服务市场允许民营企业和社会资本进入，快速增加市场供给主体，通过合理有序竞争提高市场供给主体活力；另一方面，持续推进价格和管理体制改革，建立市场秩序，提供市场公共服务，维护优良的市场发展环境，充分发挥政府在培育市场、引导市场和管理市场等方面的积极作用。

二、坚持多种客运方式独立发展与协调发展相结合

长期以来，我国公路、水路、铁路和客运分属不同的管理部门，公路和水路发展主要由交通部门负责，民航和铁路形成了相对独立的管理体系。在客运供给不足的年代，各部门出台了中长期规划、五年规划和其他短期行动方案，竞相提高供给水平和服务能力，各种客运方式供给能力在近 20 年来有了质的飞跃，满足了高速增长的客运需求。与此同时，国家发展和改革委员会作为综合协调部门，长期以来致力于多种客运方式协调发展，国家发展和改革委员会综合运输所倡导的综合运输发展理念也被社会认可并广泛实践。特别提出的是，为提高旅客出行质量，国家发展和改革委员会于 2016 年印发了《关于打造现代综合客运枢纽提高旅客出行质量效率的实施意见》，大量以机场和高铁站为主的现代综合客运枢纽陆续投入使用，加快了各种客运方式的无缝衔接。

三、坚持效率与公平并重，突出政府调控管理作用

出行需求是居民的基本需求之一，保障基本出行需求是社会文明的重要体现。我国客运市场发展，在引进市场机制提高供给效率的同时，也注重公平发展问题，在保障人民基本出行需求方面做了大量的工作，政府在此项任务中发挥着主导作用。一方面，出台了《加快西部地区公路交通发展规划纲要》《西部铁路网规划》和《集中连片特困地区交通建设扶贫规划纲要》等，通过加强落后地区交通基础设施建设，有效改善欠发达地区居民出行条件，仅党的十八大以来的五年时间内就新改建农村公路 127.5 万公里。另一方面，通过补贴为偏远地区开通客运班列，普速铁路客运长期保持低价保

障百姓基本长途出行需求，并对特定群体实行优惠票价。与此同时，我国城市实行"优先发展公共交通"的政策，保障城市居民的基本出行需求。

四、坚持技术创新与运用，实现软件硬件共同发展

我国客运市场高质量发展取得一定成绩，得益于现代客运技术的创新和运用，其中高速铁路和互联网技术的作用最为突出。在高速铁路技术方面，通过整体引进技术，消化吸收，逐步实现国产化，并达到了国际先进水平，在快速提升我国铁路客运供给水平和能力的同时，高铁也在尝试"走出去"。互联网技术与客运融合发展取得了良好的市场效果，公路、水路、铁路和民航客运均实现了网上订票，其中铁路和民航线上订票已经是主流。技术创新和广泛运用产生了联动效应，使交通基础设施建设力度加大，补齐了我国长期存在的硬件设施短板，实现了客运服务的软件与硬件共同发展。

五、坚持发挥制度优势，有效应对世界级客运难题

"春运"和"黄金周"被国内外学者称为史诗级的人口大迁徙事件，考验着我国客运服务系统，是世界级客运难题。党中央、国务院高度重视"春运"工作，每年"春运"期间，国家发展和改革委员会联合多个政府部门出台应对方案，通过优化各种运输方式结构、积极调动多方运能、引导旅客错峰出行、搞好车流疏导组织、做好应急备灾工作，保障广大人民群众的出行需要，体现了我国集中力量办大事的制度优越性。在解决世界级客运难题过程中，我国客运服务系统取得了极大进步，在客运组织、安全保障、价格监管和部门协调等方面积累了丰富经验，有效指导建设有中国特色的高效、便

捷客运服务系统。

第四节　客运市场发展展望

与高质量发展要求相比，我国客运市场仍然面临诸多不平衡不充分问题，绿色出行、市场化改革、出行安全、服务公平和技术创新等方面的发展永远在路上。未来我国客运市场发展有如下趋势：

一是客运市场化改革持续推进。客运市场供给主体更具活力、服务创新意识更强，铁路客运引入更多市场竞争，客运价格市场调节范围进一步扩大，公路和水路客运市场准入制度更加科学，低成本航空和通用航空有序发展，低收入群体基本出行需求进一步得到保障。

二是多种客运方式竞争与协同发展并存。各种客运方式竞争加剧，中短途客运高铁与公路竞争，长途客运高铁与民航竞争；旅客联程联运市场空间大，现代综合客运枢纽建设加快，各种客运方式有效衔接。

三是绿色安全客运理念深入人心。绿色出行需求增多，合理引导私家车出行、公路营业性客运向铁路等大容量、绿色出行方式转变；客运安全更受重视，客运系统安全保障能力增强。

四是客运技术不断创新。互联网、大数据和云计算等新技术在客运领域运用更加广泛，高速铁路、磁悬浮列车等装备技术获得新突破。

五是客运市场国际化步伐加快。外资进入我国客运领域门槛降低，更多中国客运企业走出去，提升国际竞争力。

第八章　货运与物流发展

改革开放 40 年以来，我国货运物流领域取得的成就举世瞩目。2017 年，全国铁公水航合计完成货运量 472 亿吨，货运周转量 19.1 万亿吨公里，持续多年位居世界首位。规模以上港口完成货物吞吐量 126 亿吨，集装箱吞吐量 2.37 亿 TEU，全球货物和集装箱吞吐量规模前十的港口中，我国均占据七席。全国快递服务企业累计完成快递业务量超过 400 亿件，同比增长 28%，总量及增速连续 4 年稳居世界第一。依托互联网物流平台的无车承运人模式得到蓬勃发展，新技术带动货运物流效率提升和运行成本降低；无人仓、无人机、无人驾驶等自动化、智能化手段在货运物流领域加快试验；高铁快运等中国特色物流模式发展方兴未艾。货运物流行业从初期的以提供简单的运输服务发展到今天提供全过程的物流供应链解决方案，物流的服务质量、成本效率均实现了大幅提升，货运物流从支撑国民经济发展到引领经济和产业发展模式创新，未来将成为我国经济高质量发展的动力引擎。

第一节 货运物流发展历程及成就

一、改革开放撬动公水领域市场化改革（1978—1992年）

（一）市场化改革释放公水领域市场潜力

改革开放前，我国公路、水运等运输领域与其他行业相同，采取的是高度集中的计划经济，政府主管部门通过指令性计划组织运输，企业没有市场经营权，运输价格也由国家统一规定。在此背景下，我国公路、水运等物流服务领域发展缓慢，运力规模小、运输效率低，极大制约了我国经济社会发展。80年代初，随着十一届三中全会提出以经济建设为中心，由此拉开了我国货运市场化改革序幕。改革开放早期的1978年到1985年，公路、水运等领域采取积极市场化行动。1983年全国交通会议提出"有路大家行车、有水大家行船"思想极具代表性。具体政策包括1984年2月国务院颁布的《国务院关于农民个人或联户购置机动车传和拖拉机经营运输业的若干规定》，1985年5月交通部下发《关于重申积极维护城乡个体运输业合法权益的通知》等。此阶段后期的1985年至1991年，在继续推进市场化改革的基础上，积极完善相关的配套管理政策成为工作重点。

改革的各项措施，特别是市场放开和企业自主经营格局的确立，极大地激发了企业参与公路、水路货运市场的活力，市场主体呈现多样化特点，各类运输企业发展迅速，全社会运输能力得到快速增长。1978 年我国货运汽车保有量仅 100 万辆，到 1985 年翻了一番多，达到 223 万辆，到 1991 年达到了 399 万辆。营运船舶总载重吨由 1978 年的 1172 万吨提高 1991 年的 2941 万吨。运力的快速增长，不断适应和支持我国经济社会发展需要，1978 年我国全社会公路货运量仅 15 亿吨，而到 1985 年的 7 年间，货运量增长了约 4 倍，达到 54 亿吨，到 1991 年达到 73 亿吨，周转量则由 1978 年的 350 亿吨公里增长到 1991 年的 3428 亿吨公里，水运周转量也由 1978 年的 3800 亿吨公里增长到 1991 年的 12955 亿吨公里。

（二）其他各种货运方式在改革探索中前进

航空货运领域改革发展。由于改革初期经济发展相对落后，航空货运需求有限，且航空货运市场主体与民航客运高度重合，其发展与行业整体改革同步。这一时期，民航领域主要开展了政企分开，管理局、航空公司、机场分设的管理体制改革，尚未涉及民用航空货运市场放开等内容。1987 年开始，民航在北京、上海、广州、成都、西安、沈阳设立 6 个地区管理局，各省成立省局与机场合一管理，企业化开展机场运营，形成总局—地区局—省局（机场）三级管理，并将原 6 个地区局的航空业务、资产、人员剥离，成立了中国国际、东方、南方、北方、西南、西北等六大航空公司，成为自主经营、独立核算、自负盈亏的市场主体。在政企分开，市场化企业运作条件下，各航空公司发展迅速，航空货运规模也以客机带货的模式快速增长。1978 年我国民用航空货物周转量仅 0.97 亿吨公里，而 1991 年增长了 9 倍，达到了 10.1 亿吨公里。

国际海运领域改革发展。在国际海运领域，这一阶段的改革重点是推进政企分开，所有权和经营权分离。由于国际海运对市场主体规模和能力要求较高，国际海运领域并没有放开市场，因此市场主体均为国有海运企业。随着中国远洋等国有大型海运企业自主经营权提高，企业扩张动力较强，依托对外开放环境改善，这一时期我国的国际海运能力与规模得到迅速提升。1978 年国际远洋货运量3659 万吨，周转量 2487 亿吨公里，而到 1991 年分别达到 10567 万吨、8990 亿吨公里，增长势头十分强劲。

铁路货运领域改革发展。铁路货运领域与航空领域相类似，以铁路整体改革的形态出现，这一阶段铁路领域的改革重点是在原铁道部整体层面上实行"大包干"，即除了缴纳营业税、城市建筑税、教育附加费以外，全部利润留给原铁道部，用于发展铁路，全面承包设施建设、设备建造和运输经营等。原铁道部内推进了扩大路局自主权试点，并组建了广深铁路公司，试点实行"自主经营、自负盈亏、自我改造、自我发展"。铁路在大环境下，尝试推进市场化，但没有改变政企不分的基本格局，以及一家独大，缺乏竞争机制等状况，铁路货运虽然在改革开放初期得到了较快发展，但线路等设施设备能力增长有限，货运规模增长缓慢。1978 年至 1991 年，铁路货运量由 11 亿吨增长为 15.3 亿吨。但是，此阶段我国在铁路货运重载化、铁路客运快速化基础上释放线路货运能力等方面做出了有益探索。在此期间，配合煤炭、矿石等大宗物资的运输，铁路发展货运思路定位于重载运输。1992 年，大秦铁路建成通车，设计能力 1 亿吨，到 2002 年实际达到 1 亿吨。此外，1997 年铁路启动大提速工程，挖潜了既有线路能力，释放了更多货运能力，满足了客户对于快速货运的需要，进一步丰富了铁路货运产品。

快递服务初步形成与发展。与公路、铁路等其他运输方式不同，快递是利用各种运输方式，以时效为特征约束，开展的一种特定物流服务业务。我国的快递业务出现于改革开放初期，1980 年我国邮政系统开办了国际邮政特快专递业务，继而于 1984 年开办国内特快专递业务。1985 年中国速递服务公司成立（EMS），成为我国第一家专业快递企业，一直到 1991 年仍是我国唯一的快递服务企业，快递业务量从无到有，于 1991 年达到 566 万件。

二、邓小平南方谈话进一步激发货运市场活力（1993—2001 年）

（一）公路和水路货运进入规模化扩张阶段

随着改革开放的持续深入，这一阶段公路与水路货运进一步深化市场改革，重点推进政企分离。着力引导大型企业建立产权清晰、责权明确、政企分开、管理科学的现代企业制度，先后组建了中远集团、长航集团、中国海运集团等。这些改革措施，为相关企业进一步适应市场竞争，发挥市场机制奠定了基础。

公路货运处于整合提升发展关键期。经过开放初期的快速发展，我国公路货运市场规模庞大、主体众多、能力充裕，2001 年公路货运周转量达到 6330 亿吨公里，较 1991 年又翻了近一番。但在市场繁荣，服务能力和规模得到发展的同时，公路货运领域发展质量不高，市场总体上呈现"小、散、乱、弱"的发展格局。无论是我国运输市场车辆资源使用效率，还是车辆的满载运输比例，或是场站的利用效率，与运输发展较为先进的国家均有较大差距。从产业组织角度，运输市场上大多数企业主体规模小，整个行业资源利用效率低。如我国公路运输货运车辆空驶率在这段时间达到 37% 以上，远高于美国、日本等发达国家的车辆空驶率，公路运输服务质量较低，事故率、货损率等指标也远高于美国、日本等国家。

随着市场经营环境不断完善，这一阶段公路货运企业逐步到了整合与转型的关键节点，一批重要的公路货运企业开始向物流服务商转型，逐步尝试和探索推进网络化的公路运输组织布局，公路物流领域的"规模化、品牌化、集约化"转型发展呼之欲出。此阶段，出现了一批如德邦（1996）、传化（1997）、安能（2000）等规模化、网络化运作企业，启动全国布局。在经历了一段时间野蛮增长后，部分企业开始寻求规模效益，追求品牌化发展。

水运领域特别是国际航运规模化整合发展。水运领域的市场门槛总体较高，特别是国际海运的市场门槛更高。因此，水运领域依托既有国有企业，通过资产整合与现代企业制度的建立，形成了规模化发展格局。中国远洋、中国海运在规模上得到迅速提升，中国远洋、中国海运在国际海运物流市场逐步占有一定的份额，2001年两家集团企业的国际集装箱船舶运力分别达到210条和109条，从运力角度，中远集团跻身全球十大班轮企业，中海集团也进入全球前二十大班轮企业。此外，在货代领域通过适度开放，在一定程度上支撑了当时以国有航运企业为主导的航运市场建设。

（二）民营快递在夹缝中实现突飞猛进发展

民营快递企业大量出现。随着快递服务市场需求的日益增长，特别是大量高时效性物流需求的出现，一些民营快递企业开始出现。1993年申通、顺丰等快递企业分别在浙江和广东成立，但碍于政策法规的限制，民营企业无法获得营业牌照，在政策夹缝中快速发展。

服务与竞争优势下的民营快递企业发展。尽管民营快递企业在政策上未得到明确支持，但由于民营企业在服务导向上更为贴近市场需求，企业运作方式上更为灵活高效，网络针对性更强，对邮政速递的比较优势明显，在我国东部的发达地区实现快速成长。到 2001 年，除了顺丰、申通，韵达、圆通等其他快递企业也相继出现并成长迅速。快递市场规模急速膨胀，年均完成的快递服务量由 1991 年的 566 万件，增长到 2001 年 1.26 亿件，十年间增长了二十多倍，增量绝大多数由民营企业完成。

三、入世开放给货运物流带来全新机遇（2002—2012 年）

（一）现代物流在探索中起步发展

进入 21 世纪，我国相继出台了《关于加快我国现代物流发展的若干意见》以及《关于促进我国现代物流业发展的意见》等两份重要政策文件促进现代物流发展。尤其是 2009 年，《物流业调整和振兴规划》发布，奠定了物流业在国民经济中的地位。物流业与制造业的联动等全面开展，有利地发挥了物流业对于延伸产业链、提升供应链、创造价值链的作用。由此，物流业受到各级政府和各类企业的普遍重视，并成为各方投资者高度关注的领域，在产业规划、基础设施建设、市场培育、投资与运营等各方面均体现出广泛的参与热情，并取得了长足发展。与此同时，在经历前期规模化、网络化和集约化发展阶段后，信息技术作为整合行业资源、匹配车源货源信息、提高行业运作效率的手段得到广泛应用，以发送短信、开发网页版车货匹配系统等为主要特点的第四方物流服务商出现，维天运通（2002）、卡行天下（2010）、国家交通运输物流公共信息平台等各类信息服务平台竞相通过信息化等技术手段进一步提升规模化程度和行业技术水平，获取效益，推动了以"专线运输"为代表的公路货运物流转型发展。

　　总体看，2001 年以来，我国物流总额与物流业增加值呈现加速增长态势，2012 年社会物流总额 177.3 万亿元，比 2000 年增长 9.3 倍，年均增长 21.5%；物流业增加值 2.5 万亿元，比 2000 年增长 3.6 倍，年均增长 13.5%。同期我国社会物流总额增长速度明显高于 GDP 增速，2001 年全国每单位 GDP 的物流需求系数为 1.73，2012 年增至 3.28，表明国民经济各行业对物流的需求正在加速释放，物流产业全面发展基本具备了良好的市场需求基础，物流业在经济社会发展中的作用更加凸显。

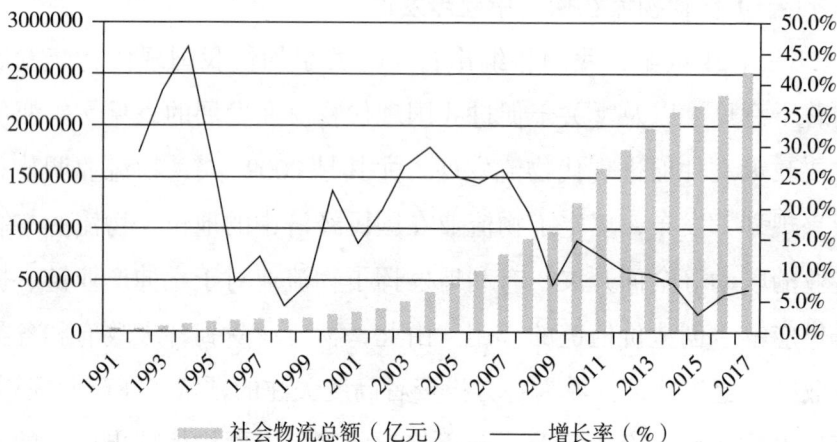

图 8-1　1991—2017 年社会物流总额图

表 8-1　1991—2017 年社会物流总额表

年份	社会物流总额（亿元）	增长率（%）
1991	30290	—
1992	39188	29.3%
1993	54475	39.0%
1994	79237	45.9%
1995	102230	28.7%
1996	110613	8.2%

年份	社会物流总额（亿元）	增长率（%）
1997	124138	12.1%
1998	129387	4.1%
1999	139716	7.9%
2000	171427	22.7%
2001	195442	14.0%
2002	233597	19.6%
2003	296596	27.0%
2004	385038	29.8%
2005	481983	25.2%
2006	595976	24.0%
2007	752283	26.2%
2008	898954	19.5%
2009	966500	7.4%
2010	1254130	15.0%
2011	1583542	12.3%
2012	1773156	9.8%
2013	1977639	9.5%
2014	2134534	7.9%
2015	2192499	2.7%
2016	2297485	6.1%
2017	2528000	6.7%

（二）电商物流异军突起并推动行业变革

从物流领域发展情况看，除去申通（1993）、顺丰（1993）、天天快递（1994）和韵达快递（1999）以外，主要快递企业如圆通、中通、汇通等快递物流企业均在这一阶段出现并快速成长。同时，以淘宝网、京东商城等为代表的电子商务平台飞速发展为快递业规模扩张提供了需求保障。2007年，京东商城开始自建物流；2008年，中通速递成为淘宝网"推荐物流之一"；2009年民营快递法律地位得到承认，当年"双11"活动启动。借助劳动力成本优势和电动车便捷优势，快递企业获取网络化布局和规模经营收益，电商物流成为这一阶段物流业发展的新亮点。电商物流通过赋能实体经济，推动了快递业和电商关联产业的蓬勃发展。

2012年，中国电子商务交易额7.85万亿元，比2000年增长1倍，年均增长率达到6.3%；与此同时，我国快递业务总量56.9亿件，比2008年（有统计的起始年）增长2.8倍，年均增长率达到39.3%；业务收入1055亿元，比2008年增长1.6倍，年均增长率达到26.8%，均远高于同期GDP、货运量及社会物流总额的增速。

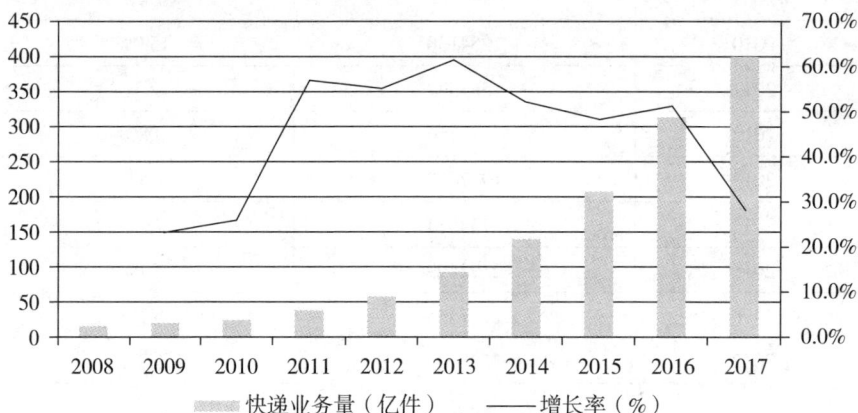

图8-2　2008—2017年快递业务量图

表8-2　2008—2017年快递业务量表

年份	快递业务量（亿件）	增长率（%）
2008	15.1	—
2009	18.6	23.2%

续表

年份	快递业务量（亿件）	增长率（%）
2010	23.4	25.8%
2011	36.7	56.8%
2012	56.9	55.0%
2013	91.9	61.5%
2014	139.6	51.9%
2015	206.7	48.1%
2016	312.8	51.3%
2017	400.6	28.1%

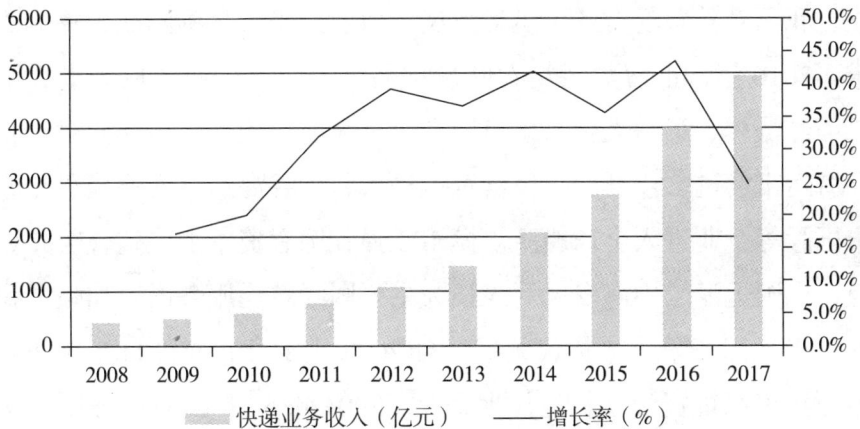

图 8-3　2008—2017 年快递业务收入图

表 8-3　2008—2017 年快递业务收入表

年份	快递业务收入（亿元）	增长率（%）
2008	408.4	—
2009	479	17.3%
2010	574.6	20.0%
2011	758	31.9%
2012	1055.3	39.2%

年份	快递业务收入（亿元）	增长率（%）
2013	1441.7	36.6%
2014	2045.4	41.9%
2015	2769.6	35.4%
2016	3974.4	43.5%
2017	4957.1	24.7%

（三）国际航运市场扩大开放奠定海运大国地位

随着 2001 年底中国加入 WTO，出口导向型经济发展模式确立，我国对外贸易得到了迅猛发展，由此带来大量国际航运物流需求。2010 年，上海集装箱吞吐量排名世界第一，我国成为世界第二大经济体、第一大贸易出口国和第三大航运国家。与此同时，我国海运市场进一步开放，民营资本进入，中谷海运、安通控股和海丰国际等企业进入全球船队规模 100 强；国有资本加快整合兼并重组，中国远洋、中海发展等成长为主要国际航运服务商，加强了我国海运大国竞争力。货代领域，自 2004 年 1 月起允许自然人和其他经济组织投资设立货运代理企业。2004 年 5 月 19 日国务院下文取消货运代理企业经营资格行政审批。船队规模的扩张、港口的发展、航运中心的建设以及货代等行业开放，国际航运及服务贸易能力不断增强，推动我国"海运大国"地位形成。2010 年，上海港完成 2905 万标箱，成为全球第一集装箱港，此后一直保持这一地位。

2012 年，我国对外贸易总额达到 38667.6 亿美元，比 2000 年增长 5.2 倍，年均增长率 16.5%；推动我国国际航运市场迅猛发展。2012 年，我国港口吞吐量达到 107.8 亿吨，比 2000 年增长 2.8 倍，年均增长率 11.9%；集装箱吞吐量实现 1.77 亿标准箱，比 2000 年增长 3.8 倍，年均增长率 13.9%。总体上，外向型经济带动下我国航运市场规模持续快速扩张，航运大国地位基本确立。

（四）铁路重载化和既有线运能释放缓解铁路货运瓶颈

受益于经济高速发展带来的强大资金保障，我国铁路开始了新一轮大规模化建设，有效缓解了铁路货运市场运能不足问题。一方面，积极向既有产能挖潜要效益，铁路重载化技术发展迅猛。2010年，大秦铁路年运量首次超过 4 亿吨。2013 年，朔黄铁路首次突破1 亿吨。另一方面，高铁技术进步和自主开发建设，加上投资支持，高铁开始成网，释放了既有普铁线路运能，带动铁路运输瓶颈缓解，铁路货运取得迅猛发展。

2012 年，我国铁路运输量实现 390438 亿吨，比 2000 年增长 1.2倍，年均增长率 6.7%；铁路运输货物周转量实现 29187 亿吨公里，比 2000 年增长 1.1 倍，年均增长率 6.5%。

（五）民航货物运输实现跨越式发展

入世以来，跨国企业加快向我国转移产能，以笔记本电脑产业产品为代表的高端产品对全球高时效物流需求快速增长，如苹果公司全球营销流通时效仅为 24—48 小时。此外，我国航空事业发展机队规模扩大、航线网络全球布局等也为腹仓带货创造了更好条件，腹仓带货和货运专机等的蓬勃发展，促进了航空货运的持续高速发展。2012 年，我国民航运输量实现 545 万吨，比 2000 年增长 1.8 倍，年均增长率 8.9%。

四、创新驱动货运物流迈向高质量发展（2013 年至今）

党的十八大以来，我国经济进入调结构、转方式的关键期，创新成为驱动经济社会发展的主要动力，经济和产业结构优化调整对货运物流提出了更高效率、更低成本、更强辐射的新要求，而先进信息技术应用为货运物流创新发展提供了新动能，货运物流积极融入"互联网＋"进程，物流行业新技术、新业态和新模式不断涌现，改变了物流行业运行组织方式，为下一阶段物流业从大向强转型和实现高质量发展奠定基础。

（一）"互联网＋"推动高效物流发展

2013 年以来，以互联网、移动互联网、云计算、大数据、物联网等为代表的先进信息技术赋能物流产业，重点聚焦干线运输、城市配送、现代供应链、智能仓储及智能物流等领域，创新出"互联网＋"车货匹配、运力优化、运输协同、仓储交易、物流企业联盟、现代供应链等新模式、新业态，涌现出了满帮集团、卡行天下、福佑卡车等一批互联网物流平台企业。通过信息技术匹配信息资源优势，整合实体资源，加快货运物流领域线上平台与线下实体物流资源的融合发展，提升了全社会物流运输组织效益和运行效率，降低了全社会物流运行成本，初步构建了智慧货运物流产业生态，推动了国家高效物流体系建设。

2016 年 7 月，国家发展改革委印发《"互联网＋"高效物流实施意见》（发改经贸〔2016〕1647 号），进一步明确了以先进技术为支撑的物流业高效发展方向、主要任务。未来，随着引导物流活动数据化、加强物流信息标准化、推动物流数据开放化、促进物流信息平台协同化等措施的实施，我国高效物流体系将为经济社会提供更强动力。

（二）资本与技术齐发力推动物流业创新发展

以 2017 年快递企业集中上市为代表，党的十八大以来，资本加速向物流领域渗透。截至 2017 年底，韵达、顺丰等 7 家快递企业陆续上市，已形成 6 家年收入超 300 亿元的大型快递物流集团。此外，圆通速递等多家企业加速出海开展跨境并购。仓储企业在资本推动下快速扩张，2017 年菜鸟、京东、苏宁以及以物流地产为核心的企业在资本市场均有不同程度表现。此外，资本也成为物流企业并购重要推手，运满满、货车帮合并为"满帮集团"具有代表性。此外，海航、南航、东航等航空运输企业，以及中远海运、中外运、长航等海运企业也在持续发力，通过资本进行并购，提高企业综合竞争力。

在中国经济加快转型的背景下，资本将加速进入有发展潜力和国家政策支持的物流企业。2017 年以来，物流信息化、物流装备仍将获得资本的进一步青睐，无人机、无人货车、无人仓储、无人快递等正在获得更大发展和普及。以无车承运人为代表的物流平台企业也将迎来更大发展空间。

（三）高品质货运物流需求倒逼铁路货运改革

自 2013 年 6 月中国铁路总公司实施货运组织改革以来，我国铁路货物运输经历了触顶回落和触底回升阶段。2013 年，受 2008 年刺激性投资建设的惯性影响，煤炭、矿石等大宗物资运输需求持续增加，铁路货运量达到顶峰的 39.9 亿吨。之后，国际主要经济体复苏缓慢引起的外需减少，我国国内投资边际效益递减以及过剩产能导致的经济下行引致的内需萎缩，使得铁路煤炭、矿石、钢材、石油等大宗物资运输需求大幅下滑，铁路货运量快速回落。2016 年之后，随着去产能、调方式、优结构、转动力等政策实行，宏观经济发展快速增长，对于全程物流服务等高品质货运物流需求增加，铁路积极进行以客户需求为导向的货运组织改革，叠加国家政策引导，铁路货运量开始触底回升。

为最大化满足市场和客户对于现代物流及全程供应链发展的需求，铁路部门通过加快布局规划建设 208 个一二级铁路货运物流基地，建设 95306 网上订单处理网站、改进货物受理方式，创新高铁快运、电商班列、大宗货物直达运输等运输组织模式，推进一口价，推行市场价格改革，针对煤炭、钢铁、有色等 10 个行业 100 家大中型企业提供"门到门""总对总"服务。2016 年以来，受经济回暖因素影响，煤炭、矿石、钢铁等大宗货运需求增加，最终推动铁路货运触底回升。2017 年，铁路货运量占全社会货运量的比重为 7.81%，比上年增长 0.09 个百分点，货运周转量占全社会货运周转量的比重为 14.00%，比上年增长 0.96 个百分点。铁路货运量及周转量分担率结束了自 2013 年起逐年下降的趋势，出现了小幅提升。集装箱、冷链物流、商品汽车运输等成为铁路货运新亮点。

（四）贸易强国战略下企业开始构建全球物流网络

2014 年，国务院印发《关于促进海运业健康发展的若干意见》（国发〔2014〕32 号），首次提出"促进海运业健康发展、建设海运强国"的目标，确立了我国海运强国战略，制定以培育国际竞争力为核心，保障国家经济安全和海洋权益、提升综合国力的海运强国方案。围绕此战略，大量有远见的港航企业把目光投向海外市场，积极推进国际化战略，提高港航企业国际竞争力，打造具有较强实力的跨国公司。2010 年 6 月 1 日，中远集团全面接管希腊比雷埃夫斯港集装箱 2 号、3 号码头，目前，中远集团在全球投资经营 32 个码头，总泊位达 157 个；中外运投资英保客集团；上港集团成功收购马士基旗下泽布吕赫码头公司 25% 的股权；招商局集团于俄罗斯明斯克打造"中白商贸园 + 中白工业园（中联重科、中兴通讯等）+ 立陶宛港口及物流 + 跨境人民币结算中心"于一体的全球供应链体系，创新"产业园 + 铁路 + 港口 + 产品组织 + 人民币国际化"等发展模式。物流从配套服务角色转变为通过构建全球物流供应链网络支撑贸易强国战略实施的重要抓手。

　　未来伴随"一带一路"建设，我国航运企业要不断加强保障能力、经营效率和成本竞争能力、全球供应链网络建设及组织能力，逐步增强国际物流控制力，进而获得更多规则制定话语权和价值链获取能力，建成社会主义现代化交通强国。

（五）中欧班列成为"一带一路"倡议重要载体

　　随着"一带一路"倡议得到沿线国家和地区的广泛支持，2017 年，中欧班列开行数量迅猛增长，全年开行 3673 列，同比增长 116%，超过过去 6 年的总和。服务范围快速拓展，国内开行城市 38 个，到达欧洲 13 个国家 36 个城市，较 2016 年新增 5 个国家 23 个城市，铺画运行线路达 61 条。运行效率不断提升，铺画了时速 120 公里中欧班列专用运行线，全程运行时间从开行初期的 20 天以上逐步缩短至 12—14 天。运行成本不断降低，整体运输费用较开行初期下降约 40%。货源品类不断丰富，由开行初期的手机、电脑等 IT

产品逐步扩大到衣服鞋帽、汽车及配件、粮食、葡萄酒、咖啡豆、木材等品类。

未来，依托中欧班列的规模化开行优势，赋能沿线国家间产能合作及贸易往来，形成以铁路国际多式联运提单为牵引、以贸易和产业为依托、以我国金融服务为支撑、以人民币国际化为导向的贸易新规则，创新实现"物流＋贸易＋产业＋金融"一体化运作的政策措施，中欧班列有望成为重塑我国为主导的国际贸易新规则的重要支撑。

第二节　货运物流发展特点

一、货运物流产业规模迅速扩大，增长动能交替转换

2017 年，我国全社会货运量达到 472.4 亿吨，较 1978 年的 31.9 亿吨，40 年间增长了 13.8 倍，年均增速达到 7.0%。货运量一方面反映出货运物流行业总体市场规模大小以及对我国经济发展贡献的大小，另一方面也体现经济社会发展对货运物流业的需求和相互依赖度。从发展历程看，受制于各种运输方式发展基础、启动市场化改革的时间和条件、国际国内经济产业发展和结构调整对货运物流要求等不同，铁路、水运、公路、民航、管道等在不同时期承担着不同的角色任务，推动货运物流行业发展。

1978—1985 年间，在市场化改革初期，由于基础设施总体短缺，货运供给能力严重不足，立足于集中力量办大事、保障大宗物资运输等原则，各运输方式采取相对集中的计划经济。从运行组织

角度，政府主管部门通过指令性计划组织运输。在此背景下，铁路具有的大运量优势以及固有良好基础、水路运输的天然大运量、低成本优势，决定了此时期铁路、水运承揽了主要运输任务。1978 年，铁路、水运完成货运量分别为 11.01 亿吨和 4.74 亿吨，分别占据总运量的 34.5% 和 14.8%，完成货物周转量分别为 5345.2 亿吨公里和 3801.8 亿吨公里，分别占货运周转量的 53.8% 和 38.3%。1980 年，铁路、水运完成货运量分别为 11.1 亿吨和 4.27 亿吨，分别占据总运量的 34.5% 和 14.8%，完成货物周转量分别为 5717.5 亿吨公里和 5076.5 亿吨公里，分别占据总货物周转量的 49.2% 和 43.7%。

　　1985—2007 年的十多年间，伴随着 1984 年开始的"有路大家行车、有水大家行船"等政策支持文件的出台，公路、水路率先进行市场化开放，个体运输户得到政策支持，短期内实现了货运车辆快速增长和货运服务能力提升，公路与铁路、水运一起成为较长一段时间内我国货运市场发展的主体和主要动能。1985 年，公路、铁路、水运完成货运量分别为 53.8 亿吨、13.1 亿吨和 6.3 亿吨，分别占总运量的 72.1%、17.5% 和 8.5%，完成货物周转量分别为 1903 亿吨公里、8125.7 亿吨公里和 7729.3 亿吨公里，分别占总货物周转量的 10.4%、44.2% 和 42.1%。总体上，公路货运量上升较快，承担了绝大部分中短途货物运输。铁路、水运则因其对在大宗货物长距离运输优势，在周转量上占据一定优势。此后相当长一段时间内，公路货运量、货运周转量一直保持持续上升势头，而铁路货运量、货运周转量占比持续降低。入世之后，我国逐步成长为贸易大国，带动了水路货运量及货物周转量较快上升。2007 年，铁路、公路、水运货运量分别完成 31.4 亿吨、163.9 亿吨和 28.1 亿吨，占总货运量比重达到 13.8%、72.0% 和 12.4%。完成货运周转量 23797 亿吨公里、

11354.7 亿吨公里和 64284.8 亿吨公里，分别占货物周转量的 23.5%、11.2% 和 63.4%。

2008 年，公路运输统计调整，重新确定各方式货运物流发展情况。之后，铁路货运量和货运周转量一直下降，水运方面，得益于金融危机后 4 万亿投资带来的港口扩张发展，货运量和货运周转量在新确定基数上逐步攀升。总体看，公路仍然占据主导地位，随着公路建设的持续发力，我国路网规模不断增长，网络不断完善，同时我国汽车工业发展和货物运输需求持续增长，引致我国公路运输服务大发展。公路运输占全社会货运量比重超过铁路，成为推动货运物流发展的新动力。此外，随着产业结构调整，经济发展和人民生活水平提高，电商物流、快递等物流新业态成为推动货运物流发展的新亮点。

2017 年，在经历了多年发展低谷后，铁路货运量和水运周转量首次呈现回升态势。未来随着我国产业结构调整和运输方式间技术经济特点的充分发挥，铁路、水运在中长距离运输比重将有所增长。与此同时，高铁快运、航空货运等方式在不同历史阶段也扮演了重

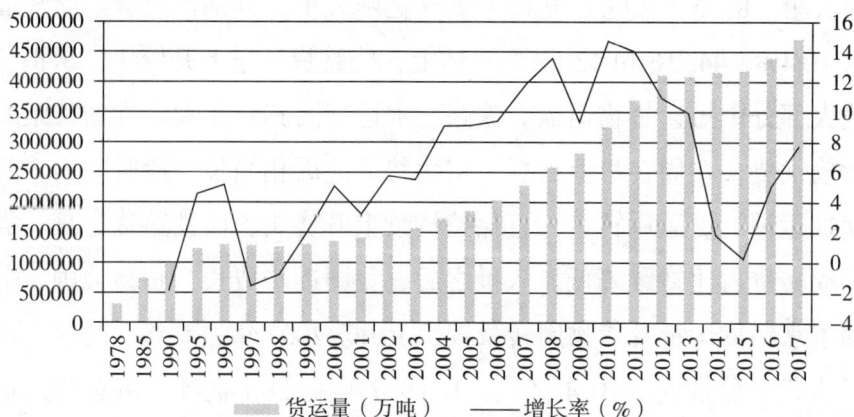

图 8-4　1978—2017 年全社会货运量及增速图

要角色，推动我国货运物流服务升级和模式创新。

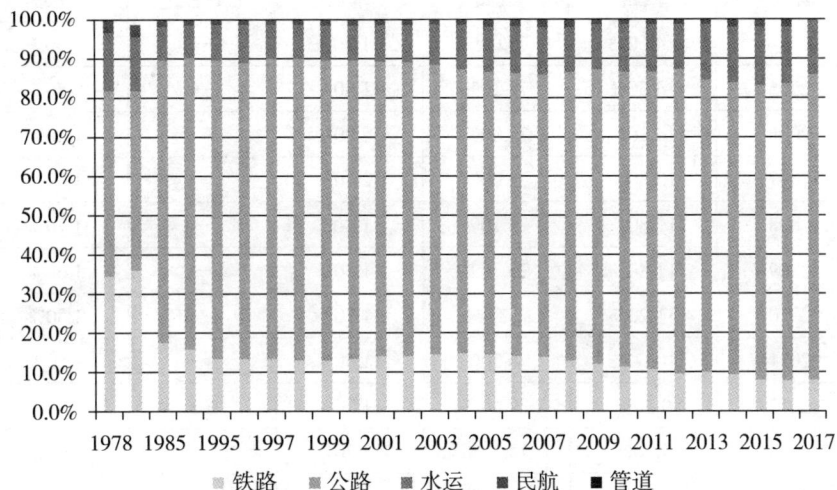

图 8-5　1978—2017 年全社会各方式货运量市场份额图

表 8-4　1978—2017 年全社会各方式货运量市场份额表

年份	铁路	公路	水运	民航	管道
1978	34.50%	47.50%	14.80%	—	3.20%
1980	35.80%	45.70%	13.70%	—	3.40%
1985	17.50%	72.10%	8.50%	—	1.80%
1990	15.50%	74.60%	8.30%	—	1.60%
1995	13.40%	76.10%	9.20%	—	1.20%
1996	13.20%	75.80%	9.80%	—	1.20%
1997	13.50%	76.40%	8.90%	—	1.30%
1998	13.00%	77.00%	8.60%	—	1.40%
1999	13.00%	76.60%	8.90%	—	1.60%
2000	13.10%	76.50%	9.00%	—	1.40%
2001	13.80%	75.40%	9.50%	—	1.40%
2002	13.80%	75.30%	9.60%	—	1.40%
2003	14.30%	74.10%	10.10%	—	1.40%

续表

年份	铁路	公路	水运	民航	管道
2004	14.60%	73.00%	11.00%	—	1.40%
2005	14.50%	72.10%	11.80%	—	1.70%
2006	14.10%	72.00%	12.20%	—	1.60%
2007	13.80%	72.00%	12.40%	—	1.80%
2008	12.80%	74.10%	11.40%	—	1.70%
2009	11.80%	75.30%	11.30%	—	1.60%
2010	11.20%	75.50%	11.70%	—	1.50%
2011	10.60%	76.30%	11.50%	—	1.50%
2012	9.50%	77.80%	11.20%	—	1.50%
2013	9.70%	75.10%	13.70%	—	1.60%
2014	9.20%	74.70%	14.40%	—	1.80%
2015	8.00%	75.40%	14.70%	—	1.80%
2016	7.60%	76.20%	14.50%	—	1.70%
2017	7.80%	78.00%	14.10%	—	—

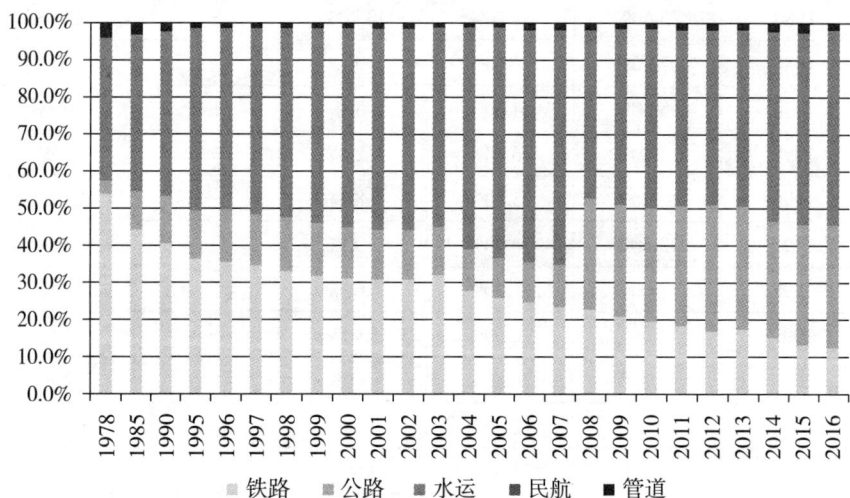

图 8-6 1978—2016 年全社会各方式货物周转量市场份额图

表 8-5　1978—2016 年全社会各方式货物周转量市场份额表

年份	铁路	公路	水运	民航	管道
1978	53.8%	3.5%	38.3%	—	4.3%
1985	44.2%	10.4%	42.1%	—	3.3%
1990	40.5%	12.8%	44.2%	—	2.4%
1995	36.3%	13.1%	48.9%	0.1%	1.6%
1996	35.8%	13.7%	48.8%	0.1%	1.6%
1997	34.6%	13.7%	50.1%	0.1%	1.5%
1998	33.0%	14.4%	50.9%	0.1%	1.6%
1999	31.8%	14.1%	52.4%	0.1%	1.5%
2000	31.1%	13.8%	53.6%	0.1%	1.4%
2001	30.8%	13.3%	54.5%	0.1%	1.4%
2002	30.9%	13.4%	54.3%	0.1%	1.3%
2003	32.0%	13.2%	53.3%	0.1%	1.4%
2004	27.8%	11.3%	59.7%	0.1%	1.2%
2005	25.8%	10.8%	61.9%	0.1%	1.4%
2006	24.7%	11.0%	62.5%	0.1%	1.7%
2007	23.5%	11.2%	63.4%	0.1%	1.8%
2008	22.8%	29.8%	45.6%	0.1%	1.8%
2009	20.7%	30.4%	47.1%	0.1%	1.7%
2010	19.5%	30.6%	48.2%	0.1%	1.5%
2011	18.5%	32.2%	47.3%	0.1%	1.8%
2012	16.8%	34.3%	47.0%	0.1%	1.8%
2013	17.4%	33.2%	47.3%	0.1%	2.1%
2014	15.2%	31.3%	51.1%	0.1%	2.4%
2015	13.3%	32.5%	51.5%	0.1%	2.6%
2016	12.7%	32.7%	52.2%	0.1%	2.2%

二、经济产业与技术变革等推动货运物流跨越式发展

（一）宏观经济发展决定货运物流需求总量规模

货运物流属于实体经济的派生性需求，因此宏观经济发展等因素在很大程度上决定了货运物流需求规模。

结合我国宏观经济发展重大节点和历史阶段看，改革开放40年以来标志性的事件有改革开放（1978年）、邓小平南方谈话（1992年）、中国加入WTO（2001年）、党的十八大召开（2012年）等。其中改革开放初期，通过体制机制和市场的开放，鼓励个体运输户经营，推动了公路、水运货运市场变革，由此，货物运输能力有效释放促进了经济快速发展；邓小平南方谈话后，通过继续推动公路、水路运输领域全面市场化改革，市场过度竞争等弊端初显，政府开始实施宏观调控以实现货运市场适度竞争；我国加入WTO后，随着我国对外贸易的发展，进出口增加和航运市场的逐步开放，推动了我国航运市场的大变革。此外，电商的快速发展推动电商物流及快递业的跨越式发展。党的十八大召开以来，全面深化改革成为主要方向之一，加上资金、技术等不断涌入，货运物流领域不断通过技术创新、模式创业、业态创新，在实现行业高质量发展的同时也有效支撑国民经济社会更好发展。

（二）产业结构优化调整推动货运物流服务升级

从产业空间布局与物流发展布局的耦合关系，以及产业结构对货运物流的需求看，不同产业结构条件下，生产的产品和所需原材料的物流组织方式差异较大，对物流运输方式及组织形式要求也显著不同。总体上讲，处于工业化发展阶段特别是重化工占比较大的

国家总体物流费用比服务业占比较高的国家要高。因此，产业结构变化及调整会影响货运物流发展形态以及优化升级速度。

物流总费用变化趋势与我国经济结构调整步伐基本同步。党的十八大以来，随着我国进入调结构、转方式攻坚期，产业结构调整优化对物流总费用占 GDP 比重也产生了较大影响。2015 年我国服务业占 GDP 的比重首次超过 50%，达到 50.5%，工业主导向服务业主导转型的趋势更加明显。而这几年正是我国社会物流总费用与GDP 的比率下降最快的年份，从 2012 年的 18.0% 下降到 2017 年的14.6%，这一趋势仍在持续。随着未来我国经济由高速增长向高质量发展迈进，产业结构调整仍将继续深化，对货运物流发展的新要求将成为我国货运物流领域发展的新动力。

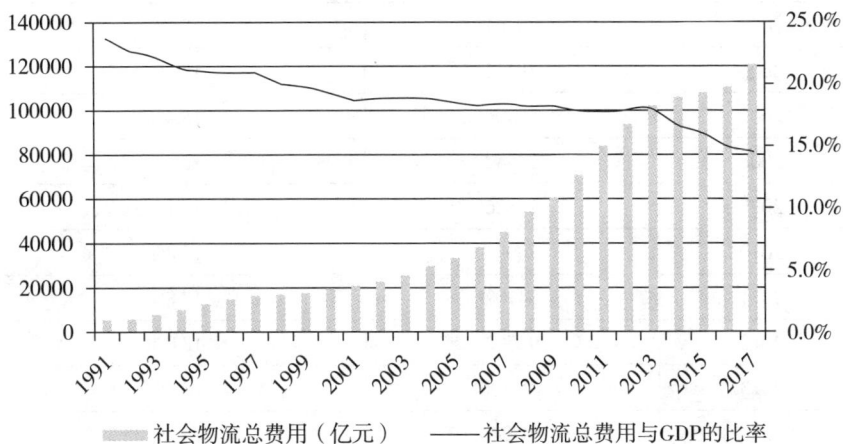

图 8-7　1991—2017 年社会物流总费用与 GDP 的比率变化图

表 8-6　1991—2017 年社会物流总费用与 GDP 的比率变化表

年份	社会物流总费用（亿元）	社会物流总费用与 GDP 的比率
1991	5182	23.7%
1992	6137	22.7%

年份	社会物流总费用（亿元）	社会物流总费用与 GDP 的比率
1993	7898	22.2%
1994	10338	21.3%
1995	12884	21.1%
1996	14992	20.9%
1997	16667	21.0%
1998	17021	20.1%
1999	17814	19.8%
2000	19230	19.3%
2001	20619	18.7%
2002	22741	18.8%
2003	25695	18.8%
2004	30002	18.8%
2005	33861	18.6%
2006	38415	18.3%
2007	45406	18.4%
2008	54542	18.1%
2009	60826	18.1%
2010	70984	17.8%
2011	84102	17.8%
2012	93702	18.0%
2013	102396	18.0%
2014	105944	16.6%
2015	108096	16.0%
2016	110628	14.9%
2017	121000	14.6%

（三）货运物流领域各运输方式形成有力互补支撑

伴随着我国经济社会发展的不同阶段，铁路、公路、水运等各运输方式交替推动交通运输大发展和支撑引领经济发展。我国公路、水运领域市场开放较早，可以更灵活适应市场需求变化，这两种运输方式占据了我国货运市场超过 70% 的份额。具体而言，我国公路建设采取"贷款修路，收费还贷"政策，短期内构建了大规模公路网，公路条件改善带动公路运输服务爆发式增长。而入世之后，伴随着我国外向型经济的发展和航运市场的开放，大量船舶购置、港口及航运中心建设、航运服务等产业的开放发展等，水运也得到较大发展。相对而言，铁路由于市场化改革步伐缓慢，在货运市场的份额也逐步降低。民航、管道等领域由于供给能力和适应性受限制，主要服务高端生产和消费物流需求。总体而言，各种运输方式充分发挥各自的经济技术特征，为国民经济发展形成良好支撑。

（四）技术进步促货运物流资源整合与效率提升

公路领域，随着移动互联网、云计算、大数据、物联网等先进技术在货运物流领域的广泛应用，车源、货源等信息的高效匹配，提高了我国物流运作效率，降低了全社会物流运行总成本，同时通过资源整合，实现了物流运作的规模化、网络化和品牌化，正在改变我国公路运输物流产业生态。得益于公路运输领域的率先创新发展，公路运输市场份额持续扩大，引领货运物流产业发展。铁路领域，随着铁路大提速、重载化改造、高铁等技术的发展，释放了既有线的货运能力，也提高既有线的运载能力。此外，高铁建设为开展高铁快运，实现普铁、高铁协调发展提供基础支撑。航运方面，船舶大型化、江海船型标准化等也有力支撑了我国对外开放和外向型经济发展。民航客机改货机等技术改造，也在一定程度上保障了专业化民航货运发展，为构建有竞争力的"轴辐式"航空货运网络奠定基础。总体看，技术进步成为影响货运物流发展以及提升货运物流效率的重要手段。

第三节　货运物流发展经验

货运物流经过 40 年的快速发展取得了辉煌成就，既得益于我国经济高速增长和科技日新月异，也为我国经济社会变革与发展提供了有力支撑，发挥了引领作用，为进一步推动改革开放积累了宝贵经验。

一、与实体经济深度融合发展

货运物流是实体经济的派生需求，改革开放以来相当长的一段时期内，我国货运物流都作为制造、商贸等企业的内部业务，附属于生产流通环节，与实体经济的关系十分紧密，但效率与服务水平不高。20 世纪 90 年代，随着我国生产流通成本上升，企业开始向物流领域发掘利润空间，实体经济自发产生的专业化服务需求成为我国社会化货运物流发展的最初动能。中国加入世贸组织以后，主动承接全球产业转移，迅速成长为世界制造业中心，对外贸易也快速发展，货运物流规模急剧扩张，货运量与货物周转量均上升至全球首位，尤其是港口吞吐量、海运贸易量、航空货运量等增长迅猛。党的十八大以来，我国全面推进"一带一路"倡议，实施京津冀协同发展和长江经济带等战略，加快发展《中国制造 2025》，积极扩大国内需求，特别是十九大以来，提出建设现代化经济体系，把着力点放在实体经济上，货运物流也顺应经济转型升级发展趋势，不断调整优化结构、创新发展模式，出现了快递物流爆发式增长、中欧班列密集开行等多个新热点。改革开放 40 年发展历程表明，货运物流必须与经济社会深度融合发展，既要支撑引领经济社会的发展进步，也要响应需求、顺应趋势，抓住经济社会尤其是实体经济发展和转型创造的每一次机遇，拓展市场空间和推动产业升级，在融合联动中相互促进、共同发展。

二、依托现代科技加快转型升级

货运物流产业的每一次大发展都伴随着技术进步与装备升级。改革开放之初，我国交通运输装备技术水平极为落后，货运处于粗放式发展状态，而且由于产业结构偏重于一二产业，低端运输供给与需求均占据主导地位，成本居高不下，与发达国家存在明显差距。科学技术的发展以及在货运物流领域的广泛应用，极大提高了我国货运物流装备技术水平和组织操作效率，推动了行业转型升级。40 年来，我国铁路高速技术、重载技术取得突破性进展，车联网与车路协同等智能管控与协同运行技术深入推进，船舶大型化、专业化水平不断提高，航空货运机队规模快速扩大，有力支撑了我国货运物流服务效率的提升和辐射空间的拓展，促进运输与物流成本降低。近年来，货运物流与互联网、物联网、云计算、大数据等现代信息技术深度融合，嫁接现代金融，物流服务呈现综合化、智能化、绿色化发展趋势，一些领域通过组织方式与业务模式创新，释放基础设施潜在服务能力，并引领制造、流通和对外贸易等产业高端化发展。

三、着力拓展新空间、新领域

由于我国现代物流业发展起步相对较晚，整体竞争实力不强，行业发展长期处于价值链低端，国际竞争力不强等问题凸显。在改革开放的推动下，我国货运物流业发挥后发优势，积极拓展物流发展新空间、新领域，有效整合各种资源，在扩张发展中寻找机遇，不断提升行业竞争力。改革开放以来，铁路渐进推进货运体制改革，由原来完全计划指令性组织方式逐渐迈向市场化，在煤运专用通道、集装箱班列、铁路物流基地等领域进行了市场化的积极探索，近年来，利用高铁、快运班列等新型运输组织方式与公路运输、快递等企业开展合作，拓展了新增长空间。公路货运是最早推进市场化改革领域，"有路大家行车"的市场开放政策使行业快速繁荣，但又迅速陷入多、小、散、弱和无序竞争的局面，"互联网＋"物流等新业态、新模式的出现，加快了行业资源整合步伐，使行业发展迈上新台阶。国际海运、港口物流、航空货运、快递物流等领域伴随我国对外贸易高速增长和消费内需快速扩张快速发展壮大。在物流枢纽、智能港口、电子商务、跨境电商、农村物流等新领域加快市场培育，依托供应链服务重构生产与流通组织，不仅拓展了货运物流业的市场空间，也为我国现代化经济体系建设作出了积极贡献。

四、调动各方积极性合力推进

党的十九大报告指出，我国要着力构建市场机制有效、微观主体有活力、宏观调控有度的经济体制，货运物流40年改革开放一系列成就的取得，正是由于政府、企业、社会等各方在不同时期、不同领域发挥了各自作用，作出了积极贡献。政府层面，我国借鉴发达国家经验，将现代物流理念融入行业发展中，各级政府在加大基础设施投入的基础上，从政策、规划、资金等多维度加强对货运物流业的引导和扶持，当出现投资过热倾向时，政府从宏观层面进行调控，控制和避免重复建设与资源浪费，此外，结合交通运输多方式协同和物流业作为复合型产业特性，实施了交通大部制管理体制改革，建立了跨部门、跨区域协调机制，着力推动简政放权和加强市场监管，为物流业健康、有序发展提供了可靠保障。企业层面，我国各种所有制形态、不同规模企业并存，形成多元化的市场主体结构，尤其是入世后，大量外资物流企业进入国内市场，带来了先进管理理念与技术，通过供应链重构与产业深度协同发展，促进了我国商品"走出去"。近年来，我国货运物流领域创新不断，大多都是以企业为主体开展，民营企业异军突起，国有企业加快混合所有制改革，使我国货运物流焕发出新生命力。社会层面，各类协会组织在促进行业自律和加强协作、推动标准规范统一、促进信息开放共享等方面发挥了积极作用，以国家发展改革委综合运输研究所为代表的各类科研学术机构在综合运输和现代物流进行了理论研究和实践探索，指导了货运物流行业的发展。

第九章　城市交通发展与治理

　　城市是具有相当面积、经济活动和住户集中，以致在私人企业和公共部门产生规模经济的连片地理区域。城市的出现，是人类走向成熟和文明的标志，也是人类群居生活的高级形式。改革开放以来，我国城镇人口从 1978 年的 1.72 亿，增长到 2016 年的 7.93 亿，从农村转移到城市的人口约相当于 2 个美国人口、5 个日本人口，其规模之大为人类历史所未有，对我国经济社会发展，乃至全人类的进步都起到了重要推动作用。城市活力与流动性成正比，其人流、物流、资金流、信息流的畅通程度，直接决定了一个城市的发展水平。城市交通作为城市客流、物流的基本载体，近 40 年来无论从服务能力还是服务水平上，均取得长足发展，有力支撑了这一场人类历史上前所未有的城镇化进程，为我国经济社会发展作出了不可磨灭的贡献。但同时也存在交通拥堵严重、出行环境不佳、空气污染加剧等突出问题，在一定程度上制约了城市的高质量发展，未来应着重加以改善。

第一节　城市交通治理思路的演变

　　改革开放以来，随着经济社会的快速发展和人民生活水平的不断提高，我国城市交通经历了以自行车为主导的非机动化、以公共汽车和出租车为主导的初步机动化和以私人小汽车为主导的全面机动化三个主要阶段。在发展进程中，城市交通治理也完成了由"无为而治"到"鼓励以公交车和出租车为主的机动化"到"加强城市道路建设缓解小汽车交通拥堵"到"加强智能交通控制提升通行效率"到"公交优先发展优化城市交通结构"，再到"综合施策缓解交通拥堵"的思路转变。

一、以自行车为主导的非机动化阶段（1978—1984 年）

改革开放以前，我国城市交通基础设施相对薄弱，但由于经济发展水平有限，城市规模较小，居民出行以步行为主，半径基本上都在 5 公里范围内。

1981 年 5 月，国务院召开全国日用机电产品工作会议，决定大力发展"自行车、缝纫机、钟表、电视机"等十种日用机电产品的生产，各地争先兴建自行车厂和零配件厂。到 1983 年，全国自行车实际产量已达 2758 万辆，但远远不能满足居民购买需求，仍需凭票[①]购买。1984 年 7 月，国务院批转国家经委报告，要求促进企业联合，扩大优质自行车生产，三年内做到名牌车敞开供应，取消票证。到 1986 年，仅前十一个月全国自行车产量就达 3229 万辆，相当于平均一秒钟就有一辆自行车出厂，自行车得以快速进入家庭。根据相关统计，80 年代初期，大中城市自行车的年均增长率超过10%，自行车在居民结构中所占比例超过 50%，成为城市主要出行

---

① 新中国成立初期，为保持供需平衡，我国对城乡居民生活必需品实行凭证凭票凭券的计划供应。

方式。

自行车的普及在方便市民出行、拓展城市生活半径的同时，也带来了最初的交通拥堵。以天津市为例，1981年早高峰小时自行车流量超过1万辆的路口达19个，最高达38413辆；1982年广州市高峰小时自行车流量超过1万辆的路口已有22个，个别路口高达3—4万辆。自行车拥堵已经成为全国大城市交通发展的常见问题，影响到居民出行效率和安全，以及为数不多公共交通车辆和私家车的正常通行。

这一时期，由于各城市政府的主要精力都放在恢复经济建设上，交通拥堵问题虽然已经十分突出，但并没有引起足够重视。从中央到地方，城市交通相关工作多停留在按部就班的城市道路建设和交通秩序管理上，缺乏系统化、清晰化的城市交通发展思路，因此只能算管理，谈不上治理。

二、以公共汽车和出租车为主导的初步机动化阶段（1985—1999年）

为加快提升城市交通机动化水平，同时缓解日益严重的自行车交通拥堵，1985年，由国家科委、国家计委、国家经委等联合出版《中国技术政策》蓝皮书，要求各地根据总体规划要求，进行道路网络和交通设施的优化设计，并明确我国城市交通的主要发展目标为：重视城市道路基础设施的建设，提高道路通行能力，拓宽路面，推广应用快慢分行的道路，有计划的开辟货运、自行车、步行专用道路；大城市要以发展公共交通为主，鼓励有条件的城市逐步发展快速轨道交通，积极发展出租车；对城市自行车采取因势利导，适当控制的积极治理方针，针对不同城市采取不同对策，限制摩托车、私人小汽车等私人机动化交通工具发展。

在国家政策引领下，各城市政府开始有意识、有目标的发展城市交通，城市交通相关工作正式从"管理"演变到了"治理"。这一时期城市交通治理工作主要包括两方面。

（一）加强城市道路基础设施建设

由于改革开放初期缺乏系统规划和足够的资金投入，城市交通基础设施发展速度远远落后于交通需求的增长速度，城市道路不足、道路功能不清等问题凸显。同时，中、小城市道路缺乏必要渠化、交叉口缺乏信号灯现象非常普遍，即便是特大城市，也只有少数路口具备信号灯控制，通行秩序较为混乱。1985年，城市机动车平均车速从60年代的30—35km/h下降到15—20km/h，交通拥堵问题已经十分严重。针对上述问题，国家层面《中国技术政策》中明确提到了要"提高道路通行能力，拓宽路面"，各大城市开始加大交通基础设施建设和优化力度，具体措施包括新建拓宽城市道路网络、改造道路交叉口等，在一定程度上缓解了城市交通拥堵。

（二）大力发展公共汽车和出租车

这一时期，全国公共交通发展水平十分低下，车少乘客多、乘车难问题较为突出。截至1985年底，全国21个特大城市的公共汽电车总量26479辆，万人公交车拥有率5.69辆，仅为北京市目前水平的三分之一左右。同年，全国的私人汽车拥有量为28.49万辆，其中私人载客汽车仅有1.93万辆。低下的机动化水平一方面限制了城市居民出行半径的拓展，影响城市规模经济效应的发挥；另一方面也导致出行方式过于单一，大量自行车出行阻塞交通。在这一背景下，各大城市都积极响应国家号召，加快公共汽车和出租汽车发展。同时，为弥补政府投资不足问题，大量城市公交集团采用鼓励员工私人承包车辆运营的思路发展公共交通，私人中巴车和政府公交车同时运营的现象非常普遍。

三、以私人小汽车为主导的全面机动化阶段（2000年至今）

1994年，国家《汽车工业产业政策》确定了汽车工业在国民经济中的支柱产业地位，鼓励个人购买小汽车，提出2000年汽车总产量要满足国内市场90%以上的需要，轿车产量要达到总产量的一半以上，基本满足进入家庭的需要；逐步改变以行政机关、团体、事业单位及国有企业为主的公款购买、使用小汽车的消费结构，任何地方和部门不得使用行政和经济手段购买和使用正当来源的汽车。当时，中国汽车保有量不足1000万辆，汽车年产量刚突破130万辆。

政策实行初期，虽然小汽车已经开始进入家庭，但毕竟无论是国家政策的细化落实，还是汽车产业发展，都需要一定时间，城市中私人小汽车的保有规模还很小、增长速度不快。经过几年时间酝酿，到2000年左右，我国私人小汽车保有量开始快速增长（如图9-1所示），以私人小汽车为主导的全面机动化阶段正式开启。

2009年，为应对国际金融危机，我国再次出台《汽车产业调整和振兴规划》，此时我国汽车产销量已连续4年居全球第一。2012年，我国汽车产销量双双超过1900万辆，汽车保有量突破1亿辆，其中私人汽车所占比例高达80.8%。私人汽车，特别是载客小汽车数量的急剧增长，给城市交通带来持续、巨大压力，各大中城市开始面

（万辆）

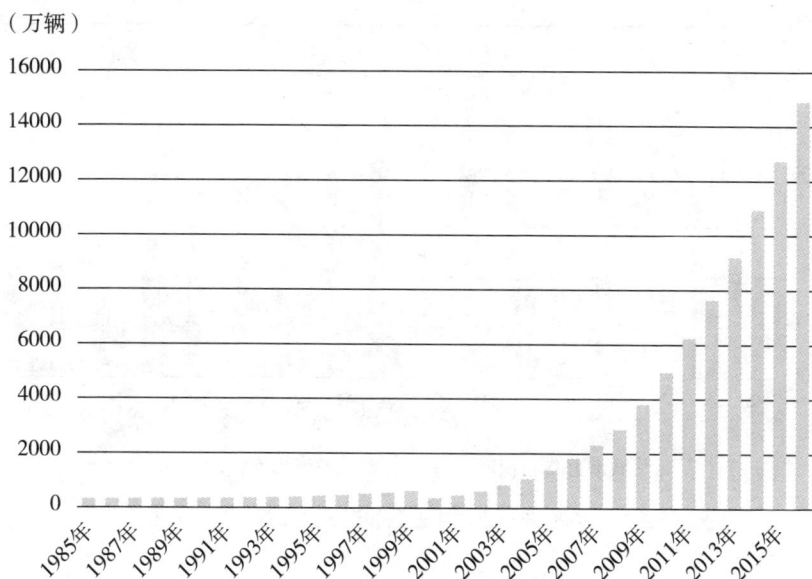

图 9-1　1985 年以来我国私人汽车保有量变化情况

临前所未有的交通拥堵。这一时期，城市交通治理思路发生了几次重大转变。

（一）加强城市道路建设满足汽车出行

2000 年前后，受初步机动化阶段通过改善城市道路基础设施来缓解交通拥堵的思路影响，多数城市为求缓解交通拥堵，第一反应是通过大规模建设环路、大型立交、高架道路，不断加大交通供给满足交通需求的快速增长。然而城市道路面积的增长速度远远赶不上私人汽车保有量增长速度（如图 9-2 所示），整个城市很快陷入了"水多了加面，面多了加水"的被动局面，交通拥堵程度有增无减，事故率居高不下。

同时，由于道路通行空间和路权被小汽车侵蚀，步行和自行车交通不断降低。以北京市为例，小汽车出行比例从 2000 年的 23.2%

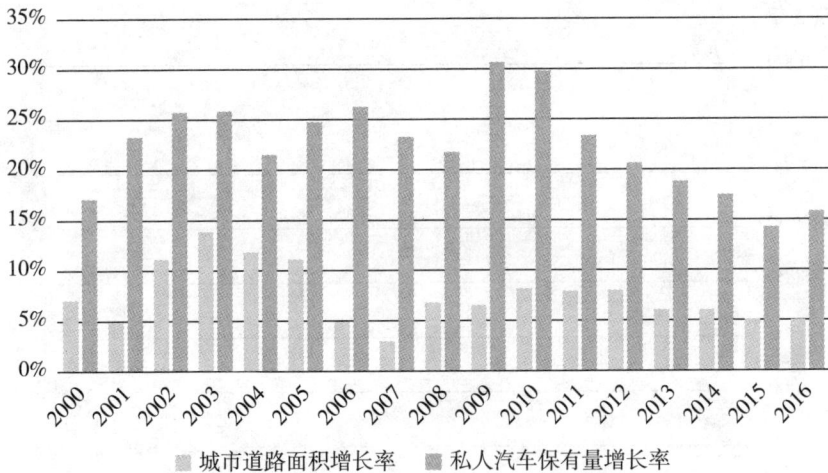

图 9-2　2000 年以来城市道路和私人汽车保有量增长率

迅速提升至 2005 年的 29.8%，平均每年上升 1.3 个百分点；自行车出行比例则由 2000 年的 38.5%，下降到 2005 年的 30.3%，平均每年下降 1.7 个百分点。

（二）优化道路交通控制提升通行效率

由于大规模的城市道路建设并未有效缓解小汽车出行急剧增多而导致的交通拥堵，城市交通专家和交通管理者转而将工作中重点放在提升城市道路整体通行能力上，主要措施包括优化道路交叉口信号控制、优化快速路分（合）流区交通组织、优化道路渠化及指路标志设置等。如北京市人民政府于 2004 年转发市交通委《关于缓解北京市区交通拥堵分阶段工作方案》，在总体思路和目标中明确提出"强化交通管理，提高智能化交通管理水平"，要求"建成综合交通信息平台和智能交通调度指挥系统，市区内主干道以上道路交叉口实现智能信息采集"，并于 2005 年正式建立了道路交叉口协调控制系统，将二环至四环内大约 750 个交叉口纳入 Actra 信号控制系统，实行系统控制和区域协调控制。上述措施有效减少了道路瓶颈、提升了路网整体通行效率，但由于提升幅度有限，远远小于同期小汽车出行增加带来的交通压力，缓堵效果也并不明显。

（三）公共交通优先发展优化出行结构

随着城市规模和小汽车保有量的急剧攀升，城市交通拥堵的不断加剧，中央和城市政府逐渐意识到，要缓解城市交通拥挤，仅仅靠修路和优化控制已经无法满足日益增长的小汽车交通需求，应该从优化出行结构上找出路。

2004 年，建设部会同国家发展和改革委员会、国土资源部、财政部下发《关于清理和控制城市建设中脱离实际的宽马路、大广场建设的通知》（建规〔2004〕29 号），对这种小汽车导向的城市交通发展趋势进行遏制。同年，《建设部关于优先发展城市公共交通的意见》（建城〔2004〕38 号）出台，2005 年 9 月国务院办公厅转发该意见（即国办发〔2005〕46 号），正式明确了公共交通在城市交通中的战略地位。文件出台后，引起相关部委、各地政府的高度重视，经过几年时间的部署，城市公共交通开始进入快速发展阶段。特别是 2012 年交通运输启动"公交都市"创建行动以来，更是进入了加速发展通道。

这一时期城市公共交通的发展导向，与初步机动化时期截然不同。初步机动化时期发展公共汽车是为了提升城市交通机动化程度，支撑和引领城市经济社会发展。而全面机动化阶段公共交通发展的重点已经转移到大运量、高速度的轨道交通上。根据国家统计局数据，2005 年我国共有 10 个城市开通轨道交通，线路总长度为 444 公里；截至 2016 年末，已有 30 个城市开通运营，总里程达 3728 公里,年均增长近 300 公里,北京、上海都已拥有了世界最大规模的地铁系统。但总体而言,由于目前我国的城市公共交通总体服务水平仍然偏低,其对于城市机动车增长的抑制作用仍未明显显现,优先发展仍然在路上。

(四)综合施策管理城市居民出行需求

除了通过公共交通优先发展来优化城市交通出行结构外,各大城市还同步出台了一系列出行需求管理政策,以期更好实现城市交通出行需求总量、结构和布局的优化。

一是机动车限购政策。上海市早在 1998 年就通过私家车牌照无底价竞拍方式来控制私人小汽车增长,小汽车增长速度得到有效控制,2017 年千人汽车保有量仅为约 149 辆。为应对机动车总量的爆发式增长,北京市也于 2011 年正式推出摇号购车政策,将首年的新增小汽车数量限定为 24 万辆,2018 年这一数量已减至 10 万个,但由于开始较晚,2017 年千人汽车保有量约为 215 辆。此后,广州、贵阳、石家庄、天津、杭州、深圳等八个城市也以"一年一城"的速度加入限购行列,引发强大的示范效应。目前采取的小汽车限购措施,虽然在一定程度上抑制了机动车保有量增长速度,但却不能实现长期控制机动车拥有总量的目的,同时也引致一些关于社会公平的争论,仍存在进一步改善空间。

二是机动车限行政策。为从使用层面进一步抑制小汽车出行需求,2007 年 8 月,北京开始实施机动车尾号限行措施,成为国内第一个通过采取尾号限行来治理交通拥堵的城市。此后,天津、南昌、长春、兰州、贵阳、杭州、成都等城市先后实施尾号限行。至今,全国共有 8 大城市实施尾号限行。总的来说,尾号限行政策在实施初期缓解交通拥堵的效果较为显著，但效果会随着机动车保有量的增长而被逐渐抵消，且这种"一刀切"式行政命令限行也降低了小汽车出行权这一稀缺资源的配置效率，宜作为临时性措施，待有更适合措施时可及时退出。

三是卫星城疏解城市人口。为缓解城市中心区的交通压力，部分大城市采用建设卫星城的方式来疏解中心城区人口。如 2004 年北京市提出"两轴—两带—多中心"城市空间新格局，2005 年上海市提出"1966"四级城镇体系等。客观来讲，多中心、组团式发展思路总体上是科学的，但城市的形成并非一朝之功，这些新城在发展初期由于缺乏优质的公共服务和产业布局，向中心城区输入的人口远远大于中心城区向卫星城输出的人口，不但没有起到人口和产业互动、职住平衡的作用，阻止城市"摊大饼式"蔓延，反而加剧了卫星城与中心城之间的潮汐交通流。未来，随着这些新城城市功能的不断完善，产业和人口的逐渐集聚，其在缓解交通拥堵等城市病方面的作用有望逐步显现。

四是公共交通引导城市发展。公共交通导向型开发（TOD）主张以地铁、轻轨等轨道交通或快速公交等大容量公交站点为中心，进行集商业、办公、居住、生活等功能为一体的高密度、混合开发，使城市居民能够通过方便地乘坐公共交通以及使用自行车、步行等慢行交通方式就能满足日常需要，从而减少市民出行对地面交通和私家车的需求。近年来，该理念在学术界备受推崇，在各类政府规划、文件中也频频被提及，但从实践情况看，虽然轨道交通站点周边的开发强度很高，但开发强度并未随着到站点距离的增加而逐渐降低，同时开发类型、混合程度以及"最后一公里"接驳都没有做好，因此也未能起到理想的实施效果。

第二节　城市交通发展成就

改革开放 40 年来，在城镇化和机动化两大浪潮的推动下，我国城市交通经历了从"出行基本靠走"到"自行车王国"，从"小汽车风驰电掣"到"城市道路全面拥堵"，从"轨道交通绝无仅有"到"主要城市畅连成网"的一系列转变，其发展速度之快世所罕见。特别是近年来"互联网＋交通新业态"的快速兴起给传统城市交通带来的巨大变革，更是领全球风气之先。

一、设施装备规模快速扩大

改革开放以来，我国城市交通加快发展步伐，城市道路和公共交通建设工作得到全社会的关注和重视，城市交通规划、建设、管理水平不断提升，资金投入不断加大，基础设施和装备规模均取得了长足发展。

（一）城市道路条件不断优化

城市道路是所有地面交通方式的集中承载地，对城市交通的发展起到根本性和基础性支撑作用，其建设水平同城市发展水平息息相关。改革开放以来，我国城市道路面积持续快速增加，从 1978 年的 2.3 亿平方米，增加到 2016 年的 75 亿平方米，增长约 33.4 倍，年均增长 1.9 亿平方米，相当于 2.6 万个足球场面积，有力支撑了城镇化和机动化进程。城市居民人均道路面积也从 1978 年的 2.93 平方米，增加到 2016 年的 15.8 平方米，增长 5.4 倍，为城市居民生产生活水平的提高奠定了坚实基础。

（万平方米）

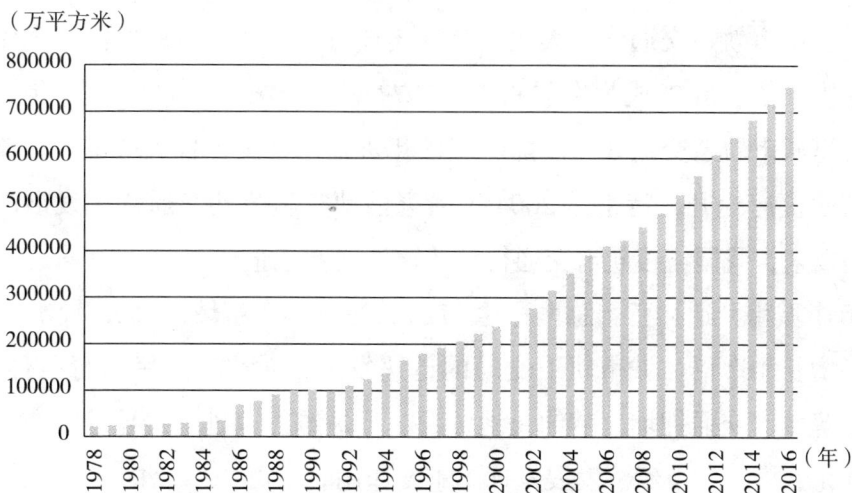

图 9-3　改革开放 40 年来城市道路面积变化情况

（平方米）

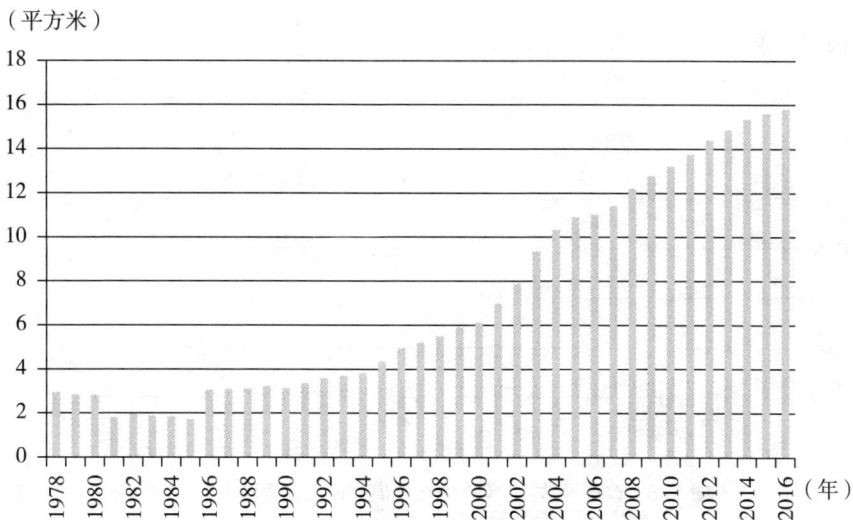

图 9-4　改革开放 40 年来城市人均道路面积变化情况

（二）轨道交通建设成绩斐然

城市轨道交通作为大运量公共交通方式，在发展初期由于客流密度不高，并未成为发展重点。1978 年，全国仅有北京市拥有 23 公里城市轨道交通线路。随着城镇化进程的推进，各大城市的客流密度快速提升，特别是 2004 年国家推动实施公共交通优先发展战略以来，我国城市轨道交通得到快速发展。截止到 2016 年底，已有 30 个城市开通运营，总里程达 3728 公里（不含市域快轨），较 1978 年增长 162 倍。城市轨道交通的迅速发展，对改善居民出行条件、缓解城市交通拥堵、节约土地资源、促进节能减排、引导城市布局优化、推动城市经济发展发挥了重要作用。

（公里）

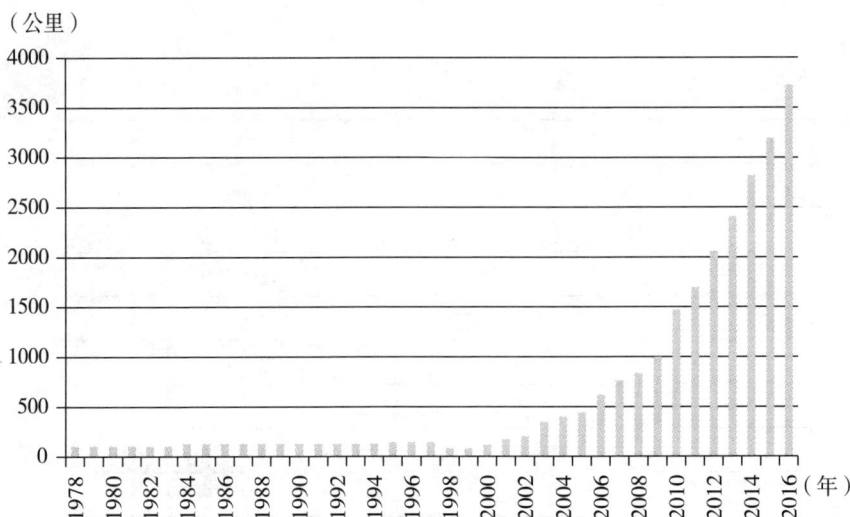

图 9-5　改革开放 40 年来城市轨道交通运营里程变化情况

（三）公共交通车辆显著增加

公共交通作为城市客运的主体，始终是我国城市发展重点，公共交通运营车辆也得到各城市政府的持续稳定投入。截至 2016 年，全国共有城市公共交通运营车辆 53.9 万辆，约比 1978 年增长 21 倍。其中，新能源公交车超过 16 万辆，占比约为 30%，为城市居民公共交通出行和绿色交通体系的构建作出了重要贡献。

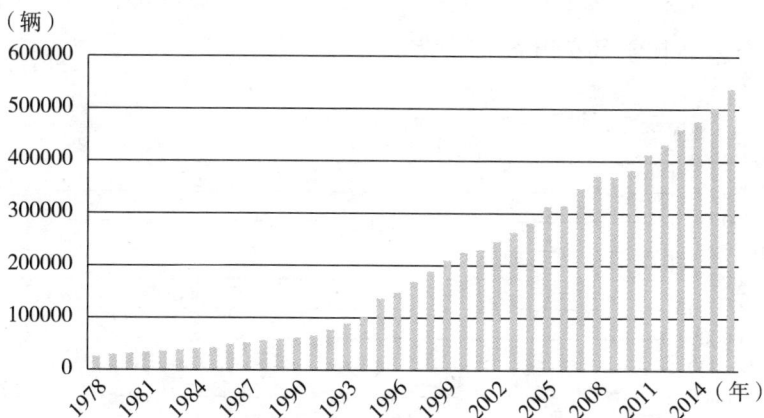

图 9-6　改革开放 40 年来公交运营车辆数变化情况

二、运输服务能力大幅提升

（一）城市居民出行总量迅速攀升

改革开放 40 年来，我国城镇人口增长了近 5 倍。同时，随着经济发展水平的提升和城市规模的不断扩大，居民出行频次和出行距离也不断增长，给城市交通带来巨大压力。以北京市为例，1986 年第一次居民出行调查时日均出行总量约为 939 万人次，平均出行距离约为 5.2 公里。到 2014 年第五次居民出行调查时，这两个数字已经分别增长为 4445 万人次和 8.1 公里，出行总周转量增加了近 7.4 倍。得益于运输服务能力的快速提升，我国城市交通有力支撑了这部分增长的出行需求，为城市居民的日常生产和生活提供了基本保障。

（二）公共交通客运量大幅增加

改革开放 40 年来，我国城市公共交通客运量从 1978 年的 13 亿
人次，到 2016 年的 844 亿人次，增长近 64 倍，增长的这部分运力
约相当日本全部人口每人每天出行 2 次、美国全部人口每人每天出
行 1 次，对城市交通出行结构的优化起到了重要推动作用，中国已
经成为名副其实的公共交通大国。

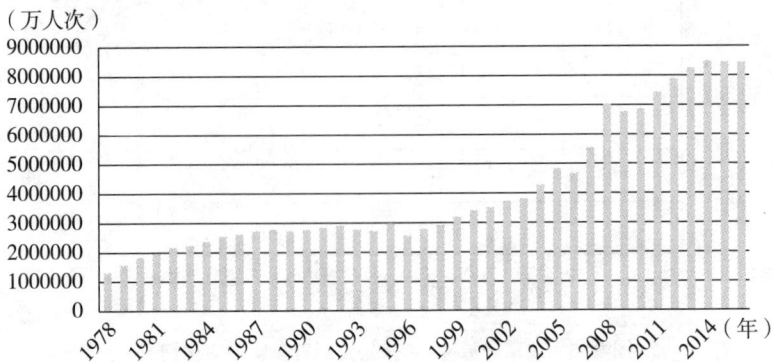

图 9-7　改革开放 40 年来公共交通客运总量变化情况（单位：万人次）

三、智能管理水平不断提高

改革开放 40 年来，我国城市交通智能化管理水平已经发生了翻
天覆地的变化，无论从技术上还是理念上，都已经完成从世界先进
水平的跟跑者到引领者的华丽转身，为提升城市交通运行效率、改
善城市交通服务水平起到了重要作用。

（一）交叉口控制方面

从改革开放之初大部分没有信号灯控制，到逐步普及各交叉口
独立信号灯控制的点控，到同一道路上交叉口联动控制的线控，再

到特定区域内所有交叉口协调控制的面控，最后发展到全城信号灯统一、智能化控制的"城市大脑"，城市道路网通行效率得到大幅提升。

专栏 9-1　杭州"城市大脑"

在 2016 年云栖大会上，杭州城市数据大脑（以下简称"城市大脑"）项目正式启动，杭州市将政府大数据资源开放给阿里，由阿里利用其大数据管理和云计算能力，做出了"智慧城市"解决方案。其中的一项主要内容，便是实现对城市交叉口信号灯的统一控制。

2016 年 9 月初，"城市大脑"交通模块率先在萧山区市心路投入使用，将道路监控、红绿灯等设施每天产生的海量数据统筹协同，计算出实时的交通优化方案。试验结果显示，通过智能调节红绿灯，道路车辆通行速度平均提升了 3% 至 5%，部分路段提升了 11%。2017 年 10 月，萧山区开展救护车优先通行演练，在市心路—晨晖路路口到市心路—利华路路口全程近 7 公里的演练中，救护车出行被优先 21 次，平均行驶速度达 36km/h，相较该路段常规通行时间节省 854 秒。

（二）监控调度方面

改革开放 40 年来，路况信息监控和发布手段已经从人工采集、交通广播发布，到浮动车采集、动态路牌发布，最后发展到大数据平台实监控、手机导航发布，实时性和准确性大幅提升，对于交通流的均衡优化起到了积极作用。目前，多数城市公安交管部门的交通监控平台也已经实现了对全市主要路段的自动、实时违法行为抓拍，有效规范了地面交通运行秩序。同时，随着多个城市交通运行监测调度中心（TOCC）的陆续建成，城市交通调度也已经从各种运输方式独立调度发展到基于全市综合交通监控平台的实时统一调度。

专栏 9-2　北京市交通运行监测调度中心

北京市于 2011 年成立的交通运行监测调度中心（以下简称TOCC），是全国首个建成并投入实际应用的省级综合交通运行监测协调中心，是北京市综合交通运行监测协调体系的核心组成部分，实现了涵盖城市道路、高速公路、国省干线三大路网，轨道交通、地面公交、出租汽车三大市内交通方式，公路客运、铁路客运、民航客运三大城际交通方式的综合运行监测和协调联动，在综合交通的政府决策、行业监管、企业运营、百姓出行方面发挥了突出的作用。

作为交通数据的发布中心，TOCC 还通过广播电视、网站、微博、手机 APP 等多种方式向公众发布服务信息，为全市驾驶员以及公交出行群体提供出行服务信息，整点播报道路路况，并支持在线交流。节假日期间，市民还可通过广播电台、电视台等媒体渠道直接连线 TOCC，与一线工作人员进行在线沟通，咨询路况信息，共同探讨未来交通发展的新模式。

四、绿色交通发展加速推进

新能源汽车和公交车的广泛应用，能显著减少机动化出行方式的污染排放，提升城市交通绿色化水平。在从国家到地方的全面大力推动下，截止到 2017 年底，我国电动汽车、新能源汽车销售量已达 77 万辆，保有量已超 160 万辆，均占到全世界总量的一半左右。同时，截止到 2016 年底，我国新能源公交车保有量达 16.5

万辆，占到全国公交车总量的 27%，这一比例也在全球范围内处于领先地位。其中，截止到 2017 年底，北京公交集团的新能源、清洁能源公交车占比已经达到 68.3%，为全国城市做出表率。2018 年 6 月 25 日，交通运输部召开例行新闻发布会，提出到 2020 年底重点区域直辖市、省会城市、计划单列市建成区公交车全部更换为新能源汽车的目标，预示着我国城市公共交通绿色化水平未来将持续快速提升。

五、共享交通发展全球领先

得益于庞大的移动互联网用户群体、政策环境相对宽容等方面原因，我国的网约车、共享单车、共享汽车、共享停车等"互联网＋"交通新模式发展水平均处于世界领先地位。初步估算，2016 年我国共享交通出行领域市场交易额约为 2038 亿元，较 2015 年增长 104%；融资超过 700 亿人民币，比上年增长约 124%，仍处于快速发展阶段。共享交通的快速发展，有效盘活了城市交通存量资源，提高了

图 9-8　我国共享交通图谱

图片来源：2016 年度中国"共享经济"发展报告。

市民出行效率，降低了私人交通工具购买意愿，减少了静态交通用地需求，对于城市交通乃至经济社会的可持续发展起到了重要推动作用。

第三节　城市交通存在问题和未来发展展望

一、城市交通存在的主要问题

改革开放40年来，我国城市交通基础设施和装备规模不断扩大，公共交通服务能力和服务水平持续提升，为支撑我国城镇化进程和城市经济发展作出了巨大贡献。然而，由于治理思路失当、措施落实不到位等多方面原因，当前我国城市交通在需求分布、出行结构、出行环境等方面仍存在突出问题，与高质量发展要求存在较大差距。

（一）城市功能布局不科学，交通出行需求不合理

城市交通是城市居民经济社会活动的衍生品，居民出行需求分布同城市功能布局密切相关。当前，我国城市规划建设和发展过程中未充分考虑交通问题，导致出行需求不合理，加剧了城市交通拥堵。一是"摊大饼式"扩张加剧潮汐客流。由于组团式开发思路未得到有效落实，导致城市外围区域与中心城区潮汐客流时空集聚现象严重，降低了路网总体利用效率。二是宽马路大街区助长小汽车出行。改革开放40年来，城市规划建设者在努力增加道路供给的过程中，重视尺度而忽视密度，导致道路尺度越来越膨胀，小汽车出

行越来越方便，非机动车出行和公共交通可达性不高，一定程度上助长了小汽车出行需求。三是公共交通与城市开发缺乏融合拉长了出行距离。由于公共交通导向型开发思路未得到有效落实，导致居民公共交通出行起终点同公共交通网络匹配性差，使得很多本可以通过步行、自行车解决的出行需求被迫转移到机动化出行方式。

（二）出行需求管理不到位，公共交通出行比例低

当前，我国多数大城市小汽车出行比例过高，导致严重的交通拥堵与环境污染。以北京市为例，公共交通占机动化出行比例仅约占 40%，同国际上 90% 左右的最高水平存在明显差距。究其原因，主要有二：一是公共交通服务水平不高。一个城市小汽车出行比例的高低，同公共交通服务水平高低密切相关。由于当前我国多数城市公共交通服务水平不高，因此私家车主宁愿忍受交通拥堵也不愿转而选择公共交通，导致小汽车出行比例居高不下，交通拥堵现象日趋严重。二是私人汽车使用成本过低。私家车主不愿意放弃小汽车出行的另一个主要原因，是小汽车使用成本较低。东京、新加坡、中国香港等城市由于采取提高停车收费、征收拥堵费等方式提高了用车成本，因此其小汽车出行比例都很低。相比之下，我国用车成本仍然偏低。

（三）慢行交通设施不完善，居民出行环境不适宜

慢行交通系统是居民同城市实现亲密接触的最直接载体之一，是衡量一个城市宜居水平、城市交通系统人性化水平的重要标志。长期以来，我国城市基础设施规划和设计过程中对小汽车考虑过多，导致自行车道、人行街道不连续、宽度不够、被机动车道挤占、同

周边建筑不协调等问题普遍存在，城市交通环境、市民生活环境不佳。

二、未来城市交通发展要求

针对当前我国城市交通在需求分布、出行结构、出行环境等方面存在的不足，结合我国未来城镇化发展趋势，综合考虑科学技术发展、资源环境制约等多方面因素，提出我国城市交通未来发展要求如下。

（一）加强交通城市融合，科学管理出行需求

一是引导大城市多中心、职住平衡发展。目前，我国正处在快速城镇化阶段，现有大城市规模将进一步扩大。为避免"摊大饼式"扩张加剧交通拥堵问题，各大城市应采用多中心、组团发展模式，并通过实现各组团的职住平衡，减少各组团与中心城之间的通勤出行。同时，借助高速轨道交通连接各组团，保证各组团之间的同城化，发挥城市经济发展的规模效应。

二是践行"小街区密路网"城市开发模式。各城市规划过程中应摈弃贪大求阔的思维，在城市中心区尽量避免规划尺度过大的街区。在增加道路供给时，也应更多着眼于提高道路网的密度，而不是仅追求道路宽度的增加，尽量将交通流冲突点分散化，以实现交通拥堵压力的均衡化，同时提升公共交通和慢行交通的可达性。

三是贯彻公共交通导向性城市开发策略。以轨道交通、BRT等大容量公共交通站点为中心，400—800米（5—10分钟步行路程）为半径进行集商业、办公、居住、生活等功能为一体的高密度混合开发，周边区域随着距离加大开发密度逐渐降低，以使大容量公共

交通站点覆盖更多的城市居民、有效缩短平均出行距离。同时，优化站点周边接驳公交和慢行交通环境，增强公共交通吸引力。

（二）加强出行需求管理，全面优化出行结构

一是加大公交优先战略推进力度。多数城市应采取公共交通优先发展战略，着力提升公共交通服务水平，具体措施应包括设施用地优先、投资安排优先、路权分配优先、财税扶持优先四个主要方面。需要注意的是，不同城市应根据其居民出行分布、客流强度、经济实力等关键因素，科学制定城市交通出行结构发展目标，借此确定合理的公共交通服务水平，并因地制宜的比选城市轨道交通、公共（电）汽车等多种制式。

二是适当提高小汽车出行成本。当前部分城市采取的限购、限行等政策并不能有效降低小汽车使用意愿，可通过出行停车位供给、调节停车价格来提高小汽车使用的直接成本，使其使用意愿维持在合理范围，比拥堵费征收更加易于实施，较小汽车限购、限行政策对交通资源的配置效率更高。

（三）完善慢行交通设施，营造良好出行环境

通过大力发展慢行交通系统，能有效引导居民从依赖私家车出行向公共交通转移，形成"步行＋公交""自行车＋公交"为主导的城市交通模式，从而减少小汽车出行量、缓解城市交通拥堵、降低汽车尾气排放。针对目前城市慢行交通存在不足，重点工作应包括以下方面：一是完善非机动车道、步行道网络，提升其连续性、独立性、景观性，并在公共交通站点、居住小区、办公中心、商业中心等重点区域增设自行车停车设施；二是对非机动交通过街设施、非机动交通与机动交通冲突点进行系统梳理和优化设计，提升非机动交通安全性；三是统筹考虑城市功能布局，提升慢行交通与公共交通、建筑之间的协调性。

（四）优化交通能源结构，倡导绿色共享出行

一是积极推动城市交通能源结构优化。当前，城市交通领域化石能源的使用是导致城市空气污染的主要因素之一，迫切需要进行一场彻底的能源革命。未来，随着乙醇、氢气等燃料电池技术的成熟，以及太阳能采集转化效率的提高，城市交通领域传统化石能源应用比例将有望大幅降低，甚至完全退出，机动化交通工具进入"零排放"时代。城市交通管理者应密切关注新能源技术发展趋势，适时出台相应引导性措施，推动城市交通领域能源结构优化进程。

二是引导和规范共享交通发展。当前涌现出的共享汽车、共享单车等共享交通业态，有效提升了存量交通工具的使用效率，既方便了城市居民出行，又在一定程度上降低了私人交通工具的购买需求，对促进城市交通集约、绿色发展起到积极作用。但同时共享交通带来了一系列问题，如滥用公共空间、押金监管缺位、安全保障不足、个人信息泄露等，需要及时加以规范。城市交通管理者一方面应本着开放包容的态度，主动破除阻碍共享交通发展的制度障碍，引导其快速发展；另一方面也应及时出台相应管理措施，抑制其负外部性，保证其规范发展。

（五）积极拥抱前沿科技，打造智慧交通系统

近年来，随着移动互联网、大数据和云计算等技术的进步和应用的普及，大量创新交通服务集中涌现，对变革城市交通服务的生

产组织方式、激发城市活力起到了重要推动作用，受到世界各国的普遍高度关注。如网络预约出租汽车通过移动互联网平台实现车主和用户的实时、精确匹配，提高了传统出租车服务的供给效率，极大方便了市民出行；"出行即服务"客运组织模式通过整合公共和私人交通工具提供"门到门"一站式出行服务，大幅提升了城市交通服务水平；自动驾驶汽车技术迅速发展，有望从根本上减少由于人类驾驶所导致的城市交通运行的不确定性，从而提高城市交通运行效率和安全性等。纵观人类发展史，虽然每次技术革命都会对传统产业和社会结构产生一定冲击，但这属于发展过程中所必须面临的"阵痛"，不会从根本上阻挡新技术对旧技术的替代。城市交通领域的创新交通服务，是信息时代技术发展的必然产物，应积极拥抱这一历史潮流，引导和规范其快速、健康和可持续发展。

第十章　农村交通发展

　　农村交通是我国综合交通运输体系的重要组成部分，主要由县域农村公路、通村道路以及内河水运、专用或支线铁路、通用航空等交通运输方式构成，农村公路是农村交通主要表现形式。作为农民生活、农业和农村经济发展的重要基础和支撑，农村交通在改善农村面貌、繁荣农村经济、增强农村自我发展能力、促进农村居民持续增收，实现城乡基本公共服务均等化发展等方面发挥着重要作用。改革开放以来，我国农村发生了翻天覆地的变化，农村体制机制改革和市场经济活力的释放带动了农村交通的快速发展，而农村交通持续健康发展尤其是农村公路大规模建设和改造升级，又支撑与推动了农村经济社会的发展。农村交通作为解决"三农"问题和改善贫困地区生产生活条件的重要抓手，在新农村建设、打赢脱贫攻坚战、全面建成小康社会和乡村振兴等国家战略实施中发挥着至关重要的作用。

第一节　农村交通发展历程

　　作为农村发展的重要基础设施，农村交通的发展历程与农村改革的总体进程密切相关。根据 40 年来我国农村改革的进程阶段，结合农村交通特点，我国农村交通发展历程可划分为四个阶段：初级发展阶段（1978—1991 年）、粗放发展阶段（1992—2001 年）、快速发展阶段（2002—2012 年）和提质增效阶段（2013—2018 年）。

一、初级发展阶段（1978—1991 年）

此阶段农村交通以服务农资、农产品流通和部分农民城镇务工出行为主。农村交通工具主要包括自行车、畜力车、面包车、四轮拖拉机等短途运输工具，以及载货货车、大客车、绿皮火车等中长途运输工具。农村公路以泥土路、砂石路等原始形态为主。

（一）农村客货运输需求逐渐增加

改革开放初期，我国农村产业结构仍以农业为主，非农产业比较落后。由于农副产品流通长期实施按行政区划、行政层次统一收购和供应的批发体制，一定程度上阻碍了农村交通的发展。之后随着农产品流通、农民乡镇务工等逐渐放开管制，农村客货运输需求逐渐增加。

农产品流通逐渐放开。1979 年，《中共中央关于加快农业发展若干问题的决定》提出恢复农村集市贸易，允许粮食议购议销，然而农产品流通主要经营主体是国营企业和合作商业，垄断经营下流通渠道不畅通，导致很多农副土特产品不能顺利运销。1983 年，《关于当前农村经济政策的若干问题》明确允许农民个人或合伙进入农产品流通领域，提出打破城乡分割和地区封锁，农民私人可以从事国家确立收购任务以外的农副产品流通。同时，农村家庭承包经营为基础、统分结合的双层经营体制调动了农民的积极性，促进了农副产品产量逐渐提升。1985 年，中国改革了实行三十多年的统购派购农产品流通体制，《关于进一步活跃农村经济的十项政策》规定针对不同农产品，分别实行合同定价和市场收购，刺激了农民以私人或合伙方式合法加入到农产品流通过程中，农村交通需求逐渐开始增加。

农民外出务工开始增加。1984 年，政府逐渐放开对农民进入城镇务工的限制，允许务工、经商、办服务业的农民自理口粮到集镇落户，由此农民工流动逐渐增加。1989 年，流动人数达 3000 万人，其中跨省流动达 700 万人，"春运"拥挤、民工潮开始受到关注。然而，1991 年经济开始紧缩，政府又加强了对农村劳动力外出的管制，要求各级政府从严或暂停办理民工外出务工手续。

（二）农村交通发展总体缓慢滞后

这一阶段我国经济体制发生了重大变化，商品经济迅速发展，农业生产结构不断优化，对农村交通网络规模和服务质量提出了较高要求。但是，由于农村交通在投入上主要以"以工代赈"形式为主，各级政府财力难以大规模扶持，且农村运输需求也没有达到促进农民大范围自发修路的程度，因此农村交通发展总体缓慢，农村公路标准低，主要为泥土路、砂石路等低等级路面和无路面公路。此外，农村交通工具主要为自行车、畜力车、拖拉机等，生产效率相对较低；农村客运班线主要覆盖县城至主要乡镇，建制村居民出行仍然十分困难。

二、粗放发展阶段（1992—2001 年）

此阶段随着农产品流通、农民进城务工等进一步放宽管制，我国农村生产活力被激发，农副产品流通、农民外出务工都快速增加，客货运输需求明显增加。与此同时，在国家"以工代赈"、交通扶贫和西部大开发政策的支持下，国家加大了对农村公路建设的资金投入，农村公路网络规模出现了扩张式发展，但公路等级和服务质量尚未有实质性提升，交通工具仍然以自行车、面包车、农用货车等中小型车辆为主，农村交通总体处于粗放发展阶段。

（一）农村客货运输需求持续增加

农村农副产品流通逐渐规模化。1992 年，在邓小平南方谈话的推动下，我国的计划经济体制开始发生变革。1994 年，我国有 1200 万农民从事农产品长途贩运等销运业务，在市场经济体制下，以经营灵活、流转速度快的特点，显示出竞争力。在经过分散、无序、自发状态后，随着农产品价格提升，农民收入持续增长，农村经济快速发展，合作性经营开始形成，建立专业合作社或协会，1997 年，财政部对专业合作社销售农产品免征增值税。农民通过自发与合作等形式参与农副产品交易与运输很大程度上缓解了城乡间农副产品流通问题，也弥补了国有商业企业在农副产品流通环节中效率低等问题。

农民外出务工持续增多。1993 年，《中共中央关于建立社会主义经济体制若干问题的决定》中，提出鼓励和引导农村剩余劳动力逐步向非农产业转移、在地区间有序流动。然而，90 年代后期，我国经济结构调整与亚洲金融危机共同作用下，城市下岗职工剧增，为了照顾本市下岗人员就业，农村劳动力外出就业受到限制和影响。直到 2001 年，政府规定取消对农民和外地人口的限制性就业政策，农村劳动力开始快速转移，再次迎来农民务工的高潮。

（二）农村路网规模呈粗放式扩张

国家公路网络初步形成缩短了农产品尤其是鲜活农产品的储运时间，农副产品的自由交易和乡镇企业发展带动了农村公路发展。1994年，《国家八七扶贫攻坚计划》中提出新增"以工代赈"资金用于修筑公路，加快贫困县、乡公路建设，在有水运条件的贫困地区积极发展水上运输。然而，此阶段农村公路并非依靠政府投入，而是主要依靠民工投工投劳、民办公助等方式建设。虽然道路等级标准低、安全差、不成系统，但初步形成了能供运输工具行驶的农村公路。农民外出务工也推动了客运市场大量开通长距离夜班车、卧铺车，农村交通提供与长途车衔接的补充作用。2001年底，全国县道、乡道里程共127.7万公里，农村客运班线4.1万条，乡镇通班车、村村通班车率分别为95%和80%。

虽然农村交通在政策和资金上得到保障较少，但农村客货运输需求显著，相当数量的农村公路依靠农民投工投劳修建，以通为主、注重数量、质量较差，农村公路在建设和管理上缺乏规范化的行业管理，地区间发展不平衡，农村交通处于粗放发展阶段。

三、快速发展阶段（2002—2012年）

市场经济进入深化改革阶段，为补齐农村短板，政府开始重视三农问题。中央财政对三农支持的转移支付力度加大，刺激农民扩大农业规模、从事商品贸易，农民出行范围拓展、频率提高。城镇劳动密集型企业兴起吸引大量农民工外出务工，农村客货运需求更为迫切。此阶段，国家级主干线交通网基本形成，政府开始注重农村交通建设。在政府对农村倾斜政策、提供资金的条件下，农村公路开始系统性、标准化、高等级地建设，农村公路进入了快速发展阶段。道路路面标准逐渐形成柏油路、水泥路为主，农村公路通行基本实现从"走得了"向"走得通"转变。农村常见的运输工具也发生显著变化，摩托车、面包车、私家车等私人交通运输工具逐渐增多。农村物流、红色旅游等产业也因农村公路的改善而逐渐开始发展。

（一）农村客货运需求大幅提升

随着市场经济深化改革的推进，我国进入了经济高速发展阶段，此阶段农村与城市的收入和消费水平拉开了更大差距，为了实现全民共同富裕、补齐农村短板，政府对农村问题的重视上升到前所未有的高度。

国家重视农村发展。2002 年，政府正式提出"三农"问题，对农村大幅投入资金，农村基础设施开始进入大规模、规范化建设阶段。2005 年，开始建设社会主义新农村，对农民实行"三减免、三补贴"和退耕还林补贴等政策，对贫困地区劳动力转移培训，扶持龙头企业带动贫困地区调整结构，对缺乏生存条件地区的贫困人口实行易地扶贫，拓宽贫困农户增收渠道。2006 年全面取消农业税，在推进社会主义新农村建设背景下鼓励农业发展。2008 年提出加强农业基础设施和提高农民收入，设立了大量农村合作社，开始规范化、系统性、以现代农业组织方式引导农民参与国内外市场竞争。此阶段，中央提出"工业反哺农业、城市支持农村、多予少取放活"的农村方针，通过加大财政对农业的转移支付力度，加强农业基础设施建设，增加农机补贴等，来解决市场机制无法提供的公共物品和公共服务。农村产业和经济进入快速发展时期，农村产业结构发生变化。2010 年，中央提出加大统筹城乡发展力度，并夯实农业农村发展基础。2012年,我国提出推进农业科技创新,增强农产品供给保障能力。2013年,我国实施新农村规划,并出台农村危房改造政策,总体上进入以工促农、以城带乡的发展阶段。

农民出行活动增加,农村交通工具升级。部分以小商品加工为主要产业的农村迫切需要与城区之间往来货物与原材料,独立的、小规模的个体运输不足以高效地满足运输需求,农村对农村物流的需求更加突出。城市对农副产品的需求提高刺激了农民扩大农业规模和从事农副产品流通的积极性,属于农民个人所有的农机数量增加,农村交通工具中出现了更多的电动车、摩托车、面包车、私家车,农民出行范围拓展、频率提高,对农村公路、产业路、机耕路的需求更为迫切。

农民外出务工现象普遍。经济快速发展下,政府鼓励和支持符合产业政策的乡镇企业发展,培育产业支撑兴县富民,发展民营经济,壮大县域经济。城镇中劳动密集型企业和服务业等非农产业大量兴起,从事农业的收入水平相对下降,带动了大量农民在城市、乡镇企业务工。农民工"春运"返乡难成为备受关注的问题,在高速铁路大量开通后,"春运"难的问题逐渐得到缓解,农民返乡的交通呈现多样化,既依靠普速铁路、高速铁路、民航,也采取长途大巴、自驾摩托车等。

(二)农村交通发展进入快车道

国家高度重视农村交通发展。2003年以来,中央和各级政府加大了农村公路建设的投资力度,并相继出台了促进农村公路发展的若干政策文件,如《关于印发加快农村公路发展的若干意见的通知》《农村公路规划指导性意见》等。2005年,国家修改了农村公路定义，明确"农村公路（包括县道、乡道和村道）是全国公路网的有机组成部分，是农村重要的公益性基础设施"，将村道纳入到农村公路中。2006 年，国家开始实施"五年千亿元"工程，并将县道、乡道以及达到一定技术标准的村道纳入"农村公路"统计数据。

农村交通设施快速成网，实现"县县通公路"。2003 年，原交通部针对"三农"工作提出了"修好农村路、服务城镇化、使农民兄弟走上沥青路和水泥路"的农村公路建设总体目标，安排专项资金用于"东部通村、中部通乡、西部通县"的农村公路通达工程和通畅工程建设。2002—2005 年建成县乡公路 17.6 万公里，仅2003—2004 就建成 35.2 万公里，农村公路建设达到了高潮。2003—2007 年间，是农村公路改善最显著的五年，新改建农村公路 130 万公里，其中水泥路 88.7 万公里，是新中国成立头 50 多年的近 3 倍。此外，在此期间我国还全面实施了乡镇农村客运站建设工程、农村公路新改建工程、交通精准扶贫工程等重大工程建设。2013 年西藏墨脱公路通车，标志着我国实现县县通公路。

带动农村物流、红色旅游发展。随着农村货运需求增加，为满足农村对散货运输的需求，一些地方尝试将乡镇客运站改造为客货一体站，发展农村网点作为货运公交停靠点，与城区四通八达的物流网络实现无缝对接，开通规范的"五定"货运公交来满足农村物流需求，结合固定配送、流动配送和预约配送等模式，促进农村货物高效流转。此外，由于私家车逐渐普及，城区居民休闲出游需求大幅增加，国家从红色旅游开始引导农村旅游业的发展。2004 年，国家大力发展农村公路的同时，先后开启了革命圣地、红色旅游公路等工程的建设，便利的交通条件支撑红色旅游发展，推动当地特色加工业和第三产业发展，促进了农村产业升级和农民增收。

农村公路覆盖率、连通率大幅提升。在国家政策、资金的支持保障下，此阶段我国农村交通进入发展的黄金时期，通乡通村油路快速增加，农村公路通镇率、通村率大幅提高，农村公路等级和质量也得到改善。2013 年，我国农村公路里程达 378.48 万公里，其中村道 214.74 万公里。全国通公路的乡（镇）占全国乡（镇）总数 99.97%，其中通硬化路面的乡（镇）占全国乡（镇）总数 97.81%，通公路的建制村占全国建制村总数 99.70%，其中通硬化路面的建制村占全国建制村总数 89%。

四、提质增效阶段（2013—2018 年）

伴随农村一二三产业快速发展，农业旅游、现代农业等产业蓬勃发展，农村交通发展在形成路网基本覆盖的基础上进入提质增效阶段。农村交通需求发生较大变化，在乡村振兴战略下，政府加大了对农民从事现代农业、制造业、服务业的培训力度与优惠政策，引导农民从事专业化合作，呈现农民返乡创业的趋势。农村交通不仅要满足农民出行需求，同时，农村创新与创业所产生的农特产品快递运输、冷链物流等运输需求也需要通过专业化服务来满足。

（一）农村客货运需求结构升级

乡村振兴战略下农村产业结构转型升级。2014 年，我国开始实施新型城镇化战略，提出城乡统筹、城乡一体、产业互动，推动大中小城市、小城镇、新型农村社区协调发展、互促共进。2016 年，我国开始实施农业现代化规划，提出深化农业农村改革，推进农业结构调整，促进农业现代化与新型城镇化相辅相成以及农村三产融合。2017 年，中央农村工作会议首次提出走中国特色社会主义乡村振兴道路，2018 年《中共中央国务院关于实施乡村振兴战略的意见》进一步提出加快培育农业农村发展新动能，推进农业科技创新、提质增效，壮大乡村休闲旅游产业、农村电商、现代食品产业与特色村镇等新业态，拓展农业产业链、价值链。美好家园建设和产业升级对农村客运、货运、冷链物流提出了更高要求。

农村交通与旅游等产业联动发展。近年来，私家车爆发性增长，自驾车出游比例提高，居民旅游及出行方式发生了变化，有着青山绿水的农村旅游成为休闲放松的方式，带动了农村旅游的快速发展。2016 年，《全国乡村旅游扶贫工程行动方案》提出设立国家乡村旅游扶贫观测中心，开展旅游"万企万村"结对帮扶行动，推出全国旅游扶贫示范项目，推广"景区带村、能人带户、企业＋农户、合作社＋农户"等旅游精准扶贫模式；2018 年，全国旅游工作会议提出推进产业融合，发挥乡村旅游在精准扶贫、精准脱贫中的优势作用。部分省份通过旅游景区带动家庭手工业、服务业、本土电商品牌培育，以及旅游扶贫专业培训等方式扶持贫困村、贫困人口参与旅游产业实现脱贫致富。然而，农村旅游发展的关键在于农村交通的可达性、方便性以及耗费时间、舒适性等因素。农村交通越畅通，与机场、高铁站、普铁站的衔接越方便，自驾条件越好，越具有吸引力。畅通的农村交通能带给农村更好的基础设施和生活条件，提供给旅客舒适的享受，出门能舒服、安全、便捷地看风景，回宾馆能享受到卫生、现代的服务。农村交通在农民出行、游客出行，以及农副产品流通、建材生活用品运输等客货运输上发挥着重要作用。

（二）农村交通设施与服务升级

注重农村交通服务与后期管护。农村交通基础设施基本普遍实现通畅，政府开始重视农村交通的管护体制，针对农村公路提出"四好农村路"的要求，农村公路由高速发展阶段逐渐进入高质量发展阶段。由于各地征收的养护费用大量用于设施新建，造成养护资金不足；同时由于养护管理机制不健全，导致大量农村公路缺乏养护。2014 年，习近平总书记提出了进一步把农村公路建好、管好、护好、运营好；2015 年，交通运输部印发了《关于推进"四好农村路"建设的意见》《农村公路养护管理办法》，明确养护管理责任、多元化投融资、养护监督等方面，鼓励村民个人、家庭分段承包养护，逐步将养护市场化。

农村交通支撑扶贫攻坚。对于偏远地区，农村交通畅通后能够较方便地将当地物产运到外面市场中实现价值，有助于脱贫致富。2016 年，国务院常务会议部署开展交通扶贫工作，着力增强贫困地区脱贫致富能力。同年 5 月，国务院出台《关于进一步发挥交通扶贫脱贫攻坚基础支撑作用的实施意见》，进一步提出要以革命老区、民族地区、边疆地区和贫困地区为重点，加强交通基础设施，以"双百"工程为抓手推进交通扶贫脱贫。到 2020 年，我国要在贫困地区建设广覆盖、深通达、提品质的交通运输网络，乡村交通基础网络明显改善，实现乡镇通硬化路，建制村通硬化路、通客车、通邮政，自然村道路条件得到改善，基本消除贫困地区发展的交通瓶颈。

农村交通与农村三产融合发展。农村交通从以往支撑经济发展，转变为与农村产业联动发展，逐渐出现交通与农村旅游、现代农业、特色制造业、互联网和物流等产业融合发展的新业态，农村交通对农村经济发展起到了进一步的促进作用。农村旅游的快速发展，以及自驾游、房车等休闲模式的兴起，促进农村公路快速升级，部分地区开始出现景观铁路、通用机场、沙漠公路、草原公路、房车营地等交通方式，使游客在乘坐交通工具过程中享受旅游。随着农村土特产品、家庭手工品等特色品牌培育，农村物流逐渐深入到村形成分级物流网络。县县通公路，甚至县县通高速的农村交通条件使农村交通从"走得通"向"走得好"转变。

第二节　农村交通发展成就

经过 40 年的发展，我国农村交通建设取得了巨大成就，农村客货运输服务水平大幅提升，广大农村地区出行条件明显改善，"出行难、乘车难、物质运输难"的现象基本消除，农村交通对农村经济社会发展的支撑带动作用进一步增强。主要表现在。

一、农村交通网络规模快速扩张，基础设施质量水平明显提升

改革开放初期，农村交通基础设施基本靠农民自发建设。随着农村交通得到国家政策与资金大力支持，通达工程、通畅工程等农村交通项目陆续启动，各地区围绕农业产业发展，建设资源路、旅游路、产业路，尤其注重老少边穷地区的农村交通建设。从 1978 年到 2017 年，我国农村公路总里程从 58.6 万公里增加到 400.93 万公里（如图 10-1 所示），其中，县乡公路总里程由 58.6 万公里增加到 170.84 万公里，村道增加到 230.08 万公里，不通公路的乡（镇）由 9.5% 降低为 0.02%，而且不通硬化路面的建制村仅占 1.65%，从等外路为主转变为以硬化路面为主，初步形成了以县城为中心、乡镇为节点、建制村为网点，遍布农村、连接城乡的农村公路交通网络。

除了农村公路，部分农村旅游景点开始建设景观铁路、景观公路、通用机场、邮轮游艇等，并针对自驾、房车出行配套建设房车营地。农村交通实现了从"走得了""走得通"到"走得好"的转变，成为乡村精神文明建设的重要组成部分，对农村产品交流、农民就业增收、农村招商引资提供极为坚强的支撑保障与引领作用。

（万公里）

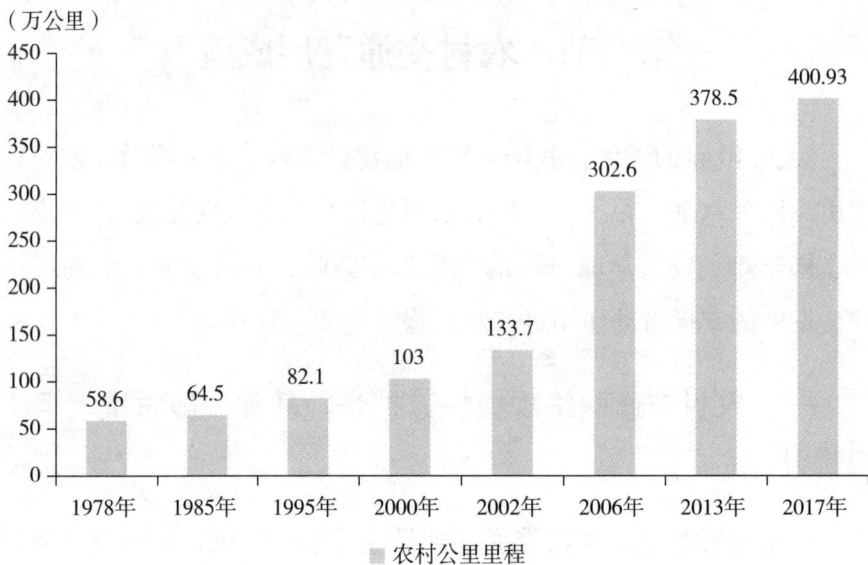

图 10-1　1978—2017 年我国农村公路里程规模变化示意图

二、农村地区客货运输供给能力和服务质量大幅提高

改革开放 40 年来，围绕人民群众安全、便捷出行的服务需求，各地积极推动农村客运站点（或候车亭牌、招呼站）与农村公路同步建设和改造，积极创新农村客运经营模式，不断提高农村客车覆盖率及农村客运服务水平。2013 年，全国农村客运站数量达到 24.6 万个，农村客运车辆达到 36 万辆，开通农村客运线路 9.3 万余

条，平均日发 118 万班次，乡镇和建制村通客车率分别达到 98.6% 和 92.8%，基本保障了绝大部分农民能够在家门口方便乘坐客车，并带动了农村地区教育、医疗等民生工作的全面改善。与此同时，随着农村产业结构调整、农民收入增加、农村交通条件改善，农村居民出行选择呈现多样化，私家车、摩托车等交通方式成为农村交通出行的重要选择。农村货运方面，在农村合作社、电商直销等方式推动下，长期依赖分散的个体户零担经营模式逐步向集约化运输转变；农村电子商务和农村物流的快速发展促进了农村货运公交、小件物流普及，农村货运的便捷性、安全性和响应个性化需求的能力进一步提升。

三、农村交通对地区经济社会发展的支撑带动作用进一步增强

农村交通是农村经济社会发展的重要支撑，对农村地区产业发展、经济增长和脱贫致富发挥着重要作用。改革开放以来，我国先后实施了"以工代赈"、八七扶贫攻坚计划、县际及农村公路改造、乡村通达工程、农村公路通畅工程、集中连片特困地区交通建设等工程，有力促进了农村地区尤其是农村贫困地区开放交流和内外融合，推动了农村地区产业发展升级，带动了贫困地区脱贫致富，改变了贫困地区发展面貌。近年来，伴随新一代信息技术革命和农村交通设施完善、农民收入增加以及居民出行旅游观念与生产生活方式转变，农村交通与乡村旅游、现代物流、现代农业等产业融合程度越来越高，农村交通对地区经济社会发展的支撑带动作用不断增强。以贵州省为例，作为我国贫困人口较为集中的省份，近年来，贵州充分发挥旅游资源丰富的比较优势，通过走"交通＋旅游"扶贫道路基本实现了大交通带动大旅游，全域旅游助推整体脱贫的良

好效果。此外，一些农村地区因地制宜创新发展景观铁路、沙漠公路、草原公路等新交通业态，发挥交通支撑引领作用，为农村农民带来经济效益，助力乡村振兴。

第三节　农村交通发展经验

回顾改革开放 40 年来我国农村交通发展的历程和成就，各地在农村交通基础设施规划建设、运营养护以及运输服务供给和运营管理实践中，创造和积累了许多宝贵的经验和做法。

一、充分发挥人民群众及社会共同参与的积极性

在党的统一思想和政策引领下，依靠广大人民群众，充分调动全社会的力量积极参与农村交通基础设施的建设和管养、运营，是我国加快农村交通发展的重要基础。农村交通基础设施建设任务重、规模大，仅仅依赖国家包办难以完成，必须充分发动人民群众和全社会的力量积极参与，共同推动农村交通发展。"要想富，先修路"的思想深入人心，"民工建勤、以工代赈"等投工投劳是早期我国农村公路的主要建设方式，为后期大规模建设升级奠定了基础。直到现在，仍有企业、个人对农村交通建设捐资捐物，部分县乡利用受益企业的人力、物力或依靠沿线居民及党员干部认养完成农村公路养护工作，并且农村公路小修保养通常采用家庭（个人）承包方式。

二、构建政府主导的多元化农村交通投融资机制

资金问题是影响农村交通发展的关键问题之一。多年来，我国

农村交通基础设施建设在经历了国家鼓励"民工建勤、民办公助"等将农民的劳动力转化为农村交通直接投资等模式后，逐渐形成了国家对农村交通提供资金补助为主、社会群体参与的投融资模式。"国家扶持一些，省里补助一些，地方政府投资一些，群众奉献一些，社会捐助一些"是目前农村交通基础设施融资的主要来源。此外，在"谁建设，谁使用，谁受益，谁管护"的原则下，我国鼓励社会企业、农民参与到农村交通的建设、管护等过程中，积极探索引导金融和社会资本参与农村交通的利益分配机制，探索农村交通与产业联动发展创造收益后对农村交通的反哺机制，着力提高农村交通的财务可持续性。目前，我国农村交通建设已基本形成了以政府资金为主导、社会资本参与以及社区或群众自建、社会捐助等多元化的投融资方式。

三、建立"建管养运一体化"的农村公路发展机制

改革开放以来，各地在农村公路建设过程中，逐步认识到农村公路养护管理工作的重要性，并确立了"建是前提、养是关键""三分筑路、七分养护"的指导思想，加大对农村公路的养护管理投入。党的十八大以来，习近平总书记对农村公路建设高度重视，多次作出重要指示，要求建好、管好、护好、运营好农村公路。建设"四好农村路"，就是要在农村公路建设过程中，同步建设管理养护和客运设施，同步做到路通车通，同步安排落实管理养护工作。"建管养运一体化"是"四好农村路"落实的重要途径，目前部分省市通过建设农村公路综合服务站的方式打造集建设、管理、养护、运输甚至应急等功能于一体的试点站，旨在探索推动农村公路建管养运一体化发展。

四、制定符合经济发展阶段和农村特点的方针政策

制定符合不同时期不同阶段经济社会发展政策、不同地域农村特点的农村交通发展方针政策是我国农村交通加快发展的重要政策保障。针对不同时期农村交通发展的特点和需求，中央和地方相继制定了一些与我国经济社会发展阶段和农村交通发展特点相适应的方针政策，如"以工代赈""交通扶贫"等，极大促进了农村交通的发展。农村税费改革后，一些地方针对农村公路建设资金需求量大而主要资金渠道减少的情况制定了相应政策，譬如山东省聊城市政府 2003 年下发了《聊城市人民政府关于加快农村公路建设实施意见》，从农业税、农村税费改革转移支付中分别提取 5%、10% 用于农村公路建设。这些方针政策的制定和出台，对不同时期我国农村交通的发展发挥了至关重要的作用。

第四节　农村交通发展展望

尽管改革开放以来我国农村交通取得了长足进步与发展，但在路网通达深度和覆盖广度、基本公共服务均等化和服务水平、基础设施管养体制机制、交通对农村经济支撑力度等方面仍然存在不足，农村交通发展不平衡、不充分问题较为突出。鉴于此，结合未来我国新型城镇化、农业现代化进程快速推进以及乡村振兴、交通强国等国家战略深入实施，综合考虑农村经济发展、科学技术进步、资源环境制约等多方面因素，未来我国农村交通发展应注重以下五个方面。

一、补足发展短板改善贫困地区交通条件

围绕 2020 年全面建成小康社会目标要求，针对当前贫困地区农村交通发展仍然存在的短板问题，加大对贫困农村地区交通基础设施建设项目支持倾斜力度，早日完成交通扶贫"百万公里"农村公路工程，坚决打赢交通扶贫攻坚战。进一步提高农村公路的通达深度和网络联通度，畅通对外衔接的区际、县际骨干通道，打通"最后一公里"，推动贫困农村地区与经济相对发达地区、集中连片特困地区与分散分布的贫困地区、城市与农村交通基础设施供给结构的协调发展。同时，补足农村交通安全短板，增强农村交通安全保障能力。

二、全面提升农村交通公共服务质量水平

农村客运公共服务具有准公共产品特性，在农村常住人口减少、小汽车、摩托车快速发展的影响下，政府应进一步提升政策资金扶持力度，加强管理和监督，鼓励运营组织创新来保证农村公益性客运持续开行；为提升农民进出城市的便捷性，应加强农村公共客运服务与城市公交管理运营的一体化水平，为医疗、教育等资源的均等化提供支撑；农村产业结构转型升级下，农特产品对冷链物流、快递物流的需求提升，应深入普及农村货运物流服务，打通村级物流服务，并充分利用既有资源、结合电商快递等方式降低农村物流成本。

三、探索建立农村公路养护管理长效机制

农村公路的养护管理是农村公路实现可持续发展的关键，探索建立农村公路养护管理长效机制，是落实"四好农村路"、推动农村

公路建管养运一体化发展的制度保障。目前，我国农村公路管养不足的主要原因是资金不足，加大对农村公路的管养资金投入是未来农村公路交通发展的重要任务之一。考虑到农村公路的公益性特征，未来应探索建立事权匹配、财务可持续的长效管护机制，尤其对农村公路沿线受益企业制定反哺农村公路管护的回馈机制；同时，针对部分具有特色旅游产业的农村，探索社会资本参与的利益分配机制，提高对社会资本的吸引力；加强培育专业养护人员、调动农民参与积极性。

四、促进农村交通与产业、城镇融合发展

按照乡村振兴战略要求，充分发挥交通支撑引领作用，推动农村交通与现代特色农业、生态旅游业、现代物流等产业系统性规划与联动发展，促进农村三产融合发展；在区域协调发展和脱贫攻坚战略下，充分发挥农村交通促进城乡融合功能，通过"交通＋特色农业""交通＋生态旅游""交通＋电商快递"等方式发挥交通扶贫功能作用，盘活农村优势资源，吸引人才和资金流入农村，助力乡村振兴。

第三篇

强国

交通

第十一章　交通大国向交通强国迈进

在改革开放 40 年征程中，我国持续发力建设综合交通运输体系，加速追赶世界发达国家水平。当前，无论是从交通基础设施规模和技术水平，还是从客货运输量衡量，我国均迈入交通大国行列，已具备向交通强国转变、加快实现交通运输体系现代化的坚实基础。

第一节　交通发展历史方位

回顾我国交通运输的发展历程，先后经历了初始起步、制约明显、总体缓解和基本适应四大阶段，已成为名副其实的交通大国，当下正处在交通大国向交通强国迈进的历史新方位。

一、过去交通发展的四大历史阶段

（一）艰难起步阶段

新中国成立后到改革开放之前，我国实行计划经济体制，交通运输行业的主体是国有运输公司，国家实行统一客货源、统一调度、统一运价的"三统一"政策。市场缺少竞争、企业缺乏改善服务和扩展市场的动力，组织水平和运输效率低下，交通运输不能满足经济社会发展和人民生活的需要，群众乘车难、货物运输难的问题普遍存在。

（二）制约明显阶段

改革开放初期到 90 年代末期，随着"对外开放、对内搞活"，整个国民经济发生了深刻变化，各行各业对交通运输提出了许多新要求。交通部开始打破单一所有制限制，"有河大家行船，有路大家走车"；还出台了征收交通建设基金、"贷款修路，收费还贷"及鼓励社会投资、货主单位建设港口码头等政策，促进基础网络规模和总体运输能力较大幅度的增长，公路运输市场运力严重不足的紧张局面得到一定缓解。但这一时期还是并未实现各种交通运输方式的协调发展，铁路运输紧张的问题不断加剧。这个阶段，我国交通对经济社会发展仍有比较明显的制约，部分短板运输方式制约更大。

（三）总体缓解阶段

90 年代后期至 21 世纪 10 年代初期，我国交通运输发展进入"黄金机遇期"，开始注重各种交通运输技术经济特点和优势的合理发挥。在"三主一支持"的前瞻性规划和部署下，在先期体制机制创新的支撑下，高速公路、港口的建设投资规模不断增大；1995 年开始发行中国铁路建设债券，铁路建设投入得以加大；1998 年后，借助应对亚洲金融危机、国家实施积极财政政策的契机，交通运输业投资大幅增加，交通运输能力加快扩张、运输服务质量显著提高。到 21 世纪 10 年代初期，我国交通运输行业与经济社会发展之间的"供不应求"矛盾得到初步逆转，交通运输能力紧张局面得到总体缓解。

（四）基本适应阶段

从 21 世纪 10 年代中期开始，尤其是加入 WTO 后我国经济融入全球化进程加快，极大地激发了运输需求，我国确定了交通运输优先发展战略，交通运输作为经济社会发展战略重点的地位逐渐确立。2004 年到 2007 年国务院先后通过了《国家高速公路网规划》《中长期铁路网规划》《全国沿海港口布局规划》《综合交通网中长期发展规划》等，这使各种运输方式大规模的建设投资有了更加明确的长远方向和重点，加快了交通网络完善和现代化建设的进程。"十二五"时期，国务院又发布了《国家公路网规划》《物流业发展中长期规划》等，出台促进铁路建设、普通公路、民航业、快递业健康发展等意见，"海运强国""公交优先"等上升为国家战略。尤其是高速铁路从零起步到加速成网，极大改变了我国交通运输发展结构，既使得交通运输在国民经济和社会发展全局中的地位进一步提升，基本适应了经济社会发展需求，而且使我国交通运输具备了建设现代化的基本条件，站在了迈向交通现代化的历史新方位。

二、新方位下交通运输的基本特征

我国工业化正由中期向中后期发展，处于由运输化初期向完善运输化的过渡阶段，运输需求增长将趋于平缓。未来 30 余年，我国将进入到工业化中后期和后工业化发展阶段，经济增长中的"量"不再是最重要的问题，对于高水平"质"的需求，将成为更受重视的关注点。既有技术水平下的交通运输基础设施规模大扩张过程即将完成，全面运能不足的矛盾得到解决，交通运输发展基本矛盾的主要方面已由供给不足转向需求约束。需求约束成为交通大国向交通强国战略转型时期交通运输发展的基本特征。

第二节　交通强国发展短板

与建设社会主义现代化强国要求相比，处于新历史方位的我国交通运输发展仍然不平衡不充分，距离交通强国目标还存在一定差距，有较多短板需要补齐。

一、区域和城乡交通发展不平衡

我国交通运输已经基本适应经济社会发展的要求，但在区域间、城乡间仍然存在较为明显的不平衡不充分问题，例如，中西部地区部分跨区域通道能力紧张，机场数量仍然偏少，2016 年西部地区的高速公路网密度、铁路网密度和高速铁路网密度仅为东部地区的 0.17 倍、0.24 倍和 0.10 倍。集中连片特困地区的农村公路路网密度和等级明显偏低，服务能力弱，特别是一些自然条件较为恶劣的贫困山区路网覆盖存在诸多"死角"，路网建成后养护难甚至弃养，导致抗灾能力弱、安全隐患多、通畅问题较大。

二、对外开放支撑力度不够

在"一带一路"倡议指引下，我国面向全球的交通正在加快发展，但还存在诸多短板，需要加快谋划构建。既有陆上通道布局不尽完善，出印度洋等战略性陆路通道缺失，中蒙、中哈、中吉、中塔、中巴、中印等通道设施建设滞后。同时，我国对海外交通枢纽、物流节点的战略布局也欠缺考虑，对克拉地峡、北极航道等世界性重大交通工程的前瞻性和参与度不足，在主要交通国际组织中的地位也不高。

三、方式间发展仍需优化结构

铁路运输服务总体上发展滞后，在货运方面，铁路难于满足产业结构调整和转型升级背景下的强时效性、高附加值货物运输及全程物流需求。公路运输市场由于竞争不规范、治理不充分等问题形成大宗物资、快件长途运输的公路运输比重过高，公铁货运方式结构扭曲阻碍了货运绿色发展。

尽管超前于农村地区，我国城镇化地区的交通发展依然存在较大的结构性问题。尤其是客运交通，城际交通基础设施结构不尽合理，城际铁路发展相对滞后，市域（郊）铁路规划建设基本空白，且城际交通与区际交通、城市交通之间衔接不畅；城市公共交通系统服务水平不高，规划建设仍处于补课、应急状态，未能发挥引领城市发展作用；慢行设施、停车设施等系统能力不足，发展品质不高。

四、"全程化"服务能力薄弱

一体化综合运输服务缺乏强有力的信息化、智能化技术和行业协同支撑，运输方式间的技术及装备标准、运输和保险规则、政策与法规体系等不协调，跨方式、跨区域、跨行业的信息共享不充分，专业、协同、集约组织水平较低；综合交通运输枢纽总体发展滞后，"统一规划、统一设计、同步建设、协同管理"的发展模式尚未形成，运输链条上"最先与最后一公里"问题仍较突出；交通运输的"门到门"一体化运行不畅，远未实现"一单制""一站式"的全程化运输。

五、产业融合发展程度不高

交通跨界融合理念仍未得到足够重视，现代信息技术和装备应用的广度和深度不够，运输服务的差异化、精细化、信息化、智能化、专业化水平较低，与物流及商贸流通、制造业、农业、旅游业、餐饮业等的联动融合程度尚浅，加之行业政策管理缺乏前瞻性，新兴业态发展总体仍较为缓慢。

第十二章　交通强国建设的宏伟蓝图

到 2050 年，我国将建成社会主义现代化强国，打造新时代交通强国是关键构成，届时交通运输将率先实现现代化，达到世界上的先进水平。根据未来经济社会发展可能，尤其是以技术发展为坐标，我国交通现代化将可能出现乐观跃升和自然进步两种情景，无论何种情景，我国交通运输发展都将达到世界先进水平。

第一节　中国特色交通强国

世界各国因资源禀赋、经济社会发展特征和所处发展阶段不同，交通强国的基本面貌也不尽一致，我国独特的规模体量、地缘特征、发展阶段和发展机遇决定了交通强国也具有鲜明的中国特色。

一、规模体量要求我国交通综合立体

我国国土面积 973.5 万平方公里，排名世界第三，2017 年人口数量为 14.05 亿，占全世界人口的 18.82%，是世界上人口最多的国家。我国是众所周知的"世界工厂"，更逐渐成为全球关注、潜力巨大的"世界市场"，在 500 多种主要工业品中，中国有 200 多种产品

产量位居世界第一；2017 年社会消费品零售总额达到 36.63 万亿元，消费空间十分巨大。2017 年，按购买力平价计算，中国的经济总量达到 22 万亿美元，超过了 18.5 万亿美元的美国；按 GDP 算，中国达到 11.6 万亿美元，仅次于美国。

中国庞大的生产和消费规模体量决定了建设交通强国必须追求大而全的综合交通运输体系，多方式、多功能、全覆盖，为满足巨大运输需求提供大规模的运输能力。

二、地缘特征要求我国交通双向发力

尽管中国的规模体量在世界上数一数二，然而在当前全球化的时代，仅仅依赖自身的生产和消费能力进行内循环不足以成为现代化强国，"走出去"需要在更大范围内配置市场和资源。因此，必须坚持开放发展，融入全球产业链和全球化大市场。

我国是一个大陆国家，只有东部临海，广大中西部缺少海运条件。改革开放之后，我国东部地区借助外贸发展率先实现了经济腾飞，主要加工制造能力集中于东部沿海，中西部向东部输送原材料、人力等生产要素，产品通过海运向全球运输。近年来，我国全面提升对外开放格局，提出"一带一路"倡议，推动东西双向开放。中国的西向开放，需要通过发展以铁路为代表的陆上交通基础设施促进欧亚大陆经济整合，将中国与周边国家的利益进行绑定，形成命运共同体。在这一背景和趋势下，我国打造交通强国要以"一带一路"为重点，发展陆海双相的综合交通运输体系，坚持"引进来"与"走出去"并重，深化交通与产业配合的开放合作。

三、发展阶段要求我国交通适度超前

钱纳里和赛尔奎基于几十、上百个国家的案例，采取实证分析的方法，将经济发展阶段划分为前工业化、工业化实现和后工业化三个阶段，其中工业化实现阶段又分为初期、中期、后期三个时期，判断依据主要有人均收入水平、三次产业结构、就业结构、城市化水平等标准（见表 12-1），不同阶段经济增长呈现出农业—轻工业—能源原材料工业—高加工度工业—服务业的变化轨迹。城镇化则是伴随着工业化而发展，其过程一般呈现 S 曲线、三个阶段的特点，初级阶段是城市化水平在 30% 以下，这个阶段是一个缓慢的过程；中期阶段是城市化水平在 30% 至 70%，这是一个加速的阶段；后期阶段基本上稳定，城市化水平约 70% 至 90%。

表 12-1　工业化不同阶段的标志值

基本指标	前工业化阶段	工业化实现阶段			后工业化阶段
		工业化初期	工业化中期	工业化后期	
人均 GDP2005 年美元（PPP）	745—1490	1490—2980	2980—5960	5960—11170	11170 以上
三次产业产值结构（产业结构）	A>I	A>20%，且 A<I	A<20%，I>S	A<10%，I>S	A<10%，I<S
第一产业就业人员占比（就业结构）	60% 以上	45%—60%	30%—45%	10%—30%	10% 以下
人口城市化率（空间结构）	30% 以下	30%—50%	50%—60%	60%—75%	75% 以上

注：A 代表第一产业，I 代表第二产业，S 代表第三产业，PPP 表示购买力平价。

资料来源：陈佳贵、黄群慧、钟宏武、王延中等：《中国工业化进程报告》，中国社会科学出版社 2007 年版。

2017 年我国人均 GDP 为人民币 59660 元，超过 9000 美元，三次产业结构为 7.9 ∶ 40.5 ∶ 51.6，城镇化水平达到 58.52%，据此判断，我国国民经济发展总体处于工业化中后期向后期发展阶段，预计 2020 年前后基本实现工业化。城镇化方面，我国目前属于城市化的中期阶段，滞后于工业化发展，一定时期内仍处于城镇化加速发展阶段，预计 2020 年城镇化率达到 60% 以上。但我国区域发展并不平衡，上海、北京、天津已经步入后工业化阶段，其他大部分东部省份处于工业化后期，而大部分中西部省份基本还处于工业化中期。

建设交通强国必须适应我国工业化、城镇化所处发展阶段的需要，适度超前。具体而言，我国东中西、南北之间发展尚存在较大差异，工业化、城镇化所处发展阶段不同，不同区域的交通运输发展具有不同的重点；同时，由于交通运输的系统性、网络性、一体性特征，我国各区域交通运输发展在各有侧重的同时，还应注重与其他区域的协调配合。

四、发展际遇要求我国交通绿色创新

从交通大国向交通强国迈进过程中，我国交通运输发展的周边环境与发达国家经历的交通大发展阶段出现了较大的际遇区别。

一是国际上对发展的资源能源约束强度提升，且中国人均占有资源远低于世界平均水平。我国煤炭资源人均占有量是世界平均水平的 79%，耕地资源人均占有量是世界平均水平的 40%，水资源人均占有量是世界平均水平的 25%，天然气资源人均占有量是世界平均水平的 6.5%，石油资源人均占有量是世界平均水平的 6.1%。在这种约束条件下，我国的交通运输必须走绿色发展之路，发展绿色供

应链，倡导绿色出行，打造绿色交通强国，实现环境影响最小、资源能源利用率最高，以期既能获得经济效益，又能获得生态效益和社会效益。

二是世界正在进入新一轮的技术浪潮。传统工业化模式强调依托资源要素禀赋，在充分发挥低成本劳动力和其他生产要素价格优势的基础上，利用全球产业分工逐渐从价值链低端向中高端升级。当前，全球进入第四次工业化浪潮，互联网、物联网、大数据、人工智能与制造业、服务业的结合越来越广泛深入，智能制造、智能服务正在成为传统产业转型升级的主要方向。改革开放40年来，我国抓住经济全球化背景下贸易投资、技术进步和产业转移的历史机遇，成功实现了加速发展，从而基本完成了第一次和第二次工业化，全球第一的专利申请数量证明了我国开始进入工业技术创新的爆发期。交通运输业是实体发展基础上的服务业，在当前的新技术浪潮下，打造交通强国，必须强调创新，既要关注制造等方面技术创新，也要关注服务模式创新，依托新技术、新业态、新模式、新产业发展，进一步拓展延伸产业链、完善供应链、提升价值链。尤其在利用后发优势的同时还需正视因后发而带来的既有技术标准体系和知识产权保护等制约，必须通过创新形成自主技术和知识系统。

第二节　交通强国发展目标

为打造新时代交通强国，需要明确发展目标，坚定不移地建设现代化交通运输体系，争取早日实现交通运输现代化。

一、交通强国的内涵

建设现代化交通运输体系、实现交通现代化是一个动态过程，这是由现代化内涵决定的。现代化是人类社会从工业革命以来所经历的一场涉及经济社会生活诸领域的深刻变革过程，代表了由传统向现代的转变，是一个动态的目标和过程。

成为交通强国，意味着建成现代化交通运输体系、实现交通现代化，即建成当时时间节点下体现国际先进水平的现代综合交通运输体系，以当时的各种现代化运输方式的技术经济特征和社会对资源消耗、建造成本、运行成本的可承担能力等为约束条件，充分发挥各种运输方式的优势，建成全面覆盖、技术先进、优势互补、功能多样、协调发展的世界一流的交通运输体系，满足人民美好生活需要，高度契合、超前引领当时经济社会发展。

从内涵上讲，"交通现代化"是体现当时国际先进水平的交通状态和过程，即一个国家或一个区域的交通总体水平从技术、制度、文化等多维度达到或接近国际先进文明水平。从社会经济学的角度讲，"交通现代化"是和现代化经济社会相适应的交通发展状态和交通发展过程，能引导生产力布局，使生产关系和产业结构趋于现代化，为社会经济大系统的协调、高效和可持续发展提供支持和保障。从系统学的角度讲，"交通现代化"是现代化不可分割的部分，是人类经济社会现代化进程的一个组成部分。

二、交通强国的价值取向

交通强国的价值取向关键在于满足人民美好生活需要，实现交通运输服务的快速通达、经济适用和公平美好。

（一）快速通达

从对"日行千里、夜行八百"宝驹的追求，到对超音速飞机的研发，速度从来都是人类追求的终极目标。交通强国必然能够以极高的覆盖度为人民提供世界上一流的交通速度。

人们对快速的追求是"门到门""点到点"所需的时间更少。在既有和可预见的交通运输技术条件下，并非所有的行程都能仅靠同一交通工具完成，因此，在安全的前提下，交通强国不仅需要更为高速的交通工具，还需要强化方式间的衔接、提高系统间的配合效率；同时，还要求居住于不同地区、具有平均消费能力的人民都能够普遍享受这种高速度。

（二）经济适用

地球上既有的能源空间等各种资源有限，而人类的欲望却永无止境。工业革命以后，科技的迅速发展使人类利用资源的能力突飞猛进，对地球环境的影响和资源的消耗在短短几百年内远远超过了工业革命前几千年的总和。在人类科技水平达到向其他星球要资源之前，需要更合理、更经济地分配资源以支撑可持续发展。在国际社会的大力推动下，世界范围内正在进行一场大规模的经济发展模式和产业结构升级，其核心内容是建立低碳经济发展模式和低碳社会消费模式。

未来交通运输发展需要能够更加经济合理地适应人类经济社会活动的要求。更好发挥交通引导提升空间利用效率的作用，尤其是优化城镇化地区的人口产业布局，并推动空间的立体化开发，同时，降低单位运输产品的资源能源消耗，向低能耗方式转移运量、优化结构，进一步创新能源和装备技术，提升可再生能源在交通运输业的使用率、降低化石能源比重等。

（三）公平美好

公平得到生存和发展的机会，是现代文明的底线，也是维持文明发展的基石。同时，还要为"有恒心"的"恒产者"提供高质量、品牌化的服务，实现"各得其所"。

未来的交通发展成果必须由人民共享，实现地区间、群体间的交通发展普遍享有，增强人民的幸福感，使全体人民朝着共同富裕的方向稳步前进，以集中体现社会主义制度的优越性。实现不同地区之间的交通共享，逐渐消除区域间、城乡间的交通差距，实现交通基础设施与服务的一体化与均等化，并充分保障各类弱势群体的基本交通权。

同时，随着人民生活水平的提高，信息化、智能化等技术的提升，交通将越来越成为个性化、定制化的产品，更加美好、灵活、自由。通过设施网、服务网和信息网的"三网"融合实现交通运输服务的"无处不在、实时响应"。交通运输业与互联网、物流、金融、制造、旅游、餐饮、信息服务等行业深度融合。

三、建设交通强国的"两步走"

目前，我国正站在从交通大国向交通强国迈进的门槛上。到2035年，我国的经济社会发展将更上一个台阶，东部沿海地区接近发达国家水平，尤其是京津冀、长三角、珠三角和山东半岛等城市群将率先实现交通现代化。到2050年，我国将建成社会主义现代化国家，建成区域各具特色、覆盖全国、面向全球的现代化综合运输体系，达到世界领先水平，重现我国在全球交通的中心价值与地位，建成交通强国。

第三节　交通强国发展蓝图

无论在乐观跃升还是自然进步情景下，我国建成交通强国后，都将从现在的跟随者向领跑者转变，进入一个观念转变的未来、一个科技引领的未来、一个全民参与的未来，建成与经济社会发展高度契合的现代化交通运输系统。乐观跃升情景下，出现划时代意义的科技并得以大范围应用，包括交通产业的技术及非交通产业的技术，对克服空间距离的方式产生根本性影响，对交通运输形成颠覆性的改变；自然进步情景下，既有交通技术发展应用较为顺利，但不会出现颠覆性改变。

在交通强国战略下，实现"时空流畅"出行，使国内客货运输能够在更高效率下更好更快完成，促进经济转型升级、满足人民美好生活需要；保障"安全可靠"运输，维护人民生命财产安全，确保人民享受公平而有尊严的交通；提供"绿色美好"交通，使经济社会能够可持续发展，不花子孙后代的钱，且交通体验更为美好；支撑"大国无疆"发展，保障我国的海陆双权，保持我国在全球化发展背景下的竞争发展优势。

一、"时空流畅"出行

当交通强国建成时，我国各类交通工具的平均运行速度将越来越快，这是交通运输发展的必然追求。届时，我国的客运和货运不但在长途出行、城际出行、城市出行中更快，由多个程段组成的点到点运输中，衔接也更为平稳顺滑，各种交通方式将充分发挥各自技术经济优势，以网络化布局、组合协调发展、一体化紧密衔接，实现交通的"时空流畅"。建成主要都市圈 1 小时通勤圈、主要城市群 2 小时商务圈、全国主要城市间 3 小时交通圈；形成国内 1 天送达的快递物流交通圈。

（一）交通深度协调区域发展

到 2050 年，我国城镇化将基本完成，总体上进入后工业化时代。届时，我国的城市群将成为国家的人口、产业和经济重心，人口、产业分布和经济活动在全国层面上向城市群集中，各大城市群成为主要的客货流出发到达点。各区域之间、区域内经济与产业一体化开发和相互协调基本到位，形成以沿海、沿江、沿线经济带为主的横纵向"棋盘式"经济轴带布局，培育形成和壮大若干重点经济区。80% 以上的人口将生活在各大城市群中（如图 12-1），而其中 60% 以上将分布在胡焕庸线以东，我国东部仍然是经济活动最大最密集的地区，但东北部、中部、西部也将有更为不俗的表现。到 2050 年，形成"多芒星 + 棋盘状"的陆上区域交通网络布局。随着我国经济高地数量规模的不断增加，以及相应产生的大范围、大规模外溢带动效应，经济发展从不均衡向均衡状态转变。

交通系统将支撑引领国土开发格局的优化，进一步缩小区域间差距。从全国范围看，东部经济发展势能仍强于中西部，中西部与东部的联通进一步强化，以中西部的行政中心和重要市（地、州）级城市为重要节点、东部"连片"成带，形成全面覆盖、贯通东中西部的公铁"横向 + 对角"网络。从中西部看，随着区域内经济发展水平及联系程度的提高，"纵向"网络进一步强化；同时，与西向开放格局相配套，形成西行"横向"交通网络。东部地区的经济发展均衡度较高，"棋盘状"格局更为明显，更多城市群形成"多中心"格局，依托"多芒星"交通网络发挥核心城市的辐射带动作用。

乐观跃升情景下，信息技术、能源技术以及材料、制造技术等出现颠覆性进步。超高速信息通信网络广泛应用，能源综合效率明显改善，分布式清洁发电成为普遍。3D 打印、自动化工厂等先进制造技术等得以成熟应用，制造业生产效率大幅提高，还将显著降低产品的物流成本和库存，提升商品小批量本地化生产的比率。在这种情景下，大宗货运需求将有非常显著的减少，尽管可能形成"对角线"等新运输通道，交通运输基础设施网络更多用于客运。

（二）交通支撑城市高效运转

2050 年，大都市圈将进一步强化作为我国人口与经济增长中心的地位。我国现在的超大城市主要有北上广深，未来将形成 10—20 个国家中心城市，成为世界城市体系中的"塔尖"城市，贮存更多的财富、文明，提供更多的服务、机会，审美和欲望。届时，大都市圈内部的灵活畅通交通系统需要支撑城市的高效运转。未来三十年，城市发展仍基于现有形态，但也有可能出现新的形态，不仅满足城市人口、经济等要素集聚的要求，也进一步满足人类亲近自然、追求自由、崇尚文化的本源需求，城市高密度居住区发展和城市中心绿化相结合。例如米兰的"垂直森林"、荷兰鹿特丹的"城市仙人掌"、丹麦罗多弗雷的"空中村庄"、美国的"纽约绿塔"等。

2050 年，大都市圈将实现无差体验的全域"泛城市交通"。国内主要城市以交通运输系统为重要依托打破城乡二元化格局，根据不同地区的人口密度配置交通运输基础设施硬件，以针对性服务，如需求响应类交通、共享交通等，弥合交通体验的不同，使人民的体验感受进一步无差别化。同时，还将形成完善的交通枢纽体系，依托信息系统、"精微"设计的场站相关设施设备等，实现多种运输方式、长途交通与城市交通的真正一体化、平滑化衔接。

在自然进步情景下，城市布局得到进一步优化，以大运量公共交通引导土地开发，减少不必要的交通需求。公共交通成为主要出行方式，私人或共享交通起到更好补充作用。

在乐观跃升情景下，城市交通将采用空中、地面、地下三者合一的立体交通模式，实现行人与车流、客流与货流的完全分离，且空中交通与地下交通的比重大幅增长。其中，空中主要是私人飞行交通为主，大部分公共交通和行人活动空间将位于地面，地下空间以私人机动交通、静态交通、地铁和地下物流系统等组成。

（三）新型全链交通提升服务

全面提供"门到门"客运服务，在满足旅客位移需求的同时，旅客出行体验更加美好，无人车、无人船、无人机、个人城市交通系统等新型交通工具使交通"移动新时空"在发挥本源功能的同时，还将具备办公、休闲、娱乐、消费等多重属性，强调出行中的美感、舒适感以及其他精神层面的享受，与旅游、住宿、餐饮等不同产业逐渐融合，共同形成经济新业态。随着科技的进步和交通需求的演变发展，我国体验交通体系的内涵和组成不断丰富完善，并与便捷高效的综合运输系统相互融合，形成系统的景观铁路、景观公路、休闲步道、汽车营地等体验交通服务。建成服务覆盖全球的"出行即服务"联运经营人平台。在城市中，以完整街道概念为步行等与自然环境直接接触的交通方式提供系统、充分的空间。

建成货运物流服务的大平台，提供"定制化"货运服务，实现货运物流的全链条一体化运作、"一单式"的世界一流服务，提升全程货运物流服务效率，实现货运物流行业与制造业、商贸流通业、农业、金融等相关行业甚至军事领域的高度协同融合发展。支撑和引领经济结构优化升级，适应和改造全球生产贸易体系，打造全球物流和供应链体系，提升中国在全球价值链中的地位，提升全球连接、全球服务、全球解决方案的能力。

二、"安全可靠"运输

到 2050 年，我国将建成社会主义现代化强国，向物质极大丰富进一步靠拢，安全、公平等社会性需求水平也进一步提高，将在更高人文底线下建成更好保障人民生命财产安全和国防安全的交通运输系统，以及不同区域、不同群体共享的公平交通运输体系。

（一）实现交通运输"零事故"

到 2050 年，在乐观跃升情景下，将形成人、车、路协调统一的"万物互联"安全交通系统。载运设备之间、设备与基础设施之间自行进行"对话"，在可能出现危险的时刻进行预警并自动应对，实现"零事故"，万车交通事故死亡率接近于 0。

在自然进步情景下，交通系统安全保障能力得以提高、事故应急救援系统进一步完善，将交通事故发生率保持在较低水平。形成国家战略层面的交通运输安全规划及具体计划，并强化有关交通安全的制度、规范、标准的落实，对高危行为采取零容忍政策，改变社会的不良习惯。交通基础设施设计、建设、维护中的技术、材料、工具、设备、程序、规格、方法等得到全方位的安全改进。

（二）提升交通国防保障能力

到 2050 年，以国家民用交通运输系统整体为依托，从国防交通规划、交通工程设施、民用运载工具、国防运输、国防交通保障、国防交通物资储备等六个方面，建成适合我国国情的、比较完善的国防交通运输系统，维护国家领土、海洋和领空安全，适应国防建设和打赢可能发生的战争对交通运输保障能力的要求。

未来拱卫国防安全的交通系统仍以既有交通方式为主体，形成覆盖各大战区、行政区和经济区的国家安全战略通道，加强全国政治、经济、军事指挥中心和战区之间的连接，保障各战区之间互相支援。加强战略纵深、与主要作战方向和边海防地区的网络建设，建成通达陆海边疆的国防铁路和国防公路战略干线网，建设军区到港口、陆地边疆重要城市的道路专线。强化重要军事基地、战略物资储备基地和国防科研生产基地的交通干线连接。国防方面对交通基础设施的要求纳入相应的设计标准和规范，具有国防意义的铁路、公路、港口、机场等满足军事运输的要求，并提高城市交通系统的战时生存能力。

（三）实现交通公平正义转型

一是保障地域空间上的交通公平。到 2050 年，建成全面覆盖国土的交通运输网络，推动区域协同发展，塑造要素有序自由流动、主体功能约束有效、基本公共服务均等、资源环境可承载的区域协调发展新格局。建成为革命老区、民族地区、边疆地区等低于平均经济发展水平地区服务的交通运输系统，保障人民的平等交通权，并支撑旅游等产业开发。50 户以上自然村 99% 通等级公路，家家户户通公路；形成城乡一体交通，城乡居民能够享受无差别的交通服务。

二是实现不同群体间的交通公平。到 2050 年，经济适用交通服务覆盖更广收入水平的人群；通过需求响应、自动驾驶等交通模式改进、交通技术创新，为老龄、残障等弱势群体提供接近普通人群的交通可达性。

三、"绿色美好"交通

到 2050 年，我国经济社会现代化下的畅通快速交通将在人类可支付、可承担的能源资源成本内进行，而且将使人民感受到出行的愉悦、美好、自由。

（一）优化平衡交通供给需求

优化区域、城市空间开发格局，广泛部署虚拟现实（VR）和增强现实（AR）设施，有效减少交通出行需求。充分利用"互联网 +"信息实时发布共享，实行基于不同时段、不同费率的交通服务定价机制，引导减少高峰时段、高度拥堵区域出行，有效平衡交通需求和交通供给的时空分布。

（二）清洁化能源和载运设备

到 2050 年，电动汽车、混合动力汽车和小型、轻量化乘用车，节能环保型船舶、铁路机车车辆、民用航空器、港站设备等得到大面积推广应用，传统燃料汽车全部退出城市。交通运输领域使用的电力来源也将进一步清洁化，航空业、水上运输业等使用低碳燃料比例明显提升，二氧化碳排放量显著减少，铁路电气化率进一步提高。

（三）低碳运输方式转移选择

到 2050 年，交通方式选择将显著向低碳方式转移。中长途货运向铁路和水运方式转移，所有重要海港与铁路网、内河水运系统连接，超过 50% 运距在 300 公里以上的公路货运转移至铁路或水路运输；城际旅客运输向大容量集约交通方式转移，所有机场与轨道网络特别是高速铁路网络连接；在城市中，60% 以上的出行由土地、能源等资源利用效率更高的公共大容量交通完成。

（四）交通更具绿色体验特征

随着人民生活水平的提高，人们在追求"走得了"的基础上，将会更加注重"走得好"。随着现代工业文明的迅速发展，人与人交往逐渐陌生化、数字化、虚拟化，然而对人与人之间亲密感、人与自然之间亲近感的追求却是人的本源追求。

到 2050 年，我国将实现人性化、过程性、多元化、生态化、定制化的体验交通与传统交通运输系统相互渗透、相互融合，为交通使用者提供绿色体验交通运输服务。交通基础设施、交通工具、交通服务设施的设计，将从出行者的视觉感和美学的角度出发，力求与周围的自然环境协调共生、交相辉映、融为一体。城市将"以人为本"，有效解决交通拥堵、污染问题。人们处于"交通移动空间"中时，能够充分享受出行过程的美妙时光；人们在驾驶出行间隙、交通换乘空间中，能够体验到人与自然亲近的种种乐趣、购物娱乐的种种便利。出行全过程成为美好体验，出行者能够充分观赏出行过程中的多变景观、接受出行过程中的多样服务、分享出行中的多种乐趣，放松自我、愉悦身心。

四、"大国无疆"发展

未来 15—30 年，全球经济和贸易版图将呈现中、美、欧"三足鼎立"格局，中国将成为世界经济重心、全球贸易中心。在全球交通网络体系中，中国将处于核心枢纽地位，成为全球交通网络的"轴心"、全球物资的集散地和转换地、交通运输的主要投送基地，以及交通规则和标准的输出中心。

（一）建成泛亚陆上交通网络

在过去 30 多年来，我国运输系统的建立是为了将中西部的资源运往东部沿海进行加工并销往欧美等地。随着内需的进一步扩张、亚洲地区贸易一体化的推进、美洲等地制造业的回流，我国在世界产业链中的定位将有所变化，与传统相反的西向货流将逐渐增长。到 2050 年我国将重组区际、洲际网络，形成强大的"陆相"交通运输系统。

形成较为完善的泛亚铁路网、泛亚公路网。通过加强尚未联通的一些区段的交通连接，实现与东北亚、东南亚、中亚、西亚、北非的陆路连接。通过建设我国与东南亚等周边国家之间的铁路及公路连接，实现与东南亚、中亚、西亚之间的畅通连接。目前，亚欧之间已经形成了两条大陆桥通道，未来将规划建设第三条通道，中国—中东—欧洲通道，连接亚欧、亚非。

（二）强化世界航运体系地位

到 2050 年，我国在世界海运和民航体系中，地位得到极大提升，更具控制性能力。实现以我国港口为平台的海上物流信息化合作，扩大与全球沿海国家的海运互联互通。在传统东向太平洋通道基础上，开辟直通印度洋、北冰洋的通道；借助运河打造图们江出海口，实现我国东北地区的对外直接联系；积极推进红海—地中海高铁建设，打造"陆上苏伊士运河"；参与克拉地峡建设，开辟太平洋新通道。形成强大并具有国际竞争力的远洋船队和国际航空公司，使运输服务贸易保持顺差。建成国际航运中心，在航运服务、航运金融、智慧航运等方面掌握标准、价格等话语权，具备强大的全球资源配置能力，并在交通的"全球共治"中发挥重要作用。

第十三章 交通强国建设的战略任务

我国交通运输发展实现从大国到强国的飞跃，面临的时代背景不同过往，经济社会和人民群众的交通需求不断跃升，行业自身的基础条件也有所变化，无法依赖传统路径，必须在战略方向上作出重大转变，在战略任务上进行系统部署。

第一节 打造交通强国的战略方向

自改革开放以来，我国经济发展实行的是"让一部分人先富起来"的容忍"非均衡"的发展战略。在此背景下，交通作为基础产业、经济发展前提，以"交通优先战略"实现了大发展，"供给约束"的局面得到改变。目前，正如十九大报告指出，我国社会主要矛盾已经转化为人民日益增长的美好生活需要和不平衡不充分的发展之间的矛盾，交通亦如此。

中国特色社会主义进入了新时代，在新形势、新变化下，我国从"让一部分人先富起来"向满足人民日益增长美好生活需要的"共同富裕"迈进了一大步。在此背景下，打造新时代交通强国，是更好顺应现代化发展潮流和成为国际竞争长期赢家的必然要求，需聚焦盯准战略转型，从"交通优先战略"向"全面平衡战略"转变。从重点突破向平衡协作转型、从基建为王向系统领先转型、从独善其身向世界舞台拓展，密织基建路网、升级技术装备、提供跨界服务，既高质量发展交通传统主业，又突破既有边界，拓展交通运输产业发展范畴，更好顺应现代化发展潮流，实现交通运输系统的革命性重塑，满足实体经济发展需要，支持现代化经济体系构筑。

一、从重点突破向平衡协作转型

"交通优先战略"在中央政府主导下，地方政府根据地方实际以打通主通道、构建主骨架为战略任务，在过去40年中，交通基础设施网络建设取得了非常大的成绩。基于未来十年中国最需要的"增长"，交通运输基础设施建设仍然是重要的投资方向。但交通建设的重点将从建设主骨架向优化与完善网络和区域平衡协作方向转变。

（一）弥补交通基础设施网络大布局上的短板

在东西、南北经济发展仍然存在较大差异的背景下，呼应区域协调发展战略要求，应增加连接东南—西北地区的对角线大通道，强化东南与西北地区的联系。同时，响应"一带一路"倡议，全面开放，建设面向亚欧的陆海交通基础设施。为促进区域协调发展，应进一步强化部分欠发达地区的高质量的交通基础设施建设，以促进民生改善。

（二）畅通交通基础设施网络毛细血管

我国乡村道路在承担农村生活与农业生产功能的同时，事实上还承担着农村产业的生产需要。乡村振兴战略中提出要培育家庭工场、手工作坊、乡村车间，实施休闲农业和乡村旅游精品工程等。为此，在进一步强化农村公路网络覆盖度的同时，更需要根据所服务乡村的发展方向，以功能定标准、定配套，而不是片面追求等级。

（三）凸显基础设施维护保养重要性

随着交通基础设施网络的全面铺开，尤其从 20 世纪 90 年代开始快速建设的公路、铁路等将逐渐批量进入大修期，维护保养的工作量、重要性等都将直线上升；同时基础设施的包容性等改造力度也将进一步强化，从而进一步提高交通基础设施网络的能力发挥效率。

（四）预留新型基础设施建设空间

在可预见的未来，无人驾驶、新能源汽车、智能交通等新技术都将实现规模化市场推广，与之相配套，将需要建设大量新型基础设施。当前，应尽快将预留新型基础设施发展空间、更新老基础设施、对接新老基础设施等提上发展日程。同时，基于当下技术水平，综合枢纽衔接、城际交通建设、地下空间开发等基础设施建设新领域也需要投入更多力量。

二、从基建为王向系统领先转型

尽管交通基础设施网络建设仍然是未来的战略重点，但必须认识到，发展交通运输的本源目的是更高效地提供运输服务，基建是过程，不是目的。当前，基建为王的时代已经进入尾声，下一阶段要花更大力气抓装备、抓服务水平，牢牢扭住创新战略，"三驾齐驱"推进交通运输系统实现世界领先。

（一）大力投入技术装备研发

我国抓住了史无前例的技术破壁机遇，在模仿与学习中走到了今天。目前，我国交通基础设施的土建技术水平非常高，以高铁为代表的轨道交通技术在世界上居于先进地位，这也是我国交通运输产业走出去的拳头产品。但必须认识到，我国的载运装备制造业，尤其汽车、飞机等的制造水平仍然较低，在国内外市场上占领份额都不高，国际上承认的相关技术标准也较少，通常需要在西方发达国家划下的"道道"里腾挪闪转。传统燃油汽车自动变速器技术、整车集成优化能力等有待提升，核心创新能力有限；新能源汽车尽管市场占有率提升，但仍然面临电池能量密度与成本、充电桩普及率、充电速度等方面的发展瓶颈；自动驾驶汽车等的发展不但需要加大研发投入力度，还需推动出台促进交通新技术应用的标准规范、提供良好法治环境和配套基础设施系统等；大飞机更一直以来是我国发展的短板。我国应下更大力气投入相关技术研发，包括新能源汽车、无人驾驶汽车、大飞机、智能交通平台等，力图跟上新趋势、迈出新步伐。在相当多领域，我们即将进入技术"无人区"，更需要转换跟随思维，发挥先驱引领作用。

（二）加快进入"破界融合"服务新境界

随着信息技术等的迅猛质变、消费价值观念的逐渐破界，产业融合发展成为主要创新发展方向，交通产业亦不例外。交通运输服务企业不能仅仅站在自己原有的产业边界内思考问题，必须向外延伸至"全出行链"和"全供应链"，与信息、物流、仓储、商贸、金融、保险、农业、制造、旅游、餐饮、休闲、军事等融合起来，激发客户内在消费新需求，提供"一站式"解决方案，形成新型的产业生态圈，支撑新型产业体系的形成。形成国际上更具竞争力的企业，包括航空公司、航运公司、交通服务平台公司等，创造"交通+"服务新模式，成为全球引领者，以此带动促进我国全产业链条向高附加值端升级。

三、从独善其身向世界舞台拓展

一直以来，我国打造现代化交通运输系统的努力都主要集中在本国国土范畴内。在全球化的大发展趋势下，为实现中华民族伟大复兴，建设交通强国需要放眼全球，尤其在我国提出的"一带一路"倡议框架下，更应充分发挥交通运输的关键作用。

以交通基础设施为重要依托，打造面向全球的交通运输体系，并提升在世界交通运输体系的话语权，谋取国家利益。一方面，以强化与欧亚大陆各国产业合作、资本输出为主要目标，建设西向陆上基础设施，实现产业、交通、资本联动。另一方面，以建设港口物流平台、打造航运中心为依托，强化对海上航线网络的控制力度。同时，塑造在航空、航海等世界运力提供中的强竞争力，优化对全球贸易的支撑力和参与度，强化盈利能力。

第二节　打造交通强国的具体战略

未来30年，为打造交通强国，实现交通运输现代化，需要从基础设施、技术装备、运输服务等三大永恒主题领域发力制定具体战略，深度具象至城市、广度拓展到全球，以新技术、新模式为抓手，聚焦落实创新、协调、绿色、开放、共享等新发展理念，提升交通运输系统运行效率，支撑经济社会更高质量发展。

一、快速通达：基础布局优化战略

到 2050 年，我国国土空间布局将呈现以城市群为发展主要模式、且总体更为均衡的新形态。为推动交通区域一体化发展、促进中西部国土开发、支持城市群发育完善、满足国防战备需要等，以更快速度克服空间距离，应加快推动打造多层次、多功能的交通基础设施网络。维护保养既有基础设施网络，增加高速铁路、高速公路、航空等快速交通方式的覆盖范围，建设用于更高速的新型交通方式的基础设施，强化交通基础设施的绿色、智慧、安全等特征。

（一）扩大快速交通基础网络覆盖率

第一，强化中西部与东部交通快速联系。形成完善的横贯东中西部地区的运输通道；并通过加密线路提升东部城市群间南北向运输大通道能力。进一步加强中西部地区同东部地区，尤其是与环渤海、长三角、珠三角等经济发达地区之间的交通联系。建设中西部与东部地区对角连接新通道，沟通西南至华北地区、西北至东南地区。进一步向西延伸西北出海大通道和沿江综合运输大通道。建设跨渤海通道形成东北与华东地区的直线联系通道。东部城市群间运输大通道已经基本成型，未来可能进一步加密和提升等级，视技术成熟度，选择大密度城际间建设高速磁悬浮客运干线。在东部沿海地区，可考虑建成联系环渤海地区、长三角和珠三角城市群的超级高铁快速通道，最快速度提高至 600 公里／小时以上，主要大城市之间实现 12 小时的"商务＋往返"。到 2050 年，建成稳定的高速铁路网（含高速磁悬浮），大部分 1000 公里以下中远途旅客运输由铁路承担，基本覆盖 50 万以上人口城市，能力紧张的通道形成复线，普通铁路网覆盖 20 万以上人口城市。

第二，构建多层次、高密度、多功能的公路网络。2030 年高速公路基本覆盖 20 万以上人口城市，彻底解决存在的瓶颈、断头路、堵点等问题，形成全国贯通的高速公路网，之后关注重点进一步向提高养护水平转移，通过维护延长公路使用寿命；2050 年高速公路系统将 10 万人口以上的城市连接在一起，普通国道覆盖县城，公路基础设施养护管理水平迈入世界先进行列。加快推进各城市群"双环+放射"状高速公路路网建设，扩大主要城际公路走廊能力，在大中城市环线实现公路的客货分离。建立完整的全国性货车专用公路网络，配合水、铁长途货运网络改善与港口、铁路货运站等的公路衔接。

第三，以城际铁路和高速公路拉开城市群空间骨架，支撑 1—2 小时经济圈的实现。2030 年形成长江三角洲、珠江三角洲、京津冀城市群、长江中游城市群、成渝城市群等城际铁路骨干网络，有效支撑都市圈通勤同城化。到 2050 年建成 1000 万以上人口城市群城际铁路网络，形成城市群复合交通走廊，加强节点城市与周边辐射地区之间的快速通道和干线网络建设，实现交通运输网络功能由单中心放射型向多枢纽互联型转变，支撑引导大型城市群的空间结构由"点轴式"向"网络式"转变，形成对周边地区具有辐射和带动作用的战略新高地。未来高速公路或干线公路将充分考虑新能源汽车、智能汽车等交通工具对车路协同的发展要求，并实现与沿线自然环境的和谐互美。

第四，扩大机场覆盖率。加快建设"一带一路"和长江经济带立体交通网络的干支线机场，重点发展西南、中南、新疆、黑龙江、内蒙古等地区以及高原等支线机场，全面提高民航机场的覆盖度，并与通用机场相配合，应急保障的通用机场在2小时范围内覆盖全部地区。形成大众出行、高端定制出行、空中游览、飞行体验、无人机作业等多种形态兼具的航空服务体系。

（二）完善长途大能力交通基础网络

以货运为重点，建设能够发挥不同运输方式优势的全国性、大能力货运基础设施网络。

第一，拓展发展新空间，形成沿海沿江沿线经济带为主的纵向横向经济轴带，以城市群为依托，培育壮大若干重点经济区，进一步优化产业布局，减少不必要的货运需求。

第二，推动高容量交通方式使用及货运专用车道网扩展，增加相应的运行班次，提升货运走廊的服务能力，降低货主成本及环境等方面的社会成本。发挥铁路和水运网络的长途货运作用，构建东中西区域间大宗货物专用运输通道，优先增加长江经济带等区域联动走廊的水铁运力，建设重点城市群间专用货运网络。建设大能力的铁路货运核心网络，基本实现铁路客货分离，加快建设铁路枢纽货运外绕线。建设水系沟通、干支相连、标准统一、通江达海的高等级航道网。

（三）打造服务中西部开发交通网络

强化中西部区域内联系，提高区域整体可达性。

第一，积极改善交通条件促进中西部地区丰富自然资源、矿产资源的开采、开发和利用，加强中西部地区通往资源、能源开发地的干线通道规划和建设，以及主要经济中心、资源能源产地、产业基地间的大能力、高效便捷的集疏运系统建设，为中西部地区资源开发提供有力支持。

第二，进一步完善西部、中部的省际运输通道，构筑省际快速对外运输通道主骨架，提高区域整体可达性。

第三，考虑生态脆弱地区的环境承载容量，在建设此类型地区进出交通线路时，适当控制通行能力。在资源枯竭、产业衰退、生态严重退化等地区改造既有货运基础设施，开发旅游资源，支持产业转型等。

第四，提升革命老区、民族地区、边疆地区等以干线铁路、高速公路、国省干线、内河水运、民航机场、邮政线路为骨架的综合运输网络，提高交通运输基本公共服务水平和均等化程度至接近全国平均水平。

第五，以高等级航道建设为重点，加快西部地区通江达海、沟通东部的重要水运通道和相应的港航设施建设。

（四）构建满足国防战备需要交通系统

第一，优化路网布局满足国防需求。结合国家铁路与高速公路大通道、国省道主干线、主航道、主枢纽的规划与建设，形成覆盖全面的国家安全战略通道。加强东南沿海一线、二线和华南沿海地区的铁路、公路、水路建设，还包括装载上船和海上训练地域的战备码头建设，完善港口、码头的战备配套设施，形成航母停靠能力。加强中国西北部边境地区的公路、铁路、航空建设等，以及进藏公路、铁路建设。关注基于战争风险的首都区域安全，改造升级或新辟连往山西、内蒙古、承德等地的高等级公路与铁路，提升北京西、北方向的路网密度。关注港口、内河大坝、石油设施等战略打击重点的疏散交通线路建设。

第二，提高基础设施质量满足国防需求。将国防方面对交通基础设施的要求纳入相应的设计标准和规范。在网路质量上，铁路战略干线应全部为Ⅰ级或Ⅱ级，复线率和电气化率达到90%以上；公路战略干线的技术等级，一级以上的应占70%以上；战略航道的技术等级，三级以上的应占60%以上。完善铁路的军事运输装卸设施建设；具有国防意义的公路线路要有坦克等重型军事装备的通行能力。对全封闭高速公路，除按城镇分布设置进出口外，还应考虑按一定距离预留备用出口；部分高速公路服务区按国防要求建成集食宿、加油、维修、通信等多功能于一体的保障中心。新建或改扩建机场，充分兼顾军事空运的需求。港航基础设施建设向大型化、深水化、远程化发展，提高内河、陆岛及海峡间的水运能力，形成平战结合的港口、陆岛交通及河海相通的水运通道网，对主要战略方向的水路运输应建造能停靠江海直达轮的深水泊位和滚装码头。充分利用超级高铁等新型交通供给通道保障国防安全。

（五）优化多方式融合联动枢纽体系

以综合交通枢纽为重点，实现不同交通方式网络控制性节点的良好配合和协调，支撑多重网络的相互支持和一体化，调整和优化路网结构、有效控制整个网络规模，提高位移过程的完整性、方便性和快速性。

第一，优化客运枢纽。优化不同运输方式基础设施布局及线路运行配合，在旅客出行中尤其是在衔接换乘环节中强化不同运输方式的线路、场站等设施设备布局的配合，缩短物理距离，从硬件上提高旅客换乘便利度、舒适度。重点建设城市中的铁路综合客运枢纽，加强大铁路、城际铁路、市郊铁路等与城市轨道交通、地面公共交通等多种交通方式的线路衔接，有效促进长途、城际、城市客运轨道系统"三网融合"。以机场为重要节点，实现轨道交通网络与区域机场体系的衔接联动，进一步发挥高速铁路和航空交通的"双高"优势，并应用下一代飞机导航系统等先进技术提高机场使用效率。新建及改扩建客运枢纽场站更加注重设计，缩短旅客换乘时间，改善枢纽换乘体验，注重塑造场所感，并发挥枢纽的引导城市开发功能。

第二，提升货运枢纽。加快具有多式联运功能的货运枢纽型物流园区、集装箱作业中心、快递分拨中心、国际陆港等设施的建设，引导传统运输枢纽场站加快转型升级。强化货运铁路、公路与港口的对接、公路与铁路货运场站的对接，提高铁水联运、公铁联运等市场份额，提高物流服务配套能力。鼓励快递物流企业、航空公司等各类企业投资建设和运营专业化货运机场，打造具有综合竞争力的航空物流枢纽；优化货运机场布局，构建全国航空货运网络，全面提高航空快递效率。提升公路货运枢纽的整体水平，形成高水平的公路物流园区。加强货运枢纽与经济开发区、产业园区的衔接，依托大型机场、港口、铁路枢纽建设，促进临空、临港、临站经济发展。大力建设以全球货物贸易集散中心、综合物流服务基地和金融服务基站等为主要特征的第四代港口。

（六）强调基础设施安全绿色智慧特征

第一，建设更加安全的交通基础设施。根据经济社会发展要求，设置合理的线网密度、线位、线型和特殊交通功能线路，根据安全需求进行设施配套;提高交通基础设施的设计、建设和维护的安全标准,并开发大量先进安全设备,从技术上消除安全隐患。对公路、铁路路线设计,更注重路线与地形环境的配合和协调,并引入运行车速的理念。保证线形指标的均衡性、一致性,线形和环境景观的协调性,以及线形设计的灵活性、安全性,追求实际行驶车速相对平稳等,以克服超速等危险现象,减少交通事故、并保护生态环境和道路景观。对交通基础设施设计、建设、维护中的技术、材料、工具、设备、程序、规格、方法等进行全方位的安全改进,应用创新做法,提高施工和使用的安全性,提高基础设施的安全质量。加强对危险路段的检测防护、改造、警示等,强化相应的信息掌控。

第二,推动绿色交通基础设施建设。考虑环境承载力和资源能源消耗,灵活确定布局、规模、建设标准等,推进土地、岸线等资源的合理、有序和共同利用。推进水运、铁路、公共交通等低能耗交通方式的发展,提高铁路等轨道交通系统的覆盖度,开辟城际大容量车行免费通道等。加强交通与土地利用、人口布局的协调发展,广泛推行 TOD 模式,构建由市域(郊)铁路、城市轨道交通、BRT、公交等组成的大容量城市客运系统,大量开辟城市公交专用道。加快建设基于电网、储能、分布式用电等元素的新能源汽车运营云平台。充分集成充换电设施运营商、电动汽车企业等的数据,应用电池能量信息化和互联网化技术,实现电动汽车与智能电网间能量和信息的双向互动。推动新能源充放电站等基础设施全面覆盖城市、景区、高速公路等区域,提供电动汽车充放电、换电池等业务。

绿化美化既有交通基础设施,因地制宜建设铁路和公路,拓展体验功能,加强体验设计。合理确定设计主题,注重与沿线生态环境、城市景观协调统一，绿化美化沿线景观，开发生态交通廊道，通过线性路线将点、面状的自然风光及人文风貌连接成网。结合公众出行需求，减少运行噪音，鼓励在路侧空间设置完善服务设施，不断提高出行的舒适性。有序统筹推动汽车营地、邮轮游艇港口、景观线路、国家步道、通用航空机场体验交通系统建设。建立国家步道体系，在最大限度地尊重自然与不破坏自然风貌的基础上，对一些历史悠久的古道、马道，以及山区旅游镇的现有步道进行挖掘，依据地形走向相互连通、依照旅游资源类型设置登山、休闲步道，串联文化古迹、自然景区、民俗村、采摘园等元素，形成覆盖全国的国家步道体系。建设国家风景道体系，从国家层面、省域层面、市县级层面，结合地理环境、历史文化和民俗风情，构建旅游公路体系，开发建设不同类型的风景道（如森林风景道、草原风景道、滨水风景道、滨海风景道和文化遗产风景道等），展示不同区域的文化内涵。加快风景道配套设施建设，如标识系统、汽车营地、观景平台、急救中心和游客服务中心等，进一步满足自驾游旅客需求。推进景观铁路建设，将国家景观铁路总体规划纳入国家铁路网规划范畴，从国家整体布局、重点区域规划、景点景区实施等层面，结合当地景观资源，对景观铁路的线路走向、目标定位、实现功能以及与其他交通方式的衔接等做出科学合理的规划。

　　第三，提升交通基础设施智能化水平和技术等级。提升公路技术等级，利用智能机器人、现场实时信息监控系统等降低工程造价、提高工程效率。对运量较为集中的铁路既有线，进行电气化或提速等现代化升级改造。从设计、原材料、施工、验收等各环节全面把握铁路工程建设质量，优化基础设施养护维护，全面提升铁路基础设施可靠性及耐久性。打造新型立体化交通基础设施网络，包括浮动隧道、蜂巢状公路、都市地下货运系统等。开发交通基础设施的自主智能服务能力，推动交通网络的数字化、智能化，实现车路（车车）相互感知、实时互联与高速通讯、信息实时推送。实现基于数字化交通运输基础设施网络的全局化自动控制，为交通工具提供实时路线规划，实现交通运行状态的精细化实时感知，以可移动设备、可穿戴设备等发送信息至乘客。为中低速飞行交通工具提供低空交通规划与管理控制等。

二、全程一站：全链服务提升战略

2050 年，运输服务作为运输产业与客户进行直接接触的终端界面，将更好契合人的需求，"门到门"甚至包括行前、行后的所有运输相关服务将以"一站式"的单一产品形式提供。为此，需要对运输服务进行全链条提升，客运拓展至"全出行链"，货运拓展至"全供应链"，通过设施网、服务网和信息网的"三网"融合实现交通运输服务的"无处不在、实时响应"。依托新技术和新制度，实现交通产业内部、交通与其他产业之间两个层面由传统部门分割式整合向超界融会贯通转变，形成优质高效、协调联动、整体跃升的交通新业态，实现交通运输业与互联网、物流、金融、旅游、信息服务等行业深度融合，助力交通运输与国民经济整体发展融会贯通。

（一）创新"全程管家"客运服务

客运"全出行链"从时间维度上包含行前、行中、行后，在空间维度上包括起点、中转、到达等多个枢纽场站以及载运工具内部空间。应基于人的价值，创新"全程管家"客运服务模式，以高精尖技术完成高质量、个性化、一站式的服务闭环，提升旅客全出行链的体验。

第一，优化联程联运组织。增加重要线路方向的服务频率，优化完善多种运输方式的开行方案，促进"零换乘"的实现，提高位移过程的完整性、方便性和快速性。以城市中的铁路综合客运枢纽为重点抓手，加强长途、城际、市郊等各类铁路与城市轨道交通、地面公共交通等多种交通方式的线路组织衔接。配套构建多方式间相互契合的运行方案，实现旅客联运在时间安排上的"无缝衔接"、"随到随走"，优化旅客出行服务体验。

第二，打造"出行即服务"的联运经营人平台。将一次联运出行定义为一个完整一体的产品来进行销售，形成创新性的商业模式，参考滴滴平台模式，依托先进互联网技术，以"出行即服务"联运经营人作为统一组织主体整合各种交通出行服务。承担全程组织责任，以"一站式"服务将旅客从自行组织出行的工作中解放出来、并提升旅客对出行全程的掌控能力。按照一定条件要求，为用户规划包括多种运输方式的不仅覆盖全国且可能覆盖全球的最优化出行路径。旅客确认方案选择后，平台自行办理购票、付款、电子出票、提醒出行、办理登乘、改签、与其他平台对接进行后续报销等一系列手续。同时，基于用户的出行需求共享数据帮助交通运营者改善服务等。

第三，在全程出行中配套提供"出行即服务"平台的互动式服务。以枢纽场站为重点，与"出行即服务"平台结合，配套提供互动式服务，全面推开枢纽场站内的"全景"导航、"刷脸"进站登乘等服务。通过"出行即服务"平台为旅客随身提供枢纽场站内动线流程指示，平台预先办理检票登乘等手续、旅客"刷脸"验证，进行全程行李托运等。

第四，创新"客运+"跨界融合服务新模式。依托大数据、互联网，支持运输企业与餐饮、健身、酒店、商业等服务型企业开展合作，发展交通出行过程中的综合服务。在此基础上，推动"客运+旅游""客运+休闲农业""客运+健康"等多种跨界融合发展模式，构筑新型产业生态圈。

（二）实现"一单式"货运服务

2050年，随着新产业、新方式、新模式需求的发展，货运将兼具低成本、标准化、大批量和小批量、快速化、定制化的双重特征，货运的内涵从运输产业向物流业拓展的同时，更向商流、物流、信息流、资金流、人流等"五流合一"进化。应围绕全链条、大平台、一站式的发展方向，将运输链、物流链、供应链和产业链上下游各主体及其生产和交易组织进行高效衔接和一体化运作，积极培育综合服务型物流企业，提供"一单式"全程物流供应链服务。

第一，以铁路为重点优化货运组织。重构传统铁路运输经营管理组织模式，创新国铁的市场营销理念、产品开发模式、运价形成机制、交易实现手段等，激发系统参与市场竞争的活力。例如，依托高速铁路网，通过优化铁路运营组织和时刻资源，发展高铁快运等。

第二，培育旗舰领军企业。围绕品牌化、集团化、国际化的发展方向，促进若干具有一定载运能力、较强资本实力、强大信息系统整合及决策能力的企业，通过契约或并购等形式延伸服务链条，打造若干资本雄厚、业务广泛、服务优质的"航母级"货运物流企业，形成若干全国性或大区域性的多式联运经营人，包括航运物流商、铁路联运商、快递物流商等，承担全程运输任务，做强服务品牌，引领行业发展前沿和全球化服务标准。近中期，把发展多式联运作为综合货运服务体系建设的主导战略，着力构建设施高效衔接、枢纽快速转运、信息互联共享、装备标准专业、服务一体对接的多式联运组织体系。

第三，构建复合模式和新型业态的点到点物流系统。培育跨方式跨行业经营的运输物流企业，利用现代科技，创新运输组织和经营方式，发展保税、电商、冷链、智造等多种先进高端业态，鼓励发展单元化物流及精益物流，鼓励传统运输、仓储企业向供应链上下游延伸服务，建设第三方供应链管理平台。提升现代物流社会化、专业化、智慧化水平，构建"一单制""一站式"多式联运服务模式和服务网络。为制造业企业提供供应链计划、采购物流、入厂物流、交付物流、回收物流、供应链金融以及信息追溯等集成服务。加快发展具有供应链设计、咨询管理能力的专业物流企业，着力提升面向制造业企业的供应链管理服务水平。支持大型商贸企业的平台化运作及其自建物流系统的社会化经营，发挥大型商贸企业特别是大型零售企业灵活掌握市场供需的优势，紧扣用户体验，优化制造企业敏捷供应链管理。鼓励货运物流企业着力优化各种供应链物流管理方法，全面提升物流要素能力以及物流运作能力。推进"互联网+供应链管理"，实现交通物流融合发展，货物运输融入企业供应链和消费链各环节，满足定制化生产、精准供应消费链管理以及产供销一体等实物流动新需求，强化服务全球的价值链、产业链、供应链控制力。

三、先进智能：交通技术创新战略

2050 年，我国交通运输领域的技术将达到世界领先地位，新技术的应用将体现于载运工具等硬件，更将体现于信息系统等软件。依托安全、绿色、智慧的新型交通基础设施网络的建设，交通技术的创新发展将进一步支撑交通运输系统运行的低碳化、自动化、高效化。

（一）提升交通基础设施建设能力

积极推动材料、工程机械等技术的进步，促进一体成形技术的全面应用，减少基础设施现场施工量，加强机器人在工程施工中的应用等，大幅降低建设成本，实现构造体结构的重大突破。推动超大型桥梁隧道、高寒、高原地区基础设施工程、填海造岛工程、跨海跨洋通道等超级工程成为现实。

（二）加快新型装卸载运工具研发

依托交通新技术、新能源、新材料的发展，鼓励研发更具规模经济、能源效率和符合环保要求的装卸、载运、转运设备，包括浮动式码头、新型集装箱船、新能源车船、自动驾驶车船、快递快运无人机、自动化装卸设备等，同时注重加快推动传统交通工具的创新性发展。

第一，普及低碳化交通工具。进一步挤压传统使用燃油的交通运输工具的使用空间，推进低能耗、低污染、低排放的车、船、飞机的广泛应用。力争新能源汽车占据90%以上新增市场份额，并使传统燃油汽车全面退出城市。核动力广泛用于远洋货物运输船舶和海洋平台。

第二，推广自动化交通工具。未来的交通工具将进一步把人们从驾驶中解放出来，无人车、无人船、无人机都是发展方向。自动驾驶汽车是未来汽车的发展方向，也是道路交通具有革命性影响的交通工具，将显著降低人为因素导致的交通事故发生数量，提高出行和物流的效率。到 2050 年，在乐观跃升情形下，自动驾驶汽车能够全面取代当前道路交通系统的各类汽车；在自然进步情形下，自动驾驶汽车占到道路上行驶汽车的 1/3 以上。

第三，应用高效化交通工具。未来交通工具将越来越快，超级高铁（运行实速 600 公里 / 小时以上）和超音速飞机等都有可能实现规模化运营。日本已经在 2016 年 10 月开工建设东海铁路公司（JR 东海）磁悬浮中央新干线，最高时速 500 公里，40 分钟即可连接日本东部地区和名古屋、大阪等关西地区，计划 2027 年开通；美国新创公司 Hyperloop One 已经在户外测试超级高铁，按照这一发展势头，到 2050 年，我国可能构建串联京津冀、山东半岛、长三角、珠三角的超级高铁示范线，甚至有可能主导建造洲际联通线。超音速客机早在 20 世纪 70 年代就已经在法国和英国、苏联等国研制成功，并投入运营，但由于事故频发、能耗大、污染严重被弃用。当前，欧洲空间局正在研制一款能够快速进入轨道的飞行器"云霄塔"，在 4 个小时内能达到世界上任何地方，按照这一趋势，预计 2030 年，新一代超音速客机将试验成功并试运营。2050 年，乐观跃升情形下，世界洲际航线将主要由超音速客机执行飞行任务；自然进步情形下，我国至美欧、美亚、欧亚等部分长途航线将由超音速客机执行航行任务。

（三）推动交通信息系统"万物互联"

加快推动物联网、互联网、云计算和大数据等技术在交通规划、建设、服务、监管等方面的开发应用，以提升交通运输系统的运行安全性、高效性。

第一，加快建设新一代交通控制系统。力求在车联网、车路协同、自动驾驶、新一代民航空管、智慧航道等关键领域取得重大突破，实现移动终端、互联网应用、车载终端、路侧设施等"万物互联"。

第二，构建成熟的跨系统信息与服务共享平台。利用物联网、移动互联网等技术，实现不同区域、不同层次、不同方式交通运输要素资源的共享和在线化。在城市智能交通、铁路运输网、民航网络、内河航道网、集装箱铁水联运、远洋运输等领域，推进交通要素实时在线查询，为社会公众提供实时交通运行状态查询，针对出行者个体提供完整出行链、一体化、个性化的综合出行计划，针对企业提供精确的定制化物流方案，促进共享交通等更高效的新模式发展。在乐观跃升情景下，可能形成全国统一的一体化出行服务商，使公众借助智能终端即可随时享受一体化、定制化的交通运输服务，实现交通运输服务的"无处不在、实时响应"。

第三，大力推动面向交通领域的大数据分析应用。鼓励交通管理部门、交通运输企业与互联网企业合作，构建交通大数据共享和挖掘平台。构建全天候智能化的交通监控网络，满足企业、个人需求和政府交通规划、治理、决策等需要。

第四，以先进的信息系统，提高运输安全和应急保障能力。近期，推动北斗导航系统民用化，完善避免事故发生的车辆主动安全防卫系统、碰撞预警系统、自动驾驶系统等，并在事故发生后强调对车内乘员保护并延伸到车内外所有人员甚至物体。远期，推动研究开发人、车、路协调统一的"万物互联"安全交通系统，实现载运设备之间、设备与基础设施之间自行进行"对话"，在可能出现危险的时刻进行预警并自动应对，推动"零事故"成为现实。

第五，打造军用信息"天网"。以信息主导军民用交通体系融合，提升军事输送能力，保障联合作战需要。构建完整"信息链"，提供战略层面信息支援，具备夺取网络和空间战争"战略制高点"的实力。

四、诗意栖居：城市高质生长战略

随着城市化的推进，我国大部分人口将聚居于城市，城市成为人民最能享受国家经济社会财富之地，也将是人民日益增长的美好生活需要和不平衡不充分发展之间矛盾最为集中之地。2050 年，我国城市将呈现更良好的生长状态，以城市交通保障公民的"诗意栖居"，有效解决交通拥堵、污染问题，以交通正义实现城市空间正义，回归日常生活需求、公平分配财富与空间资源，提升城市的弹性、韧性与多样性，使人们享受更美好、更健康的城市生活。

（一）发展交通优化城市形态

从目前的发展规律看，城市人口、产业等将进一步集聚，而密度过高、规模过大的交通流量可能降低城市系统运行效率，因此需要以城市交通网络引导优化城市形态以消减城市交通需求的负面影响。为此，需要配套内密外疏、立体多样的城市交通网络，打造中国特色的组合型田园城市，提升城市中心区的立体密度，实现生态友好型的高密度生存与发展，向外转移产生较大生产性货运需求的产业，形成功能协作、交通同城化、生态共享化、服务均等化、容量弹性化、边界法定化、本地零碳化等空间范式。

在此城市形态发展下，结合大幅进步的互联网、通信等新技术，促进城市中心区的交通需求向离心化、垂直化等方向转变，形成人均出行次数继续增长下的客运需求平峰化、非生产化，减弱时空集聚特征；增强城市物流服务第三产业和城市生活的支撑能力。

（二）促进城乡交通一体发展

到 2050 年，我国城区、郊区、乡村之间发展差距进一步缩小，以交通运输系统为重要依托打破城乡二元化格局，交通均等化水平得到极大提高，实现国内主要城市的全域交通一体化，尤其在经济较为发达东部沿海地区的大城市连绵带，将建成无差体验的全域"泛城市交通"。

依托城市群交通实现中心城市、小城镇、农村协调互动发展。加强小城镇与交通干线、交通枢纽城市的连接，提高中小城市和小城镇公路技术等级、通行能力和铁路覆盖率，向农村拓展中小城市和小城镇交通基础设施网络，推动城镇公共交通服务向市郊、农村延伸，扩大城市对乡村地区的辐射带动作用，并分散城市人口和交通压力。依托不同地区的人口密度配置交通运输基础设施硬件，以针对性服务提供弥合交通体验的不同，例如共享交通、需求响应交通等，使"泛城市交通"有长短之分，无城乡之别；有功能之分，无层级之别，使人民的体验感受进一步无差别化。

（三）推动基础设施多元发展

推动城市交通基础设施的多样化、多层次、多功能、立体化发展，实现传统与新型交通方式的更优配置，以更高的空间、能源等资源利用率，满足城市多元化的交通需求。

第一，合理发展地铁、轻轨、市郊铁路等轨道交通建设。根据需要持续进行扩大和更新，并结合地下管廊的建设布置线路。区域内重要铁路车站与地铁站基本在同一站点，且各站点配有公共汽车站和停车场，形成以轨道交通枢纽为核心的多元交通方式换乘接驳一体化系统，实现线路、车站工程与周边土地综合开发的协调发展，引导城市空间布局调整。发展个人快速换乘（PRT）、先进的群体快速换乘（AGRP）等先进交通方式。

第二，建设立体化、蜂巢状、自动化的全新城市道路网络。在对城市道路提高密度和提升质量的同时，进一步对道路进行细化设计和改造更新，通过改扩建道路、立交桥和新建连接道路、绕城公路等方式畅通人口密集区域出入口、干线公路与城市道路衔接路段，确保公路成为顺畅无堵点网络。优化路权分配，形成以社会资本投资为主的停车场系统，提高城市空间资源的利用效率。加快城市地下空间开发和空中资源开发，提高城市道路立体化程度。借鉴国外主要发达国家的城市地下公路经验，打造地下公路。例如瑞典马尔默的林德堡居住区的人车分流"双层城市"，东京都城铁环线"山手线"地下的高速公路等。借助传感器、光学装置和嵌入式处理器等设备，孵化出全新的城市道路系统，例如自动驾驶车道、利用太阳能发电的公路、通过车路互联在行驶中为新能源汽车进行充电的道路等。通过车路协同实现海量信息的采集，将各种信息传输汇聚到中央处理器，计算出不同车辆的最佳路线、安排信号灯周期，每辆汽车随时自动向交通管理系统发送请求并接收指令。

第三，建设城市地下物流系统。打造连接城市各需求终端的高度智能化地下管廊物流运输网络，完成货物的运输、存储和配送等功能。

第四，强化城市慢行基础设施的建设。应用"完整街道"等新土地利用理念，基于"小街区"和混合使用的区划，设计适宜步行的街道和人行尺度的街区。推动实现慢行交通与机动化交通的高度隔离与完美配合，构建高速行人传输带、天空单车道等，拓展交通空间尤其是慢行交通空间的其他城市功能，包括社会交往场所功能、城市公园功能等。

第五，提高城市交通系统的国防安全度。提高城市交通基础设施的战时生存能力。在城市道路规划建设中，通过多路、多通道建设，形成四通八达、纵横交错的道路网。将地铁系统与城市防空系统进行必要的沟通和联系，保证战时地铁系统的运转等。在有大江大河流经市区的城市，除了以桥梁跨越外，还应当保留必要的轮渡设施设备，同时考虑建设河底隧道。

（四）优化宜居城市交通服务

城市将更早、更深入、更广泛地把先进技术应用于交通基础设施、工具设备等，尤其是具有智慧感知能力、低碳的交通基础设施和清洁化、小型化、自动化的新型个人交通装备，实现安全、绿色、智慧交通，打造宜居城市交通服务。

第一，提升公共交通出行体验。提高公共交通运输能力，加快形成布局合理、换乘便捷、舒适可靠的城市公共客运系统，服务城区、郊区、都市圈的通勤、旅游等生产生活性出行需求。发展商务快线、旅游专线、大站快车、社区接驳公交、高峰通勤班车和需求响应交通等多样化特色公共交通服务，发展其他技术先进的公共交通和准公共交通。构建具备赏景、休闲等功能的体验公交系统，例如将具备条件的郊野铁路改造为旅游铁路，将城市休闲客流运送至郊区步道系统，整合文化资源，带动休闲需求，引入旅游消费。政府对低收入人群的公共交通出行进行补贴，以更好保障这一群体的出行权力。

第二，发展共享交通。创新管理体制机制，鼓励交通运输领域共享经济发展，打造"出行即服务"平台，规范城市出租汽车、专车、汽车租赁、汽车共享、自行车共享等发展，整合各种交通出行服务，提高运输工具利用率，降低静态交通压力。随着自动驾驶、互联网汽车技术的推广，探索供给无人驾驶小汽车等共享交通工具，远期推广种类更加齐全的无人驾驶共享交通工具，实现基于移动终端的交通工具实时预约。推动交通供给的自组织、平台化，实现从个人拥有出行工具到将出行作为服务进行消费的转变，进一步降低私人交通工具比例。有效调控、合理引导个体机动化交通需求，倡导绿色出行，部分城区建成"无车城"。

第三，降低城市物流对城市交通影响。推进城市共同配送发展，改进城市货运与车辆通行管理等相关制度，重视公用型城市配送节点建设。规范化城市快递服务，加大资金投入，推动城市配送车辆向标准化、清洁化和专业化发展，鼓励共同配送和夜间配送，实现城市物流配送零碳排放。远期依托地下货运系统的建设，彻底实现客货分流。

第四，提升城市交通无障碍程度。提高为老龄人群、残障人士和低收入人群提供的交通基本公共服务水平，使弱势群体的交通可达性接近普通人群。实现对城市交通环境的全面无障碍化改造。以大中城市为重点先行一步，进一步完善和落实相关规范标准，逐步形成系统化、网络化和连续性的无障碍化交通基础设施，尤其是步行网络和公共交通网络。将各项规范依法纳入城市规划、设计、建设、验收和管理等审核内容，切实保障标准规范的监督落实。对交通基础设施、运力等方面的无障碍设施的建设、维护等进行严格的定期检查。真正从生理性弱势群体的角度出发处理基础设施的设计、管理等方面的细节。

五、互联互通：全球格局主动战略

2050 年，中国将成为世界经济重心、全球贸易中心，为此，需推动构建我国面向全球的"联通七大洲四大洋"的交通运输体系，打造以中国为核心的枢纽网络，重塑世界的交通发展秩序，重现我国在全球的交通中心价值与地位，共筑全球生产、生活链条，促进"中国全球化"。

（一）构建互联互通的陆上交通网络

依托陆上交通运输网络，密切与全球其他国家特别是周边国家的合作。积极规划中蒙俄、新亚欧大陆桥、中国—中亚—西亚、中国—中南半岛、中巴、孟中印缅等六大经济走廊建设，适时谋划中俄加美国际通道。以推进不同空间尺度的国际合作区域为基础，通过国际产能合作，沿"一带一路"撬动交通基础设施布局全球拓展。

第一，建设中国—中南半岛国际通道。由东线、西线、中线构成，从昆明、南宁出发，连接缅甸、老挝、越南、柬埔寨、泰国，经马来西亚直抵新加坡。大大缩短中国到新加坡的距离，并可绕过马六甲海峡，直连泰国、缅甸西入印度洋的出海口。该通道将中国与东南亚交通网连为一体，是泛亚交通网络的核心。

第二，建设中国—南亚孟中印缅国际通道。该通道是我国连接南亚乃至欧洲的重要战略通道，对维护国家安全、外交安全、经济安全、能源安全，进一步扩大对外开放，深化交流合作具有重大意义。是实现我国交通网络向南亚印度洋方向延伸的重要通道，也是构建泛亚交通网的重要组成部分。

第三，建设中国—印度洋中巴国际通道。中巴经济走廊是"一带一路"战略构想中的重要组成部分，被划定为旗舰项目。除了中国至巴基斯坦瓜达尔港的公路，中巴铁路已在酝酿之中，该铁路从中国新疆喀什至巴基斯坦港口城市瓜达尔，此外，中巴陆路大通道还包括从瓜达尔输送往中国的油气管道建设。中巴陆路大通道可以让中国最快地由陆路入印度洋，靠近波斯湾及其沿岸石油储备丰富地区，可确保我国避开能源、资源大通道的马六甲海峡之困，应成为中国近期考虑的优先项目之一。

第四，建设中国—中亚—西亚国际通道。该国际通道与古老的"丝绸之路"重合，起点是乌鲁木齐，经由吉尔吉斯斯坦、哈萨克斯坦、乌兹别克斯坦、土库曼斯坦、伊朗、土耳其等国家，最终到达德国。这一贯通欧亚的便捷大通道，将助推沿线国家发展的大提速，实现"丝绸之路"的复兴。

第五，建设亚欧陆桥国际通道。从新疆的阿拉山口北上，途经哈萨克斯坦、俄罗斯、白俄罗斯、波兰、德国、法国，至英国伦敦。该通道还可以与连接匈牙利、塞尔维亚、马其顿、希腊四国的中欧陆海快线对接，抵达"欧洲南大门"——希腊比雷埃夫斯港。该通道还将建成连接中俄的欧亚高铁，将成为贯通欧亚的主干大通道，亦必开创沿线经贸的新格局。

第六，建设中蒙俄国际通道。本通道走向之一是第一亚欧陆桥通道，目前已实现全线贯通。从远期来看，该通道还将纵越亚洲大陆打通与北冰洋航线的连接。北极地区构成了连接亚、欧、美三地的"中介"，三地之间的往来构成世界交通的主脉，具有重大战略意义。随着气候的变暖，北极地区在夏季的海冰正在快速消融，"北极航线"愿景离现实越来越接近，而且未来北极地区丰富资源的开发，需要有最为便捷的通连出海口的通道。

第七，谋划中俄加美国际通道。本通道为远期展望通道，线路从东北出发一路往北，经西伯利亚至白令海峡，以修建隧道的方式穿过太平洋，抵达阿拉斯加，再从阿拉斯加去往加拿大，最终抵达美国，将实现亚洲、欧洲、非洲、北美洲和南美洲的互联互通。

（二）增强我国在海外战略支点布局

立足于服务我国国内强大的生产能力和消费市场，前瞻性谋划扶持全球或区域竞争力强、具有门户地位的海外物流枢纽，支撑对全球资源和市场的利用。积极加强与全球主要集装箱枢纽港的合作，推进与重要外贸区域核心港口的合作，参与国际次区域合作相关港口的开发建设，发挥具有较好介入基础的港口示范带动效应，并加快参与利于我国产业转移和资源引进的码头建设。加强与国际城市的密切联系，密切关注全球新兴物流集群的发展，异地建设保税物流中心。同时，还要积极建设位于国内的全球性国际航空枢纽和国际航运中心，以期占领国际航空航运领域制高点。

（三）积极参与全球交通体系的优化

第一，密切关注并参与世界性重大工程，加强我国在重大工程和新通道的战略存在。积极参与马六甲、苏伊士、巴拿马等重要航道的事务，关注北极航道、克拉地峡、尼加拉瓜运河、南美两洋铁路、非洲两洋铁路和白令海峡大通道等有望改变未来全球运输格局的重大工程和战略新通道的进展，扩大我国对相关事务的参与权，增强我国在其中的战略存在。

　　第二，向全球交通价值体系注入中国元素，拓展交通"走出去"领域和模式。一是推动交通基础设施建设、装备技术、运输服务等方面的实力进入全球"第一方阵"，广泛参与境外铁路、公路、桥梁、港口、机场等基础设施的设计、咨询、建设和运营，还应加强设备和服务"走出去"，并推动相关企业向资本输出、标准化输出、技术输出、管理输出转变。二是不仅要积极参与国际现有交通政策、金融、市场、技术、质量等领域规则制定中心的各种活动，还要主动推动在五大洲四大洋新建国际交通运输组织，以进一步扩大话语权，推动我国各项标准、技术"走出去"，增强对于国际运输主导权、贸易定价权和资源配置权的掌控。三是推动交通与产业联合走出去，对具体交通项目做好战略收益规划的基础上，对接相关国或地区的经济发展或产业布局，积极配合中国资本外溢和产业转移合作及政治意图等战略需求。四是以中国为主导提供的相应建设资金将人民币作为流通货币，从而加强人民币的区域化乃至全球化进程。

参考文献

1. 国家发展和改革委员会综合运输研究所课题组：《新中国交通运输发展变迁与展望研究报告》。

2. 国家发展和改革委员会综合运输研究所课题组：《中国交通运输发展改革之路——改革开放 30 年综合运输体系建设发展回顾》，中国铁道出版社 2009 年版。

3. 王德荣：《王德荣文集——综合运输与现代物流》，人民交通出版社 2013 年版。

4. 杨洪年：《综合运输与能源运输》，中国财富出版社 2012 年版。

5. 荣朝和等：《综合交通运输体系研究——认知与建构》，经济科学出版社 2013 年版。

6. 王德荣：《王德荣文集——综合运输与现代物流》，人民交通出版社 2013 年版。

7. 国家发展和改革委员会综合运输研究所课题组：《中国交通运输发展改革之路——改革开放 30 年综合运输体系建设发展回顾》，中国铁道出版社 2009 年版。

8. 中华人民共和国交通运输部《中国交通运输 60 年》丛书编委会：《中国交通运输 60 年》，人民交通出版社 2009 年版。

9. 中华人民共和国交通运输部《中国交通运输改革开放 30 年》丛书编委会：《中国交通运输改革开放 30 年》，人民交通出版社 2009 年版。

10. 国家统计局编委会：《辉煌的 30 年》，中国统计出版社 2008 年版。

11. 国家发展改革委综合运输研究所：《中国交通运输发展报告（2017）》，中国市场出版社 2018 年版。

12. 张卓元：《中国改革顶层设计》，中信出版社 2014 年版。

13. 王庆云等：《交通运输发展理论与实践》，中国科学技术出版社 2006 年版。

14. 国家发展和改革委员会综合运输研究所课题组：《中国交通运输发展改革之路——改革开放 30 年综合运输体系建设发展回顾》，中国铁道出版社 2009 年版。

15. 中华人民共和国交通运输部《中国交通运输 60 年》编委会：《中国交通运输 60 年》，人民交通出版社 2009 年版。

16. 中华人民共和国交通运输部《中国交通运输改革开放 30 年》丛书编委会：《中国交通运输改革开放 30 年》，人民交通出版社 2009 年版。

17. 中华人民共和国国务院新闻办公室：《中国交通运输发展》白皮书，2016 年 12 月，见 http://www.gov.cn/zhengce/2016–12/29/cont-ent_5154095.htm#1。

18. 佚名：《砥砺奋进的五年　中国民航发展成就（一）》，《中国民航报》2017 年 8 月。

19. 陈耕著：《石油工业改革开放 30 年回顾与思考》，《国际石油经济》期刊 2008 年。

20. 佚名:《2017 中国油气管道发展展望文选》。

21. 李天星:《石油岁月的印记:中国工业"第一包"》,《科技日报》2018 年 1 月。

22. 杜荣:《我国对外贸易政策 60 年变迁探析》,《经济纵横》2009 年。

23. 国家发展和改革委员会综合运输研究所著:《中国交通运输发展改革之路——改革开放 30 年综合运输体系建设发展回顾》,中国铁道出版社 2009 年版。

24. 王德荣:《王德荣文集——综合运输与现代物流》,人民交通出版社 2013 年版。

25. 李连成等:《交通运输 2030:需求分析、国际经验、供给思路》,中国市场出版社 2017 年版。

26. 中华人民共和国交通运输部《中国交通运输 60 年》丛书编委会:《中国交通运输 60 年》,人民交通出版社 2009 年版。

27. 中华人民共和国交通运输部《中国交通运输改革开放 30 年》丛书编委会:《中国交通运输改革开放 30 年》(综合卷、水运卷),人民交通出版社 2008 年版。

28. 许红等:《我国铁路信息化建设现状及发展规划》,《综合运输》2006 年第 8 期。

29. 刘敬青:《我国交通运输信息化发展回顾》,《中国铁路》2009 年第 2 期。

30. 吴文化、宿凤鸣:《中国交通 2050:愿景与战略》,人民交通出版社 2017 年版。

31. 田仪顺:《中国交通运输社会服务能力发展回顾》,《郑州航空工业管理学院学报》2012 年第 6 期。

32. 中华人民共和国交通运输部：《2017 年中国交通运输统计年鉴》，人民交通出版社 2018 年版。

33. 中国物流与采购联合会：《中国物流年鉴 2016》，中国财富出版社 2016 年版。

34. 中华人民共和国国家统计局：《中国统计年鉴 2017》，中国统计出版社 2017 年版。

35. 中国物流与采购联合会：《2017 年物流运行情况分析》，2018 年 2 月 13 日，见 http://www.chinawuliu.com.cn/xsyj/201802/13/329556.shtml。

36. 中华人民共和国交通运输部：《2017 年交通运输行业发展统计公报》，2018 年 3 月 30 日，见 http://zizhan.mot.gov.cn/zfxxgk/bnssj/zhghs/201803/t20180329_3005087.html。

37. 国家发展计划委员会：《国民经济和社会发展第十个五年计划综合交通体系发展重点专项规划》，《交通运输系统工程与信息》2001 年第 1 期。

38.《关于国民经济和社会发展"九五"计划和 2010 年远景目标纲要的报告》，人民出版社 1996 年版。

39. 韩博天、奥利佛·麦尔敦、石磊：《规划：中国政策过程的核心机制》，《开放时代》2013 年第 6 期。

40.《中共中央关于制定国民经济和社会发展第十二个五年规划的建议》，《今日新疆》2010 年第 21 期。

41. 樊一江：《综合发展：我国综合运输体系发展的政策取向》，《综合运输》2010 年第 12 期。

42. 金敬东：《战略 综合 服务 改革 时代——〈"十三五"现代综合交通运输体系发展规划〉特点解析》，《中国公路》2017 年第 8 期。

43. 李健康：《中共中央关于制定国民经济和社会发展第十一个五年规划的建议》，《中国行政管理》2005 年第 20 期。

44. 李鹏：《关于国民经济和社会发展十年规划和第八个五年计划纲要的报告》，人民出版社 1991 年版。

45. 李玉涛、荣朝和：《重视需求视角的综合交通运输政策研究》，《综合运输》2010 年第 8 期。

46. 李玉涛：《交通政策规划的范式转变》，中国人文地理学术年会暨"纪念李旭旦先生诞辰 100 周年学术研讨会"，2011 年。

47. 陆化普：《综合交通枢纽规划：基础理论与温州的规划实践》，人民交通出版社 2001 年版。

48.《中华人民共和国国民经济和社会发展第六个五年计划：1986—1990》，人民出版社 1983 年版。

49.《中华人民共和国国民经济和社会发展第七个五年计划：1986—1990》，人民出版社 1986 年版。

50. 荣朝和：《推进综合交通规划的方法创新》，《综合运输》2010 年第 1 期。

51. 荣朝和：《综合交通运输的体制与研究方法》，经济科学出版社 2010 年版。

52. 王庆云：《交通运输与经济发展的内在关系》，《综合运输》2003 年第 7 期。

53. 王庆云：《综合运输体系的建设与发展》，《交通运输系统工程与信息》2002 年第 2 期。

54. 王庆云：《中国交通发展的演进过程及问题思考》，《交通运输系统工程与信息》2007 第 7 期。

55. 王庆云：《交通运输发展理论与实践》下册，中国科学技术出版社 2006 年版。

56. 王庆云：《关于综合交通网规划的方法与实践》，《交通运输系统工程与信息》2005 年第 5 期。

57. 王潼：《十年规划、五年规划、两年滚动计划和年度计划中经济增长速度的衔接》，《预测》1992 年第 1 期。

58. 吴文化：《世界经济形势变化对我国经济的影响》，《全球经济形势变化与我国集装箱运输发展对策研讨会论文集》，2009 年。

59. 吴文化：《坚持科学发展观 完善综合交通运输体系》，《宏观经济管理》2004 年第 12 期。

60. 中共中央委员会：《中共中央关于制定国民经济和社会发展第十三个五年规划的建议》，《共产党员（河北）》2015 年第 27 期。

61. 徐宪平：《我国综合交通运输体系构建的理论与实践》，人民出版社 2012 年版。

62. 鄢一龙、王绍光、胡鞍钢：《中国中央政府决策模式演变——以五年计划编制为例》，《清华大学学报（哲学社会科学版）》2013 年第 3 期。

63. 国家发展改革委：《"十一五"综合交通体系发展规划》，《综合运输》2007 年第 12 期。

64. 国家发展改革委：《"十二五"综合交通运输体系规划》，《综合运输》2012 年第 7 期。

65. 《"十三五"现代综合交通运输体系发展规划》，2017 年 2 月 3 日，见 http://www.gov.cn/zhengce/content/2017–02/28/content_5171345.htm。

66. 张大为：《优化供给结构加快完善现代综合交通运输体系——〈"十三五"现代综合交通运输体系发展规划〉解读》，《中国公路》2017 年 8 月。

67. 中央财经领导小组办公室:《中共中央关于制定国民经济和社会发展第十个五年计划的建议》,人民出版社 2000 年版。

69. 沈志云、邓学钧:《交通运输工程学》,人民交通出版社 2008 年版。

69. 荣朝和:《关于运输经济研究基础性分析框架的思考》,《北京交通大学学报》2009 年第 4 期。

70. 李雪松、许庆斌:《运输经济学研究现状与发展趋势》,《北方交通大学学报》1996 年第 6 期。

71. 欧国立:《运输经济学:范式演进与理论发展》,《铁道经济研究》1997 年 2 月。

72. 金凤君等:《新中国交通运输地理学的发展与贡献》,《经济地理》2009 年第 10 期。

73. 王成金、金凤君:《中国交通运输地理学的研究进展与展望》,《地理科学进展》2005 年第 11 期。

74. 曹小曙、彭灵灵:《中国交通运输地理学近十年研究进展》,《人文地理》2006 年第 3 期。

75. 全永燊、潘昭宇:《建国 60 周年城市交通规划发展回顾与展望》,《城市交通》2009 年第 9 期。

76. 孔令斌:《新世纪前 10 年城市交通规划发展回顾》,《城市交通》2010 年第 3 期。

77. 汪光焘:《大数据时代城市交通学发展的机遇》,《城市交通》2016 年第 14 期。

78. 国家发展和改革委员会综合运输研究所:《中国交通运输发展改革之路》,中国铁道出版社 2009 年版。

79. 罗仁坚、宿凤鸣等:《"十三五"和"十四五"交通建设发展与投资需求》，人民交通出版社 2013 年版。

80. 罗仁坚等：《交通基础设施投融资体制改革》，人民交通出版社 2014 年版。

81. 李伟、陈民、彭松：《政企合作——新型城镇化模式的本质》，社会科学文献出版社 2013 年版。

82. 赵晔：《改革开放以来中国财税体制改革研究》，西南交通大学出版社 2017 年版。

83. 郑新立、徐伟、綦鲁明：《中国计划投资体制改革 40 年》，广东经济出版社 2017 年版。

84. 贾康、赵全：《中国经济改革 30 年：财政税收卷》，重庆大学出版社 2008 年版。

85. 国家计委综合运输研究所：《交通基础设施建设资金来源与投资体制改革研究》，1999 年国家发展计划委员会宏观经济研究院院管课题报告。

86. 童玮、许峰：《交通投融资平台的后市场化转向》，《中国公路》2012 年第 8 期。

87. 杭卓珺：《基于 PPP 的我国铁路投融资模式研究》，华中科技大学，硕士学位论文，2015 年。

88. 综合运输研究所：《中国交通运输发展改革之路——改革开放 30 年综合运输体系建设发展回顾》，中国铁道出版社 2009 年版。

89. 综合运输研究所：《新中国交通运输发展变迁与展望》，《学术报告》2015 年。

90. 李连成等：《交通运输 2030：需求分析、国际经验、供给思路》，中国市场出版社 2017 年版。

91. 吴文化、宿凤鸣：《中国交通 2050：愿景与战略》，人民交通出版社 2017 年版。

92. 中华人民共和国国家统计局：《中国统计年鉴 2017》，中国统计出版社 2017 年版。

93. 中华人民共和国交通运输部：《2017 年中国交通运输统计年鉴》，人民交通出版社 2018 年版。

94. 中华人民共和国交通运输部：《全国交通统计资料汇编 1978》，人民交通出版社 1979 年版。

95. 荣朝和编著：《西方运输经济学（第二版）》，经济科学出版社 2008 年版。

96. 中华人民共和国交通运输部：《2017 年交通运输行业发展统计公报》，2018 年 3 月 30 日，见 http://zizhan.mot.gov.cn/zfxxgk/bnssj/zhghs/201803/t20180329_3005087.html。

97. 高尚全：《改革只有进行时——对 3 个三中全会改革决定的回顾》，人民出版社 2013 年版。

98. 中华人民共和国国家统计局：《2017 年农民工监测调查报告》，2018 年 4 月 27 日，见 http://www.stats.gov.cn/tjsj/zxfb/201804/t20180427_1596389.html。

99. 中华人民共和国交通运输部：《2017 年交通运输行业发展统计公报》，2018 年 3 月 30 日，见 http://zizhan.mot.gov.cn/zfxxgk/bnssj/zhghs/201803/t20180329_3005087.html。

100. 中国海事服务网：《最强榜单：劳氏 2016 全球港口百强排名》，2016 年 9 月 12 日，见 http://www.cnss.com.cn/index.php?a=show&catid=11&id=236058&siteid=1&typeid=3。

101. 搜狐：《2016 年全球百大港口排名出炉，东莞港排名提升至第 40 位！》，2017 年 9 月 8 日，见 https://www.sohu.com/a/19072711

2_410874。

　　102. 综合运输研究所：《中国交通运输发展改革之路——改革开放 30 年综合运输体系建设发展回顾》，中国铁道出版社 2009 年版。

　　103. 中华人民共和国国家统计局：《中国统计年鉴 2017》，中国统计出版社 2017 年版。

　　104. 中华人民共和国交通运输部：《2017 年中国交通运输统计年鉴》，人民交通出版社 2018 年版。

　　105. 中华人民共和国交通部：《全国交通统计资料汇编 1978》，人民交通出版社 1979 年版。

　　106. 徐循初：《对我国城市交通规划发展历程的管见》，《城市规划学刊》2005 年第 6 期。

　　107. 刘小明：《城市交通与管理——中国城市交通科学发展之路》，《交通运输系统工程与信息》2010 年第 10 期。

　　108. 戴帅、刘金广、朱建安等：《中国城市机动化发展情况及政策分析》，《城市交通》2015 年第 2 期。

　　109. 彭利人、何民、毛海虓等：《我国城市交通发展特征分析》，《北京工业大学学报》2004 年第 30 期。

　　110. 毛保华、郭继孚、陈金川等：《北京城市交通发展的历史思考》，《交通运输系统工程与信息》2008 年第 8 期。

　　111. 全永燊、孙明正、李先：《优先发展公共交通历程中的若干问题反思》，中国城市交通规划学术委员会 2005 年年会暨第二十一次学术研讨会，2005 年。

　　112. 全永燊、潘昭宇：《建国 60 周年城市交通规划发展回顾与展望》，《城市交通》2009 年第 7 期。

　　113. 苏莎莎、潘鑫：《上海卫星城建设的历史演化及其启示》，

《上海城市管理》2008 年第 17 期。

114. 住房和城乡建设部城市交通工程技术中心：《中国城市交通发展报告》，中国建筑工业出版社 2009 版。

115. 城市交通运输的发展方向问题研究课题组 / 中国城市规划设计研究院：《城市交通运输的发展方向问题综合报告》，1984 年。

116. 国家科学技术委员会编印：《中国技术政策》，科学技术文献出版社 1985 年版。

117. 国务院农村综合改革工作小组办公室：《农村税费改革十年历程》，经济科学出版社 2012 年版。

118. 中华人民共和国农业部：《辉煌历程：纪念中国农村改革三十年》，农业出版社 2008 年版。

119. 中华人民共和国交通运输部：《中国交通运输改革开放 30 年》（公路卷），人民交通出版社 2009 年版。

120. 国家发展和改革委员会综合运输研究所：《新时期我国农村公路发展问题及政策研究》（内部资料），2015 年。

121. 国家发展和改革委员会综合运输研究所：《脱贫攻坚背景下的交通发展问题及对策研究》（内部资料），2015 年。

122. 张晓山、李周：《新中国农村 60 年的发展与变迁》，人民出版社 2009 年版。

123. 谢里、李白、张文波：《交通基础设施投资与居民收入——来自中国农村的经验证据》，《湖南大学学报（社会科学版）》2012 年第 26 期。

124. 向爱兵：《加快贫困地区农村公路发展》，《综合运输》2015 年第 1 期。

125. 向爱兵、李名良：《贫困地区交通发展问题与交通扶贫政策效果》，《综合运输》2016 年第 11 期。

126. 尚晋平：《2007：我国公路交通发展的回顾与展望》，《综合运输》2007 年第 2 期。

127. 朱润之：《农村公路建设对农村区域经济的影响研究》，西北农林科技大学学位论文，2012 年。

128. 韩俊德：《农产品物流对农村经济发展影响研究》，《农村经济与科技》2017 年第 28 期。

129. 宋雷、曾艳英：《公共交通均等化背景下的农村客运站货运物流发展现状与转型研究——以广东省为例》，《物流技术》2016 年第 35 期。

130. 张喜才：《电商背景下村级物流发展模式研究》，《农业经济与管理》2016 年第 2 期。

131. 朱世友：《农村电商发展对物流业的影响及农村物流体系构建》，《价格月刊》2016 年第 3 期。

132. 罗佩：《西部农村交通基础设施有效供给问题研究》，长安大学学位论文，2015 年。

133. 赵婉茹：《农村交通运输基础设施供给机制问题研究及政策建议》，东北财经大学学位论文，2010 年。

134. 王晓梅：《农村公路交通经济适应性研究》，《科技经济市场》2017 年第 10 期。

135. 萧赜：《基于公共经济理论的我国农村公路管养问题研究》，长安大学学位论文，2011 年。

136. 潘梦琳：《基于内生式发展模式的乡村振兴途径研究》，《中国名城》2018 年第 4 期。

137. 崔冬初、于悦：《低碳交通的国际经验及对我国的启示》，

《生态经济》2014 年第 9 期。

138.Robert Cervero：《TOD 与可持续发展》,《城市交通》2011 年第 9 期。

139. 戴东生：《宁波综合交通现代化水平研究》,《三江论坛》2010 年第 3 期。

140. 丁建弘：《发达国家的现代化道路：一种历史社会学的研究》, 北京大学出版社 1999 年版。

141. 丁晓萍、王建伟：《基于能源消耗的综合运输结构优化》,《长安大学学报（社会科学版）》2011 年第 13 期。

142.European Commission：*A series of White Paper in transport.*

143. 樊桦：《交通现代化评价指标初探》,《综合运输》2008 年第 5 期。

144. 傅志寰、全永燊、陆化普：《中国特色新型城镇化发展战略研究（第二卷）：城镇化进程中的综合交通运输问题研究》, 中国建筑工业出版社 2013 年版。

145. 冯相昭、蔡博峰：《中国道路交通系统的碳减排政策综述》,《中国人口·资源与环境》2012 年第 22 期。

146. 冯飞、王晓明、王金照：《对我国工业化发展阶段的判断》,《我国发展观察》2012 年第 8 期。

147. 高菠阳、刘卫东：《道路交通节能减排途径与潜力分析》,《地理研究》2013 年第 32 期。

148.《国民经济和社会发展第十三个五年规划纲要》, 人民出版社 2016 年版。

149.《国家公路网规划（2013 年—2030 年）》, 2013 年 5 月。

150. 国务院新闻办公室：《中国交通运输发展》, 2016 年 12 月。

151. 国家发展改革委综合运输研究所：《新常态下客货运输发展趋势及对策研究》，中国宏观经济研究院 2016 年院重点课题。

152. 国家发展改革委综合运输研究所：《我国现代交通运输发展战略研究》，中国宏观经济研究院 2015 年院重点课题。

153.《公路、水路交通基础设施发展的三阶段战略目标》，交规划发〔2001〕265 号。

154. 何传启：《现代化科学：国家发达的科学原理》，科学出版社 2010 年版。

155. 何传启：《第二次现代化理论》，科学出版社 2013 年版。

156. 胡鞍钢：《我国国家治理现代化》，中国人民大学出版社 2014 年版。

157. 黄群慧：《从新一轮科技革命看培育供给侧新动能》，《人民日报》2016 年 5 月 23 日。

158. 交通运输部：《绿色循环交通运输低碳发展年度报告 2013》，人民交通出版社 2014 年版。

159. 交通运输部公路科学研究所：《我国现代交通发展战略——交通运输低碳智能发展研究》2016 年。

160. 江玉林、吴洪祥、申杬：《畅通、高效、安全、绿色：中国城市公共交通可持续发展重大问题解析》，北京科学出版社 2010 年版。

161. 李家祥：《全面推进建设民航强国战略——中国民用航空局局长李家祥答记者问》，中国民航局，2010 年 8 月。

162. 李连成：《交通现代化的新挑战和发展重点》，《综合运输》2011 年第 3 期。

163. 李连成：《交通现代化的内涵和特征》，《综合运输》2016

年第 9 期。

164. 李茜：《我国交通运输低碳发展政策梳理与建议》，《综合运输》2014 年第 12 期。

165. 李作敏等：《关于我国交通运输现代化路线图的思考》，《交通建设与管理》2013 年第 12 期。

166. 刘君、陈雪琳：《浅析我国古代城市规划》，《技术与市场》2009 年第 16 期。

167. 刘勇：《市政道路路基工程施工工艺控制方法论》，《城市建设理论研究》2014 年第 12 期。

168. 罗仁坚、宿凤鸣等：《"十三五"和"十四五"交通建设发展与投资需求》，人民交通出版社 2011 年版。

169. 罗荣渠：《现代化新论——世界与中国的现代化》（增订本），商务印书馆 2014 年版。

170. 毛蒋兴、闫小培：《国外城市交通系统与土地利用互动关系研究》，《城市交通》2004 年第 28 期。

171. 欧阳斌：《建设低碳交通运输体系的战略思考》，《综合运输》2011 年第 11 期。

172. 欧阳斌等：《中国交通运输低碳发展的战略构想》，《中国人口·资源与环境》2014 年第 24 期。

173. Calthorpe Pete："The Next American Metropolis：Ecology, Community, and the American Dream", Princeton Architectural Press, 1993.

174. Carlota Perez："Technological Revolutions and Financial Capital–The Dynamics of Bubbles and Gloden Ages", 中国人民大学出版社 2007 年版。

175. 钱乘旦：《世界现代化历程》，江苏人民出版社 2012 年版。

176. 荣朝和：《论运输化》，中国社会科学出版社 1993 年版。

177. 荣朝和：《运输发展理论以运输化为主要线索的新进展》，《北方交通大学学报》1995 年第 12 期。

178. 荣朝和：《运输发展理论的近期进展》，《中国铁道科学》2001 年第 22 卷。

179. 日本国土交通省，历次《全国国土综合开发规划》。

180.《水运十三五规划》，交规划发〔2016〕93 号。

181. 盛磊、赵霄伟、孙施曼、翟大宇：《"十三五"及 2049 中国交通现代化的一种思路》，《华夏时报》2015 年 4 月。

182.《推动共建丝绸之路经济带和 21 世纪海上丝绸之路的愿景与行动》，2015 年 3 月。

183.The Boston Consulting Group：《工业 4.0：未来生产力与制造业发展前景》，波士顿咨询公司发布，2016 年 5 月。

184. 田少波：《现代交通业发展的理论与实证研究》，武汉理工大学博士论文，2010 年。

185. 宋传平：《城市交通建设中要考虑的国防问题》，《人民公交》2004 年第 2 期；

186. 屠能：《孤立国同农业和国民经济的关系》，商务印书馆 2011 年版。

187.US Department of Transportation：*Beyond Traffic-Trends and Choices* 2045，2015 年。

188. 王静芬、刘润民：《呼和浩特城市形态演变》，《北方经济》2006 年第 2 期。

189. 万霞、陈峻、王炜等：《我国私人小汽车的使用和城市经济相关性研究》，《城市规划》2009 年第 1 期。

190. 王先进：《现代交通运输业的发展最终要用文化来定义》，《交通建设与管理》2009 年第 6 期。

191. 王庆云：《交通运输发展理论与实践》，中国科学技术出版社 2006 年版。

192. 韦伯 A，李刚剑、陈志人著：《工业区位论》，张英保译，商务印书馆 1997 年版。

193. 吴文化、宿凤鸣等：《中国交通 2050》，人民交通出版社 2017 年版。

194. 许学强、周一星、宁越敏：《城市地理学》，高等教育出版社 2009 年版。

195. 许云飞等：《现代化与交通现代化研究》，《理论与现代化》2013 年第 5 期。

196. 现代化战略研究课题组：《我国现代化报告 2010：世界现代化概览》，北京大学出版社 2010 年版。

197. 张培刚：《新发展经济学》，河南人民出版社 1992 年版。

198. 周乐：《我国交通运输现代化的战略思考》，《综合运输》2003 年第 7 期。

199. 中国汽车工程学会：《节能与新能源汽车技术路线图》，官方发布，2016 年 10 月。

200.《中长期铁路网规划》，发改基础〔2016〕1536 号。

责任编辑:高晓璐

责任校对:白　玥

图书在版编目(CIP)数据

辉煌交通:中国交通运输改革与探索 40 年/国家发展改革委宏观经济研究院
　综合运输研究所 著. —北京:人民出版社,2018.11
(改革开放 40 年:中国经济发展系列丛书)
ISBN 978－7－01－019953－5

Ⅰ. ①辉…　Ⅱ. ①国…　Ⅲ. ①交通运输发展-研究-中国　Ⅳ. ①F512. 3

中国版本图书馆 CIP 数据核字(2018)第 238826 号

辉煌交通:中国交通运输改革与探索 40 年
HUIHUANG JIAOTONG ZHONGGUO JIAOTONG YUNSHU GAIGE YU TANSUO 40 NIAN

国家发展改革委宏观经济研究院综合运输研究所　著

人民出版社 出版发行
(100706　北京市东城区隆福寺街 99 号)

山东鸿君杰文化发展有限公司印刷　新华书店经销

2018 年 11 月第 1 版　2018 年 11 月北京第 1 次印刷
开本:710 毫米×1000 毫米 1/16　印张:24
字数:393 千字

ISBN 978－7－01－019953－5　定价:79.00 元

邮购地址 100706　北京市东城区隆福寺街 99 号

人民东方图书销售中心　电话 (010)65250042　65289539